Kohlhammer

Die Autorin

Prof. Dr. Nausikaa Schirilla studierte Philosophie, Soziologie und Pädagogik an den Universitäten Köln, Leeds/England und Frankfurt am Main. Sie promovierte und habilitierte in Erziehungswissenschaften an der Universität Frankfurt am Main. Seit 2005 ist sie Professorin für Soziale Arbeit, Migration und Interkulturelle Kompetenz an der Katholischen Hochschule Freiburg mit den Schwerpunkten Migrationsforschung, Migration und Soziale Arbeit, Care und Migration, postkoloniale Perspektiven und Interkulturelles Philosophieren. Aktuell forscht sie im Projekt »Inklusives Digitales Erinnnerungsarchiv – Migrantinnengeschichte als Teilhabe (IDEA)«, www.heridea.de.

Nausikaa Schirilla

Migration in Deutschland – soziologisch erklärt

Verlag W. Kohlhammer

Dieses Werk einschließlich aller seiner Teile ist urheberrechtlich geschützt. Jede Verwendung außerhalb der engen Grenzen des Urheberrechts ist ohne Zustimmung des Verlags unzulässig und strafbar. Das gilt insbesondere für Vervielfältigungen, Übersetzungen, Mikroverfilmungen und für die Einspeicherung und Verarbeitung in elektronischen Systemen.

Die Wiedergabe von Warenbezeichnungen, Handelsnamen und sonstigen Kennzeichen in diesem Buch berechtigt nicht zu der Annahme, dass diese von jedermann frei benutzt werden dürfen. Vielmehr kann es sich auch dann um eingetragene Warenzeichen oder sonstige geschützte Kennzeichen handeln, wenn sie nicht eigens als solche gekennzeichnet sind.

Es konnten nicht alle Rechtsinhaber von Abbildungen ermittelt werden. Sollte dem Verlag gegenüber der Nachweis der Rechtsinhaberschaft geführt werden, wird das branchenübliche Honorar nachträglich gezahlt.

Dieses Werk enthält Hinweise/Links zu externen Websites Dritter, auf deren Inhalt der Verlag keinen Einfluss hat und die der Haftung der jeweiligen Seitenanbieter oder -betreiber unterliegen. Zum Zeitpunkt der Verlinkung wurden die externen Websites auf mögliche Rechtsverstöße überprüft und dabei keine Rechtsverletzung festgestellt. Ohne konkrete Hinweise auf eine solche Rechtsverletzung ist eine permanente inhaltliche Kontrolle der verlinkten Seiten nicht zumutbar. Sollten jedoch Rechtsverletzungen bekannt werden, werden die betroffenen externen Links soweit möglich unverzüglich entfernt.

1. Auflage 2023

Alle Rechte vorbehalten
© W. Kohlhammer GmbH, Stuttgart
Gesamtherstellung: W. Kohlhammer GmbH, Stuttgart

Print:
ISBN 978-3-17-040476-2

E-Book-Formate:
pdf: ISBN 978-3-17-040477-9
epub: ISBN 978-3-17-040478-6

Inhalt

Einleitung		**7**
1	**Migrationssoziologie, Migrationsforschung und Migration**	**9**
	Soziologische Zugänge	9
	Migration	11
	Migrationssoziologie	17
	Kurzzusammenfassung	21
2	**Kultur, Diversität, Intersektionalität**	**24**
	Kultur und gesellschaftliche Machtverhältnisse	25
	Methodologischer Nationalismus	28
	Diversität	30
	Intersektionalität	34
	Reflexive Migrationsforschung	36
	Kurzzusammenfassung	38
3	**Soziale Ungleichheit, Bildung und ethnische und soziale Segregation**	**40**
	Migrationshintergrund und soziale Benachteiligung	40
	Soziale Ungleichheit	43
	Bildungsungleichheit	44
	Soziale Passungen	48
	Ethnische und soziale Segregation	50
	Ungleichheitsdiskurse	53
	Kurzzusammenfassung	55
4	**Minderheiten, Mehrheiten und Integration**	**59**
	Etablierte und Außenseiter	59
	Integration	62
	Desintegration	67
	Kurzzusammenfassung	69
5	**Gender, Geschlechterverhältnisse und Migration**	**72**
	Geschlechterverhältnisse	73
	Geschlechterrollen	76
	Ungleichheit unter Frauen	80

    Kurzzusammenfassung 82

6   Lebenswelten von Migrant*innen **85**
    Vielfältige Identitäten 86
    Macht der Konstruktionen 89
    Sinus-Ansatz 91
    Netzwerke 94
    Kurzzusammenfassung 96

7   Rassismus und Diskriminierung **98**
    Diskriminierung 99
    Gruppenbezogene Menschenfeindlichkeit 101
    Rassismus 104
    Kurzzusammenfassung 105

8   Transnationalität und internationale Theorien **108**
    Transnationalität 108
    Soziologie globaler Ungleichheiten 112
    Kurzzusammenfassung 114

9   Postmigrantische Perspektiven **116**
    Der postmigrantische Ansatz nach Foroutan 116
    Der postmigrantische Ansatz nach Yildiz 118
    Kurzzusammenfassung 123

10 Postkoloniale Aspekte **125**
    Provincializing Europe 129
    Was folgt daraus? 130
    Kurzzusammenfassung 132

Abkürzungsverzeichnis **135**

Literatur **136**

Einleitung

In den ersten Wochen an ihrer Grundschule und neuen Kita in Frankfurt a. M., wo ca. 80 bis 90 % der Kinder einen Migrationshintergrund hatten, kam meine Tochter einmal empört nach Hause und sagte: »Mama, jedes Kind spricht hier noch eine Sprache, nur ich nicht, wieso hast Du mir nicht richtig Ungarisch beigebracht?«

Letzteres hatte ich als schlechte Patriotin in der Tat nicht gemacht, aber was hier interessant ist, ist der Perspektivwechsel, der in der Aussage eines 6-jährigen Kindes aus Frankfurt am Main zum Ausdruck kommt. Was sonst als Problem und als defizitär beschrieben wird – eine Schule oder eine Kindertagesstätte mit Kindern aus 20 Nationen, mit Kindern, die zu Hause eine andere Sprache als deutsch sprechen, mit Eltern, die Deutsch erlernen – all dies erschien dem Kind bewundernswert, interessant, als Stärke, und sie persönlich betrachtete sich selbst als defizitär. So kann Migration aus unterschiedlichen Perspektiven völlig unterschiedlich wahrgenommen und auch dargestellt werden.

Ebenso verhält es sich mit einer wissenschaftlichen Perspektive: Was für die einen ein Ghetto oder eine Parallelgesellschaft darstellt und damit als Bedrohung markiert wird, stellt für andere als ethnische Segregation ein Forschungsinteresse dar, wieder andere fragen, wieso die Tatsache, dass Menschen bestimmter Gruppen in einem Viertel wohnen, überhaupt zum Problem gemacht wird. Was einige als Leitkultur bezeichnen, nennen andere Dominanzkultur und wo viele unüberbrückbare kulturelle Wertekonflikte erblicken, sehen andere Konstruktionen von Einen und Anderen und damit *Othering*-Prozesse.

Eine wissenschaftliche Perspektive stellt immer eine Differenzierung dar und diese kann dazu beitragen, so manche Verwirrung aufzuklären und Kontroversen zu ordnen. So ist auch dieses Lehrbuch zu verstehen. Es greift grundlegende Themen zur Migration im gesellschaftlichen Kontext in Deutschland auf, die für eine pädagogische Arbeit relevant sind, und versucht diese im Rekurs auf soziologische oder auch allgemein sozialwissenschaftliche Zugänge zu beleuchten, zu erklären und damit greifbar zu machen. Dabei geht es nie nur um eingewanderte Gruppen, sondern immer auch um die Gesamtgesellschaft.

Daher werden in diesem Band nach der Klärung grundlegender Begrifflichkeiten zunächst ausgewählte soziostrukturelle Daten zur Migration nach Deutschland dargestellt und Herausforderungen definiert. Im Folgenden wird versucht, die allgemeine Migrationsforschung und soziologische Zugänge als spezifische Disziplinen zu verorten und einige klassische Themen der Migrationssoziologie aufzugreifen (▶ Kap. 1).

Weitere Kapitel behandeln mit Migration verbundene Themen wie Kultur und Diversität (▶ Kap. 2), soziale Ungleichheit (▶ Kap. 3), Diskriminierung, Rassismus

(▶ Kap. 7), Familie und Gender (▶ Kap. 5). Anschließend werden Migrationstheorien erörtert und der Begriff der Transnationalität eingeführt (▶ Kap. 8). Abschließend wird der spezifische aktuelle fachliche Diskurs über postmigrantische (▶ Kap. 9) und postkoloniale Perspektiven (▶ Kap. 10) vorgestellt. Die Thematik der letzten Kapitel bringt kritische Fragen zu den Ausführungen in den davor liegenden Kapiteln. Von daher kann das Buch auch von hinten gelesen werden.

Jedes Kapitel schließt ab mit einer Kurzzusammenfassung, einem Beispiel zur Veranschaulichung, relevanten Prüfungsfragen, ausgewählten Literaturtipps und Hinweisen zur weiteren Recherche.

1 Migrationssoziologie, Migrationsforschung und Migration

Soziologische Zugänge

Mit soziologischen Erklärungsansätzen sind in diesem Band wissenschaftliche Zugänge gemeint, die soziales Handeln thematisieren, also das Handeln von Individuen in der Gesellschaft bzw. Handeln von Individuen insofern diese Teile einer Gesellschaft sind. Hier wird sowohl das Individuelle als gesellschaftlich konstituiert als auch das Gesellschaftliche als individuell gestaltet gedacht (Benhabib 1995). Wie sich dieses Wechselverhältnis genau ausgestaltet, welche Seite stärker fokussiert wird, unter welchen Bedingungen sich beide Ebenen konstituieren, welche Faktoren dieses Verhältnis beeinflussen – all dies sind Fragen, die von unterschiedlichen theoretischen Positionen abhängen und beeinflusst sind. Mit Gesellschaft sind hier im weitesten Sinne Aspekte gemeint, die Mechanismen oder Ordnungen betreffen, die das Zusammenleben beeinflussen, gestalten oder bestimmen. Wie diese genau verstanden werden, hängt von der jeweiligen theoretischen Ausrichtung ab, aber dass eine allgemeine, überindividuelle Ebene mehr ist als die Summe ihrer Teile, ist Konsens soziologischer Ansätze.

Im Kontext von Migration ist der so beschriebene soziologische Blick insofern bedeutsam, als Phänomene und Problemkonstellationen nicht in der Zielgruppe der Zugewanderten selbst begründet werden, wie beispielsweise in möglichen Defiziten, sondern in der Wechselwirkung mit gesellschaftlichen Mechanismen. Es wird hier nicht um soziologische Aspekte der Frage gehen, wieso Menschen migrieren, sondern welche sozialen Dynamiken Migration entfaltet.

Soziologie ist im Sinne einer Definition von Max Weber die Wissenschaft des sozialen Handelns unter besonderer Berücksichtigung seiner institutionellen Bedingtheiten wie auch seiner institutionellen Wirkungen. Max Weber schrieb 1920 in seinem Werk »Wirtschaft und Gesellschaft«, Soziologie sei eine Wissenschaft, die soziales Handeln deutend verstehen wolle und dadurch in seinem Ablauf und seinen Wirkungen ursächlich erklären wolle (Schneider 2008: 20). Die Soziologie ist sowohl eine theoriegeleitete wie auch eine empirisch forschende Disziplin. Dabei ist hervorzuheben, dass eine soziologische Perspektive nicht eine einheitliche Theorie beinhaltet, sondern als Betrachtungsweise und Strukturierung einer Fragestellung oder eines Themenfeldes zu verstehen ist. In diese Betrachtungsweise gehen indirekt auch theoretische Annahmen ein, die hier aber nicht eigens begründet werden können, sondern immer wieder mitbedacht werden müssen.

Ein weiterer Vorteil einer soziologischen Perspektive besteht im Rekurs auf die Empirie, also auf Daten, die das Verständnis bestimmter Phänomene erleichtern und bestimmen. Dabei stellt sich wiederum die Frage, wie sich dieser Empirie genähert wird, mit welchen Methoden sie erhoben, analysiert und dargestellt wird – auch hier bestehen in der Soziologie und in den Sozialwissenschaften generell grundlegende methodische, wissenschaftstheoretische und erkenntnistheoretische Kontroversen (vgl. beispielsweise Helfferich 2011, Mayntz 1969). Als spezifisch soziologisch darf in diesem Kontext wiederum nicht die Bevorzugung eines besonderen Zugangs gelten, sondern der Bezug auf eine Empirie prinzipiell und die Frage nach der Reflexion, Diskussion und Auszeichnung der Methoden und ihnen zugrundeliegende erkenntnistheoretische Setzungen in der empirischen Sozialforschung. Auch hier ist es das ›Wie‹, das den soziologischen Zugang ausmacht, also die Arten und Weisen zu fragen und die Forschung zu strukturieren und weniger die spezifischen Inhalte.

Seit den Anfängen der Soziologie – für viele in der Mitte des 19. Jahrhunderts, für andere schon einige Jahrhunderte früher – hat sie sich zu einem hoch differenzierten Wissensgebiet entwickelt, das durch konkurrierende theoretische und methodische Ansätze gekennzeichnet ist. Aktuell lässt sich eine zunehmende Spezialisierung theoretischer Paradigmen, vielfältiger Anwendungsbereiche, mannigfaltiger Methoden und unterschiedlicher Priorisierungen der Problemstellungen ausmachen. Als Beispiel seien folgende Gebiete aufgeführt, die auch auf der Webseite des Heidelberger Max Weber Instituts für Soziologie zu finden sind: Sozialstrukturanalyse, vergleichende Makrosoziologie, Organisationssoziologie, politische Soziologie, Drittsektorforschung, Kriminalsoziologie, Kultursoziologie (vgl. https://www.soz.uni-heidelberg.de/ueber-das-mwi/, Zugriff 21.01.2022).

Die zentrale Klammer der Disziplin bilden soziologische Theorien, Forschungsmethoden und verschiedene Felder der empirischen Sozialforschung und diese werden auch in diesem Band immer wieder aufgegriffen.

Es ist kein Zufall, dass in obiger Aufzählung des Max Weber Instituts die Migrationsforschung nicht auftaucht. Migration selbst geriet nur partikular oder relativ spät in den Fokus soziologischer Betrachtungsweisen, obwohl berühmte ›Gründungsväter‹ der Soziologie wie beispielsweise Georg Simmel schon früh migrationsgezogene Fragen thematisierten (Simmel 1908). Aber in den letzten Jahrzehnten hat sich bezüglich einer wissenschaftlichen Betrachtungsweise von Migration, die ja auch ein soziales Handeln im oben beschrieben Sinne darstellt, eine fächerübergreifende Migrationsforschung herausgebildet, die sich durch den Fokus auf das Phänomen der Migration auszeichnet. Was darunter zu verstehen ist, geht aus dem Selbstverständnis eines der ältesten Migrationsforschungsinstitute, dem IMIS der Universität Osnabrück, hervor:

> »Migration bildet seit jeher ein zentrales Element gesellschaftlichen Wandels. Räumliche Bewegungen von Menschen veränderten in den vergangenen Jahrhunderten die Welt: Unzählige Beispiele belegen das Ausmaß, mit dem Arbeits- und Siedlungswanderungen, Nomadismus, Bildungs- und Ausbildungswanderungen, Menschenhandel, Flucht, Vertreibung oder Deportation die Bevölkerungszusammensetzung sowie die Entwicklung von Arbeitsmärkten, politischen Systemen, kulturellen Identitäten oder religiösen Orientierungen beeinflussten. Auch in Zukunft wird Migration ein zentrales gesellschaftliches Thema mit hohem politischen Gewicht bleiben« (https://www.imis.uni-osnabrueck.de/imis/ziele.html, Zugriff 31.10.2021).

Das IMIS beschreibt seine Aufgabe so:

> »Seit Anfang der 1990er Jahre gilt das wissenschaftliche Interesse des Instituts für Migrationsforschung und Interkulturelle Studien (IMIS) der Universität Osnabrück den vielfältigen Aspekten räumlicher Mobilität und ihren Folgen in Geschichte und Gegenwart. [...] Dem Institut gehören Wissenschaftlerinnen und Wissenschaftler verschiedener Fächer und Forschungsgebiete an: Erziehungswissenschaft, Ethnologie, Geographie, Geschichtswissenschaften, Geschlechterforschung, Kunstgeschichte, Ökonomie, Politikwissenschaften, Psychologie, Rechtswissenschaften, Religionswissenschaften, Soziologie, Sprachwissenschaften« (ebenda).

Während sich Migrationsforschung durch den Fokus auf ein bestimmtes soziales Handeln auszeichnet, nämlich räumliche Mobilität, und inter-, trans- oder multidisziplinär angegangen werden kann, soll in dem vorliegenden Band der Fokus auf sozialwissenschaftliche Aspekte der Folgen von Migration für die migrierten Subjekte und für die Gesamtgesellschaft gelegt werden. Migrationssoziologie ist eine durch den Gegenstand gekennzeichnete Unterabteilung der Soziologie und durch die Disziplin geprägte Unterabteilung der Migrationsforschung. Allerdings sind die Grenzen der hier rezipierten Theorien und Forschungsansätze fließend, da auch sozialwissenschaftliche Studien, vor allen aus den Erziehungswissenschaften, sich diesen Fragen widmen und für die Erklärung der gesellschaftlichen Aspekte von Migration fruchtbar sind.

Dabei wird immer wieder die Frage gestellt, dass Migration als ein spezifischer Fokus und eine eigene Forschungsrichtung schon selbst umstritten ist, da, wenn sie die in sich so heterogenen zugewanderten Gruppen isoliert betrachtet, sie diese zu einer einheitlichen Gruppe und damit zu Anderen macht (Othering). Diese Frage wird den gesamten Band selbstreflexiv begleiten und darauf wird in dem Kapitel zu postmigrantischen Ansätzen besonders eingegangen.

Migration

Eingangs ist es hilfreich, einen Blick auf Daten über Migration nach Deutschland zu werfen. Mit Migration wird die dauerhafte Verlagerung des Lebensmittelpunktes von Individuen, Familien oder Gruppen an einen anderen Ort bezeichnet, in der Regel in einem anderen Land (IOM 2020: 8). Weltweit waren 2019 ca. 272 Millionen Menschen, also 3,5 % der Weltbevölkerung, migriert (ebenda: 7). Dies gilt zumindest für legale, reguläre Migration, und diese Zahlen sind um eine unbekannte Dunkelziffer irregulärer Migration zu ergänzen. Dabei gibt es Länder, wie beispielsweise die Vereinigen Arabischen Emirate, die sehr hohe Migrationszahlen – bis zu 80 % – aufweisen. Pandemiebedingt ist die Migration in vielen Staaten aber zurückgegangen, was sich allmählich wieder ändert (Samaddar 2020).

Im Gegensatz zur allgemeinen Migration wird Fluchtmigration – oder *Forced Migration* – nicht als Wechsel in ein anderes Land, sondern durch seinen Zwangscharakter definiert (https://www.unhcr.org/). Für 2020 wurde auf der Webseite des

Hohen Flüchtlingskommissariat der Vereinten Nationen die Zahl der Flüchtlinge mit 82,4 Millionen angeben, aus dieser Gruppe fliehen aber 85 % der Menschen in benachbarte Regionen innerhalb oder außerhalb des eigenen Landes (https://www.unhcr.org/dach/de/services/statistiken, Zugriff 13.09.2021). Bezüglich der erzwungenen Migration werden daher Binnenvertriebene, die in sichere Regionen des eigenen Landes migrieren, und Flüchtlinge, die ins Ausland fliehen, unterschieden. Zu beachten ist hier auch, dass der größte Teil dieser Menschen zunächst in Nachbarstaaten flüchten und nur ein kleiner Prozentsatz in einen anderen Kontinent weiterzieht (ebenda).

Eine übergreifende Definition von Migration besteht daher darin, Migration ganz allgemein als ein zentrales Element der Anpassung der Menschen an Umweltbedingungen und an soziale, wirtschaftliche und politische Herausforderungen zu verstehen (Oltmer 2010). In diesem Sinne ist Migration ein »Normalfall« (Bade 2004). Fast alle Länder auf der Welt waren bereits Zielland oder Entsendeland für Migration. So war Deutschland jahrhundertelang ein Auswanderungsland. Aus sozialen und auch anderen Gründen wanderten beispielsweise bereits im 14. Jahrhundert viele Menschen aus den deutschsprachigen Gebieten ins damalige Ungarn bzw. nach Siebenbürgen aus, nach Russland im 18. Jahrhundert und in die USA im 19. Jahrhundert. Historisch sind neben dem dauerhaften Ortswechsel aber auch grenzüberschreitende Pendelmigration wie beispielsweise die sogenannten »Hollandgänger« zu nennen, also Personen aus benachbarten Regionen, die in den Niederlanden arbeiteten, aber ihre Familie und ihren dauerhaften Wohnsitz in Deutschland behielten (Bade 2004).

Was Einwanderung betrifft, so sind für Deutschland beispielsweise die sogenannten »Ruhrpolen« zu erwähnen, die zu Arbeitszwecken im 18. Jahrhundert in das aufstrebende Ruhrgebiet kamen und sich dort dauerhaft niederließen (Bade 2004). Nicht zu unterschätzen ist auch die Aufnahme von ca. zwölf Millionen deutscher Flüchtlinge nach 1945 in die neue Bundesrepublik – diese Gruppe umfasste Vertriebene aus den Ländern des östlichen Europas und Flüchtlinge aus den damaligen sowjetisch besetzten Zonen sowie aus der DDR (vgl. Beer 1994).

In den meisten wissenschaftlichen Publikationen in Deutschland wird die Migrationsdefinition des statistischen Bundesamts verwendet. Mit Migrant*innen sind Personen mit Migrationshintergrund gemeint, also Menschen, die entweder selbst aus dem Ausland zugewandert oder von denen ein Elternteil aus dem Ausland in die Bundesrepublik zugewandert ist. Diese Definition muss aber als vorübergehender Arbeitsbegriff verstanden werden, denn der Fokus auf den Migrationshintergrund grenzt Menschen aus, macht Personen zu anderen, die sich – insbesondere in der zweiten oder dritten Generation – als Teil der bundesrepublikanischen Gesellschaft begreifen. Zur Kritik an der Kategorie Migrationshintergrund und zu Alternativen dazu hat beispielsweise Ann-Kathrin Will in einer Debatte des Rats für Migration, einem Zusammenschluss vieler Migrationsforscher*innen, Stellung bezogen (https://rat-fuer-migration.de/2022/06/07/rfm-debatte-2022/).

Ann-Kathrin Will argumentiert hier, dass die Kategorisierung von Menschen mit und ohne Migrationshintergrund einerseits Differenzen symbolisch verfestigt und andererseits empirisch lückenhaft sei (ebenda). So fehlt Will zufolge beispielsweise die Kategorie »Deutsche mit Migrationshintergrund« in vielen Statistiken. Die Kategorie »Deutsche ohne Migrationshintergrund«, zu der im Kontext zugewanderter Familien Angehörige gehören, die bereits seit mindestens zwei Generationen die deutsche Staatsangehörigkeit seit Geburt besitzen, ignoriere deren mögliche Migrationserfahrungen, wenn sie als Deutsche zugewandert sind. Hingegen können Enkel von Zugewanderten als »Personen mit Migrationshintergrund« gelten, selbst wenn nur ein Großelternteil zugewandert ist und die anderen Großelternteile »Deutsche ohne Migrationshintergrund« sind.

Zur Migration nach Deutschland können folgende Zahlen – Stand 2019 – genannt werden (Die Beauftragte 2020: 18 ff). Die Daten sind dem 12. Bericht der Beauftragten der Bundesregierung für Migration, Flüchtlinge und Integration, entnommen. Dieser Bericht wird zweijährlich erstellt und stellt eine wichtige Datenquelle zu Migration in Deutschland dar. 20,8 Millionen Menschen in Deutschland haben einen Migrationshintergrund im oben beschriebenen Sinne, das sind 25,5 % der Bevölkerung, also mehr als ein Viertel. 52 % davon haben die deutsche Staatsangehörigkeit und 48 % sind Ausländer*innen. Das Geschlechterverhältnis umfasste 2019 10,7 Millionen Männer und 10,1 Millionen Frauen. Unter sozialen und politischen Aspekten ist es wichtig zu betonen, dass die Verteilung der Bevölkerung mit Migrationshintergrund sehr ungleich ist. Während in den westlichen Bundesländern der Migrationsanteil 30 bis 35 % beträgt, sind es in den östlichen Bundesländern maximal 7 % pro Bundesland. Migration ist konzentriert in Ballungsräumen und Großstädten, so haben Städte wie Stuttgart oder Frankfurt am Main eine Bewohnerschaft, die zu 40 % und mehr einen Migrationshintergrund aufweist. Was die Herkunft betrifft, ist zu betonen, dass 53 % der Eingewanderten 2018 aus einem EU-Mitgliedsstaat kamen. Generell sind die wichtigsten Herkunftsländer an erster Stelle die Türkei, dann Rumänien, Polen und Bulgarien sowie Griechenland, Spanien, Italien und die Länder der ehemaligen Sowjetunion.

Interessant ist ferner, dass die Menschen mit »Migrationshintergrund« deutlich jünger sind: Im Schnitt waren sie 2019 35,5 Jahre alt, bei Menschen ohne Migrationshintergrund betrug das Durchschnittsalter 47,4 Jahre. Die durchschnittliche Aufenthaltsdauer von Migrierten beträgt 21 Jahre, die meisten Migrant*innen leben also schon viele Jahre in Deutschland und betrachten sich als Teil dieser Gesellschaft. Ein Blick in das Aufenthaltsgesetz zeigt, dass es sehr vielfältige Gründe geben kann, um in Deutschland zu bleiben: Arbeit, Familie, Studium, medizinische Behandlung, humanitäre Gründe sowie der Schutz vor Verfolgung.

Ein Blick auf die Geschichte der Migration in die Bundesrepublik lässt weitere Unterschiedlichkeiten in der Einwanderung deutlich werden. So lassen sich folgende Phasen der Migration nach Deutschland unterscheiden: Nach dem Ende des zweiten Weltkriegs blieben einige »Displaced Persons« – vor allem Verschleppte in den ehemaligen Konzentrationslagern und Zwangsarbeiter*innen – in Deutschland und damals schon wanderten auch Flüchtlinge aus dem Ausland ein, die 1951 den Rechtsstatus »Heimatlose Ausländer« erhielten. Neben den mehreren Millionen deutscher Flüchtlinge, die nach 1945 aufgenommen und integriert worden sind, kamen seit den in den 1950er Jahren auch Flüchtlinge aus dem mittleren und östlichen Europa nach Deutschland, so beispielsweise viele Ungar*innen nach dem Aufstand 1956 in Ungarn.

Eine Phase der Einwanderung mit weitreichenden Folgen stellte die Arbeitsmigration der sogenannten ›Gastarbeiter‹ dar. Das war eine Phase der Anwerbung von Arbeitskräften in den 1950er und 1960er Jahren, die durch das Arbeitsministerium bzw. entsprechende Agenturen direkt im Ausland erfolgte und in Abkommen geregelt war. So wurde 1955 ein Anwerbeabkommen mit Italien abgeschlossen, 1961 mit der Türkei und vielen anderen süd- und südosteuropäischen Staaten sowie nordafrikanischen Staaten. Ab 1973 wurde ein Anwerbestopp durchgesetzt, aber die Familienzusammenführung wurde den in Deutschland Arbeitenden zunächst erlaubt. So kamen von den 1950 bis in die 1970er Jahre ca. 9.5 Millionen Menschen nach Deutschland und ca. vier Millionen sind geblieben. Diese Phase der Arbeitsmigration ist dadurch gekennzeichnet, dass von der deutschen Seite aus keine Integrationsmaßnahmen vorgesehen waren, keine Vorbereitung oder Begleitung. Oft erfolgte die Arbeitsaufnahme direkt nach Ankunft und es gab keinen systematischen Deutscherwerb. Viele gingen von einem kurzfristigen Aufenthalts aus – sowohl der deutsche Staat als auch die Migrant*innen selbst rechneten stark mit einer Rückkehroption, die sich dann aber für viele nicht realisierte.

Eine weitere wichtige Phase der Einwanderung stellte die Migration der (Spät-)Aussiedler*innen dar. Seit den 1970/80er Jahren wurde die Einwanderung von Aussiedler*innen, d. h. von deutschstämmigen Menschen aus Ländern des östlichen Europas ermöglicht und ab den 1990er Jahren die Einwanderung von Spätaussiedler*innen. Es handelt sich hier im deutschstämmige Mittel-/Osteuropäer*innen, also ehemalige deutsche Auswanderer*innen, die sich in Rumänien, Ungarn, Russland etc. niedergelassen, die die deutsche Zugehörigkeit erhalten hatten und dies auch belegen konnten. Die Auswanderung nach Deutschland war ab 1989 wesentlich leichter, von 1989 bis in die 1990er Jahre sind ca. vier Millionen Aussiedler*innen und Spätaussiedler*innen eingewandert.

Eine Besonderheit charakterisierte die Einwanderung dieser Gruppe. Die Geschichte der ca. vier Millionen Spätaussiedler aus den Ländern der ehemaligen Sowjetunion geht auf die deutsche Migration nach Russland ab dem 18. Jahrhundert zurück. Die zugewanderten Deutschen hatten dort damals viele Sonderrechte, z.B. deutschsprachige Schulen, Land, Verwaltungshoheiten; sie haben die deutsche Sprache gepflegt und eine deutsche Zugehörigkeit erhalten. Aber im zweiten Weltkrieg wurden die meisten Deutschstämmigen in der Sowjetunion Opfer von Deportationen nach Sibirien, Kasachstan, Kirgisien u.a. Sie galten als Verbündete des Nazideutschlands, das die Sowjetunion angegriffen hatte, und waren auch Opfer der damals vollzogenen Zwangskollektivierung in der Sowjetunion. In ihren neuen Wohngebieten fern der alten russischen Heimat war die deutsche Zugehörigkeit erschwert. Wenn sie nach Deutschland kamen, waren sie rechtlich Deutsche, hatten also die deutsche Staatsangehörigkeit, waren aber von einer Sozialisation in der russischen Sprache, Kultur und Gesellschaft geprägt. Sie wurden in ihrer neuen Heimat sozial nicht als Deutsche anerkannt und hatten mit vielen Schwierigkeiten zu kämpfen (vgl. Strobl 2000).

Aber auch Flucht und Asyl stellten und stellen einen wichtigen Einwanderungsgrund nach Deutschland dar. Ab den 1970er Jahren stieg die Einwanderung von Asylsuchenden, nach der Änderung des Asylgesetzes 1993 gingen die Zahlen rapide zurück, seit 2013 war aber ein neuer Anstieg der Flüchtlingszahlen zu beobachten. So wurden 2013 ca. 109.000 neue Asylanträge gezählt (https://www.bamf.de/DE/Themen/Statistik/Asylzahlen/asylzahlen-node.html), 2014 wurden ca. 200.000 Asylanträge gestellt und 2015 ca. 890 Asylanträge. Seit 2017 sind die Asylerstanträge rückläufig. Die Herkunftsländer der Flüchtlinge sind vor allem Syrien, Afghanistan, Irak, Iran und Eritrea. Der Rückgang wurde durch die Corona-Pandemie noch verstärkt, erst Im Jahr 2022 sind die Zahlen von Schutzsuchenden wieder gestiegen, vor allem durch den Angriffskrieg auf die Ukraine.

Aktuell spielt Migration aus EU-Ländern eine wichtige Rolle. In den letzten Jahren war die Einwanderung aus EU-Staaten wie Rumänien oder Bulgarien auf hohem Niveau konstant, phasenweise auch aus Griechenland, Spanien und Italien. Bei der EU-Einwanderung handelt es sich um eine Migration jüngerer, qualifizierter Fachkräfte (https://mediendienst-integration.de/migration/wer-kommt-wer-geht.html). Aktuell ist eine gezielte Rekrutierung von Arbeitskräften insbesondere für Pflege und Handwerk zu beobachten. EU-Bürger*innen sind rechtlich in vielem Bundesbürger*innen gleichgestellt; innerhalb der EU gilt das Recht der Freizügigkeit, d. h., Angehörige der EU-Staaten können nach Deutschland kommen und hier Arbeit suchen, und es gibt keinerlei rechtliche Einschränkungen und es bedarf auch keines Aufenthaltstitels. Angehörige von Staaten außerhalb der EU – also Drittstaatler*innen – brauchen in der Regel bei der Einreise ein Visum, aber spätestens nach drei Monaten einen Grund, um in Deutschland zu bleiben, d. h. einen Aufenthaltstitel, und sie müssen viele Voraussetzungen erfüllen, um eine Verlängerung eines befristeten Aufenthaltstitels – der Aufenthaltserlaubnis – oder den Erwerb eines unbefristeten Aufenthaltstitels – der Niederlassungserlaubnis – zu erreichen. Anspruch auf Familienzusammenführung und sozialrechtliche Ansprüche hängen vom Aufenthaltstitel ab. Asylsuchende wiederum erhalten während ihres Verfahrens keinen Aufenthaltstitel, diesen erhalten sie erst mit der Flüchtlingsanerkennung, und wenn diese nicht erfolgen kann, entfällt auch der Anspruch, in Deutschland bleiben zu können.

Aus dieser Aufstellung wird deutlich, wie unterschiedlich Migrationsgründe, Migrationsmotive, der rechtliche Status, Migrationsgeschichten und Selbstverständnis sein können. Das Aufenthaltsgesetz nennt verschiedene Gründe, nach Deutschland zu kommen und in Deutschland bleiben zu können: Die wichtigsten sind Arbeit oder Arbeitsuche, humanitäre Gründe und Schutzsuche vor Verfolgung und Bedrohung, Ausbildung oder Studium, medizinische Behandlung oder Familienzusammenführung. Obwohl sie grundsätzlich jünger ist, ist die Migrationsbevölkerung auch hinsichtlich Alter, Geschlecht, Bildung, rechtlichem Status, Religion, Kultur und migrationsspezifischer Aspekte sehr gemischt. Sie hat grundsätzlich zur ohnehin wachsenden Vielfalt in Deutschland beigetragen, beispielsweise zur religiösen Vielfalt in Deutschland – so wurde in der jüngsten Studie zum muslimischen Leben in Deutschland, die von der Deutschen Islamkonferenz (DIK) herausgegeben wurde, die Anzahl der Muslime mit ca. fünf Millionen angegeben (https://www.deutsche-islam-konferenz.de/).

Auf der rechtlichen Ebene sind zu erwähnen:

- das Zuwanderungsgesetz von 2005,
- die verschiedenen asyl- und ausländerrechtlichen Restriktionen, die 2016 bis 2019 umgesetzt wurden, und
- das Fachkräfteeinwanderungssetz von 2021.

Seit dem Zuwanderungsgesetz von 2005 sind Integrationsmaßnahmen gesetzlich vorgeschrieben – dies gilt vor allem für einen Deutschkurs und einen Orientierungskurs, die als Integrationskurse subventioniert und leicht zugänglich sind. Es gibt zudem eine Verpflichtung zu Integrationskursen für Drittstaatsangehörige und ein bundesweites Integrationsprogramm – d. h. ein öffentlich finanziertes System zur Beratung und Begleitung von neu zugewanderten Erwachsenen und Jugendlichen. Mit diesen neuen Möglichkeiten der öffentlichen Förderung hat Deutschland anerkannt, dass es ein Einwanderungsland ist.

Soziologisch interessant sind soziokulturelle Aspekte, soziale Status und soziale Ungleichheit, Fragen der Verortung und der Zugehörigkeit der Zugewanderten sowie die der Mehrheitsgesellschaft und entsprechende Wechselwirkungen. Es sei aber vorausgeschickt, dass soziologisch betrachtet Migrationshintergrund zunächst keine relevante analytische Kategorie darstellt. Am besten wird dies deutlich in den Migrantenmilieu-Studie des Sinus-Instituts (https://www.sinus-institut.de/mediacenter/news/sinus-migrantenmilieus-2018). Seit 2008 wird durch das Sinus-Institut analog zu den sozialen Milieustudien in Deutschland versucht, auch Gruppen von Migrant*innen mit dem Milieuansatz zu beschreiben. Der Milieuansatz umfasst Lebensstile und Lebensweisen, Konsumgewohnheiten, Werte sowie Einstellungen und politische Haltungen. Das Sinus-Institut unterscheidet acht Milieus in der Migrationsbevölkerung, vom religiös verwurzelten Milieu bis hin zu einem Performer-Milieu. Das interessante Ergebnis der 2008 und 2018 durchgeführten Studien besteht in dem Nachweis, dass die ethnische Herkunft nicht relevant für die sozialen Milieus ist. Das bedeutet, dass Menschen aus einem Herkunftsland in der Regel in allen Milieus zu finden sind. Auch sind alle Milieus, Schichten, Bildungsniveaus und Lebensweisen bei Personen aus verschiedenen Herkunftsländern und Ethnien anzutreffen. Es gibt keinen direkten Zusammenhang zwischen Milieu und ethnischer Herkunft (▶ Kap. 6). Auch wenn im Folgenden der Fokus auf migrationsbedingte Fragen gelegt wird, so muss betont werden, dass es DEN MIGRANTEN oder DIE MIGRANTIN nicht gibt und Die Migrationsbevölkerung in sich ist sehr vielfältig hinsichtlich Lebensstilen, Einstellungen, Bildung, Herkunft, Migrationsdauer, Migrationsmotiven und Migrationswegen usw.

Dennoch gibt es empirische Erkenntnisse, die verallgemeinerbar sind, auch wenn sie nicht für alle zutreffen. Es ist soziologisch relevant, dass Migrationshintergrund einhergeht mit einem signifikant höherem Armutsrisiko (vgl. Die Beauftragte 2020: 23), mit einem signifikant höherem Prozentsatz an Arbeitslosigkeit und höherer Betroffenheit von Altersarmut. Aus den Berichten der Beauftragten für Migration und Flucht und anderen Studien geht hervor, dass seit Jahrzehnten Indikatoren wie Armutsrisiko, Arbeitslosigkeit, Altersarmut und Benachteiligung beim Übergang von der Schule in den Beruf auf deutliche Disparitäten zwischen Menschen mit und ohne Migrationsgrund hinweisen. Soziale Benachteiligung und Migration überschneiden sich oft – die Zusammenhänge von Migration und sozialer Ungleichheit werden in einem eigenen Kapitel behandelt (▶ Kap. 3). Sie stehen auch im Zusammenhang zu einer statistisch sichtbaren Bildungsbenachteiligung.

Weitere soziologisch relevante Grunddaten zu Migration hängen mit Erfahrungen von Rassismus und Diskriminierung (▶ Kap. 7) zusammen. Diese verweisen auf Ungleichheiten und Machtverhältnisse, zeigen aber auch die Notwendigkeit der Entwicklung neuer Gerechtigkeitskonzepte, neuer Identitäten in der Migrationsgesellschaft und neuer Narrative, d. h. neuer Bilder der Gesellschaft von sich selbst, die Migration als selbstverständlichen Teil der Gesellschaft begreifen. Auf der Website der »Neue Deutsche Organisationen« – einer Plattform von migrantischen Selbstorganisationen war lange zu lesen:

> »Wir sind ›von hier‹. Hört auf zu fragen! Seit Jahrhunderten wandern Menschen ein und aus und prägen das Land. Deutschland hat sich stets verändert. Und wir gestalten diesen Wandel mit: [...] Wir wollen kein Praktikum, wir wollen die Chefetage!« (https://neuedeutsche.org/de/, Zugriff 01.07.2019).

Migrationssoziologie

Seit mehr als zwei Jahrzehnten erschienenen im deutschen Sprachraum migrationssoziologische Überblickswerke. Diese behandelten einerseits soziologische Zugänge zu Gründen und Erklärungsansätze von Migration aus der Geschichte der Soziologie und historische Konzeptualisierungen der Interaktionen von Zugewanderten und Einheimischen oder der Mehrheitsgesellschaften (vgl. Aigner 2017, Faist 2020, Han 2000, Oswald 2007, Treibel 2013, Zwengel 2018). Für die historischen soziologischen Erklärungsansätze zu Migration sind insbesondere zu nennen

- Georg Simmel mit seinem Exkurs über den Fremden (Simmel 1908),
- Robert Parks Studien zu Migrant*innencommunities in den USA, Chicago und die sogenannte Chicago School (Aigner 2017),
- Phasen der Migration nach Shmuel Eisenstadt (2000) und
- die Studien zu Minderheiten und Mehrheitsgruppen von Norbert Elias (Preuß 2020).

Ein besonderer Fokus lag daher also oft auf der angelsächsischen Migrationssoziologie. Dadurch wurde das assimilatorische Integrationsmodell der Chicago School der Soziologie aus den 1930er Jahren übernommen und als Folie oder Norm für Prozesse in den Nachkriegsgesellschaften genutzt. So waren auch in der deutschen Soziologie lineare Stufenmodelle der Beziehungen zwischen Eingewanderten und Mehrheitsgesellschaft beliebt (wie beispielsweise im Integrationskonzept von Hartmut Esser 2001).

Auf der anderen Seite thematisierten migrationssoziologische Werke die Zahlen zu Migrationsbewegungen sowie soziale Hintergründe von Wanderungsbewegungen weltweit und nach Deutschland, also die sozialen Motive und Beweggründe für Migration, sozioökonomische Hintergründe, soziale Identitäten und Verhaltensweisen der neuzugewanderten Bevölkerung sowie die Wechselbeziehungen zwischen neu Eingewanderten und Mehrheitsbevölkerung. Neuere migrationssoziologische Publikationen behandeln ein viel breiteres und ausdifferenzierteres thematisches Spektrum. So werden in dem 2020 erschienen Werk »Soziologie der Migration« beispielsweise folgende Themen behandelt: Arbeitsmarkt und Integration, Fremdheit, Identität und Hybridität, Intergruppenbeziehungen und Interaktionen in urbanen Räumen, migrationspolitische Kontroversen, Migration und Medien, Bildung, Familie, Gender, Religion und Sport sowie Migration und soziale Ungleichheit; aber auch Fragen zu Ethnizität, Diskriminierung und Rassismus (Faist 2020). Andere behandeln in neuen migrationssoziologischen Einführungswerken allgemeine Fragen der Migrationsforschung wie z. B. die verschiedenen Gruppen der Migrant*innen in Deutschland, Heterogenität und Benachteiligung, Partizipation und Vielfalt, Lebensbereiche wie Wohnen und Bildung sowie Kommunikation und Deutscherwerb und Spezifika der jüngere Fluchtmigration (vgl. Zwengel 2018). Auch die erwähnte jüngere Publikation – der von Thomas Faist herausgegebene Band zur Einführung in die »Soziologie der Migration« – präsentiert internationale Migrationsbewegungen, Hintergründe, Formen und Charakteristika sowie Versuche ihrer Theoretisierung. In diesem Band sind Aspekte von transnationalen Migrationsformen sehr stark beleuchtet und theoretisch reflektiert (Faist 2020).

Es wird deutlich, dass sich in der Migrationssoziologie die thematischen Bezüge und paradigmatischen Rahmungen in den letzten Jahren stark verändert haben. Dies kann im Kontext einer Anpassung der Wissenschaft an gesellschaftliche Veränderungen als Normalität gesehen werden, in dem Sinne, dass Migration zum ›Normalfall‹ geworden ist. Damit geraten eher soziale Zugehörigkeiten und soziale Teilhabe sowie Narrative von Eingewanderten und Mehrheitsbevölkerung in den Fokus soziologischer Betrachtungen.

Ludger Pries skizziert in einem Überblicksartikel die Entwicklung der soziologischen Migrationsforschung in Deutschland wie folgt (Pries 2021): Er hebt zunächst hervor, dass das Thema Migration im 20. Jahrhundert im deutschsprachigen Raum in Bezug auf die Soziologe lange randständig war, »theoretisch und empirisch unterentwickelt und nationalistisch eingehegt« (Pries 2021: 151). Dies hatte mit der nicht vorhandenen Wahrnehmung oder Leugnung von Deutschland als Einwanderungsland zu tun, so wurden weder die bereits erwähnten vielfachen älteren und jüngeren Ein- und Auswanderungsbewegungen oder beispielsweise Zwangsarbeit im Nationalsozialismus soziologisch diskutiert. Dies ist wiederum Pries zufolge der lange vorherrschenden eher statischen Vorstellung einer nationalstaatlich verfassten Gesellschaft zuzuschreiben (ebenda).

Diese an Homogenität und einen unkritischen Kulturbegriff orientierten Konzepte von Gesellschaft wurden zunehmend in Frage gestellt. Politisch spielte hierbei das bereits erwähnte Zuwanderungsgesetz von 2005 eine zentrale Rolle, das die Integrations- und Migrationspolitik weitgehend neugestaltet und Deutschland als Einwanderungsland anerkennt. Pries hebt hervor, dass sich auch in der Forschung viel verändert hat. Es erschienen Studien mit dem Anspruch einer bilanzierenden Gesamtsicht auf Migration und Integration, zu subjektiven Aspekten von Migrationserfahrung und es entwickelte sich mit dem wissenschaftlichen Monitoring von Integrationsprozessen und Versuchen wissenschaftlich fundierter Policy-Beratung eine nicht unerhebliche Begleitforschung zu verschiedenen Aspekten der Einwanderung und ihren sozialen Folgen. Damit sei, so Pries (ebenda: 165) die Migration in der Soziologie angekommen und Migrationssoziologie habe sich zu einem bedeutsamen Zweig innerhalb der deutschsprachigen Soziologie entwickelt.

Weitere relevante Entwicklungen in der Migrationssoziologie stellen die von Ludger Pries selbst betriebene Forschung und Theoretisierung zur Internationalisierung von Arbeitsmobilität, Transnationalisierung der Migration und Entwicklung transnationaler sozialer Räume dar. Zu diesen Entwicklungen hat die Forschung in dem Themenfeld transnationaler Haushalts- und Pflegearbeit und deren Folgen für migrantische Lebenswelten entscheidend beigetragen (Lutz 2010, 2018). Auch spielt hier die zunehmende Internationalisierung von Arbeit und Erwerb in bürgerlichen Schichten, im akademischen Bereich und im Dienstleistungssektor eine wichtige Rolle. Alle diese Entwicklungen haben dazu beigetragen – so Pries –, dass Migration nicht in Anlehnung an die Theorien aus dem angelsächsischen Raum in den 1930er Jahren als lineare Bewegung von A nach B verstanden wurde (Pries 2021). Migration transnational zu verstehen, bedeutet Migration als disruptiv, diskontinuierlich und zyklisch zu begreifen und Anpassungs- wie Abgrenzungsprozesse theoretisch auch anders zu fassen.

Pries betont, dass Themen wie Diversität und Vielfalt, Zugehörigkeit und vielfältige Ungleichheitsverhältnisse relevant wurden für die Migrationssoziologie (ebenda: 155) und damit auch Kritik an den klassischen, ebenfalls sehr statischen Konzepten des ›Fremden‹ und deren Interaktionen mit den Einheimischen geübt wurde.

Theoretisch werden konstruktivistische Ansätze stärker rezipiert und ethnische Zuschreibungen oder Fremdheitsvorstellungen werden als sozial konstruiert verstanden und diskursiv dekonstruiert. Anstelle statischer Identitätsmodelle entstehen Konzepte von Mehrfachidentitäten und Hybridität. Diskriminierung und Abwertung werden als gesellschaftliche Kategorien rezipiert, die soziale Realität strukturieren und nicht psychologisch oder individuell zu erklären sind. Konstruktion des ›Fremden‹ und des ›Anderen‹ werden Pries zufolge in gesellschaftlichen Mikro-, Meso- und Makrostrukturen als Ungleichheit generierende Vorstellungen analysiert.

Die Etablierung der Migrationssoziologie in der Soziologie hat Pries zufolge auch inhaltliche Konsequenzen, so entstanden in einer Verbindung von Migrations- und Integrationsforschung neue Anregungen für eine allgemeine Ungleichheitsforschung sowie zu Theorien globaler Ungleichheit (ebenda: 160). Pries betont, auch die deutschsprachige soziologische Migrationsforschung habe sich in den letzten zwei Dekaden beachtlich erneuert, erweitert und differenziert, und sie sei auch mit der Etablierung zahlreicher neuer Lehrstühle, Fachzeitschriften, Fachgesellschaften und Forschungsinstitute institutionell abgesichert (ebenda: 162).

Vor allem seit der Flüchtlingsbewegung von 2015 habe sich eine interdisziplinäre, sozialwissenschaftliche Migrationsforschung weiterentwickelt und durch neue Forschungsinstitute und Zusammenschlüsse in Deutschland verankert. Dabei gehe es darum, die vielfältigen Wechselbeziehungen zwischen Migration und Integration in theoretischen Konzepten zu berücksichtigen und die unterschiedlichen Migrationsformen empirisch wie analytisch zu erfassen, wie beispielsweise Pendelmigration, Migration zur Saisonarbeit, transnationale Arbeitsmigration und Fluchtmigration. Pries warnt davor, die Migrationsgründe zu isolieren, und betont, dass vielfältige Faktoren in den Herkunfts- wie Zielländern als umfassende Migrationsdynamiken untersucht werden müssen, die weitere Dynamiken bewirken können wie grenzüberschreitende Austauschprozesse (beispielsweise Wegzug und Rückkehr qualifizierter Fachkräfte, Geldüberweisungen). Auch würden die Grenzen zwischen freiwilliger Migration und erzwungener Migration immer komplexer. Hier müsse aber die deutsche Flucht- und Flüchtlingsforschung internationaler werden, da sie sich in den vergangenen Jahren überwiegend auf Deutschland und Europa fokussierte, während doch rund 85 % aller Flüchtlinge im Globalen Süden leben. Obwohl Migrationsprozesse wesentlich von rechtlichen Gegebenheiten und politischen Steuerungsversuchen abhängen, seien sie »ohne explizite Bezüge zu soziologischen Konzepten sozialen Handelns, sozialer Ordnungsbezüge, sozialer Mechanismen und sozialen Wandels« nicht zu verstehen (ebenda: 164). Pries betont aber auch, dass Gesellschaftsanalyse ohne Migration im 21. Jahrhundert nicht denkbar ist (ebenda). Dieses Wechselverhältnis wird uns im Laufe dieses Bandes weiterhin begleiten.

>
> **Zwischenfazit für pädagogische Berufe**
>
> Migration sollte als Normalität und nicht als Problem oder Defizit gesehen werden. Migration kann vielfältige Formen annehmen und vielfältige Gründe haben. Unterscheidungen zwischen erzwungener und freiwilliger Migration können nicht immer trennscharf gemacht werden. Migrationsdynamiken stehen immer im Zusammenhang mit gesellschaftlichen Veränderungen oder Entwicklungen und können nicht isoliert betrachtet werden.

In diesem Kontext sei auch eine weitere Definition von Migration angeführt. Migration kann auch als Chance verstanden werden, als Versuch der Reduktion globaler Ungleichheit (Weltsozialbereicht 2020) oder als Lösung globaler Ungerechtigkeit (vgl. Okeja 2013).

Der von der Entwicklungsorganisation der Vereinten Nationen (UNDP) herausgegebene »Bericht über die menschliche Entwicklung« (UNDP 2019) widmet sich der Frage globaler Ungleichheit, einem der UN-Ziele für nachhaltige Entwicklung (SDG). Der Weltsozialbericht von 2020 der UN-Hauptabteilung Wirtschaftliche und Soziale Angelegenheiten (DESA) greift dieses Thema auf, zeigt die Zunahme globaler Ungleichheit und skizziert vier globale Megatrends, die Ungleichheit befördern (UN DESA 2020: 21 ff):

- technologische Innovationen,
- sich verschärfender Klimawandel,
- zunehmende Verstädterung
- und die internationale Migration mit ihren Chancen und Herausforderungen.

Migration wird dabei auch als Chance definiert, globale Ungleichheiten gezielt zu verringern. Die beschriebenen Trends lassen sich nicht aufhalten, aber zumindest gestalten. Da internationale Migration einen Lösungsansatz für die anderen Herausforderungen darstelle, müsse sie gefördert werden, in geordneten und sicheren Bahnen ablaufen, und es müssten bessere Wege für die Geldüberweisungen der Migrant*innen entwickelt werden.

Migration – sowohl hinsichtlich ihrer Ursachen als auch hinsichtlich ihrer Wirkung und Folgen – kann und muss daher immer im Kontext globaler und gesellschaftlicher Entwicklungen gesehen werden und kann nicht auf Einzelaspekte betreffend eine ethnische Gruppe oder eines Nationalstaates reduziert werden.

Kurzzusammenfassung

Migration stellt ein Epochen und Gesellschaften übergreifendes Phänomen dar und hat vielfältige Ursachen, Hintergründe, Formen und Gestalten. Migration stellt eine Normalität dar. Deutschland ist schon seit vielen Jahrzehnten ein Einwanderungsland, denn in Deutschland hat mehr als ein Viertel der Gesellschaft einen Migrationshintergrund in dem Sinne, dass die Personen selbst oder ein Elternteil zugewandert sind. Für den bundesrepublikanischen Kontext relevant sind die rechtlichen Regelungen, spezifische Phasen der Einwanderung, verschiedene soziale Chancen von neu Zugewanderten und die unterschiedlichen gesellschaftlichen Reaktionen auf diese. Die Interaktionsprozesse zwischen verschiedenen Teilen der Gesellschaft – neu oder schon länger Zugewanderte und verschiedene Gruppen der Mehrheitsbevölkerung – standen im Fokus der Migrationssoziologie, die sich seit den 1930er Jahren etabliert hat. Dabei hat sich der Fokus der Migrationssoziologie von einer Betrachtungsweise von neu Zugewanderten und deren Integration in eine vormalige Gesamtgesellschaft verlagert zu einer interdisziplinären Analyse vielfältiger Wanderungsprozesse, globaler Entwicklungen und gesellschaftlicher Transformationsprozesse. Migration muss immer im Kontext globaler und gesellschaftlicher Entwicklungen gesehen werden und kann nicht auf Einzelaspekte betreffend eine ethnische Gruppe oder eines Nationalstaates reduziert werden.

Der hier wie generell im wissenschaftlichen Diskurs verwandte Begriff des Migrationshintergrundes muss kritisch reflexiv gebraucht werden, da die Gefahr besteht, mit diesem Ausgrenzungs- und Othering-Prozesse zu befördern. In diesem Band werden kontroverse Aspekte und für den pädagogischen Bereich relevante Aspekte gesellschaftlicher Debatten zu Migration im Hinblick auf zentrale Konzepte aus der sozialwissenschaftlichen Migrationsforschung erklärt und manchmal auch verkompliziert.

Beispiele zur Veranschaulichung

Zum Selbstverständnis von und zur Kritik an Ausgrenzung von Zugewanderten siehe die Website des Zusammenschlusses von Organisationen zu Migration als Neue Deutsche Organisationen:

»Wer wir sind
Die ndo sind ein bundesweites Netzwerk aus rund 160 Vereinen, Organisationen und Projekten. Unsere Mitglieder sind Nachkommen von Arbeitsmigrant*innen und Geflüchteten, Sinti und Roma, afrodiasporische Menschen, jüdische, muslimische und andere dialogsuchende Engagierte. Manche von uns bezeichnen sich als Person of Color (PoC) oder Schwarze Menschen, als Bindestrich-Deutsche oder eben anders. Unsere Gemeinsamkeit: Wir sehen uns als postmigrantische Bewegung gegen Rassismus und für ein inklusives Deutschland.

Was wir wollen
Wir wollen der Spaltung der Gesellschaft etwas entgegensetzen. Als Netzwerk engagieren wir uns für mehr Sichtbarkeit, Teilhabe und Chancengerechtigkeit. Dafür bringen wir uns in Debatten ein und bieten zum Beispiel einen Expert*innenpool für Medien, Politik, Stiftungen und andere. Mit Veranstaltungen, Pressegesprächen und Positionspapieren machen wir unsere Standpunkte deutlich« (https://neuedeutsche.org/, Zugriff 22.01.2022).

Anschaulich sind auch biographische Publikationen über die eigene Migrationsgeschichte in Deutschland, beispielsweise: Emilia Smechowski, Wir Strebermigranten, Bonn 2019 bpb Lizenzausgabe; Ijoma Mangold, Das deutsche Krokodil, Bonn 2018, bpb Lizenzausgabe.

Ausgewählte Literaturtipps

Aktueller Überblick zur Migrationssoziologie

Faist, Thomas (Hrsg.) (2020): Soziologie der Migration. Eine systematische Einführung. Unter Mitarbeit von Basak Bilecen, Kerstin Schmidt und Christian Ulbricht. Berlin, Boston: De Gruyter Oldenbourg.
Röder, Antje & Zifonoun, Darius (Hrsg.) (2020): Handbuch Migrationssoziologie. Wiesbaden: VS Verlag

Relevantes Journal (sozialwissenschaftlich interdisziplinär)

Zeitschrift für Migrationsforschung. Journal of Migration Studies. Herausgegeben vom Institut für Migrationsforschung und Interkulturelle Studien (IMIS) der Universität Osnabrück. Open Access Online Journal https://journals.ub.uni-osnabrueck.de/index.php/zmf/index.

Hinweise zur weiteren Recherche

- Rechtliches, Statistiken, Regierungspolitik: www.bamf.de
- Zahlen, Trends, wissenschaftliche Diskurse zu allen relevanten Fragen, getragen vom Zusammenschluss der Migrationsforscher*innen in Deutschland »Rat für Migration«: https://mediendienst-integration.de/
- Interdisziplinäre Debatte deutschsprachiger Migrationsforscher*innen zur Kategorie Migrationshintergrund: https://rat-fuer-migration.de/2022/06/07/rfm-debatte-2022/

Prüfungsfragen

- Welche Definitionen von Migration sind möglich?
- Welche Phasen und Fakten sind für Migration nach Deutschland relevant?
- Worin besteht eine soziologische Betrachtungsweise von Migration?

2   Kultur, Diversität, Intersektionalität

Fragen der Kultur und vermeintlicher unterschiedlicher kultureller Werte werden oft als Grundproblem von Einwanderung dargestellt. Dabei wird einerseits die Befürchtung geschildert, Einwanderung von Menschen aus als fremd wahrgenommenen, insbesondere muslimisch geprägten Gesellschaften würden die kulturelle Identität der Einwanderungsländer in Frage stellen (Walzer 2012) und damit zur Erosion sozialen Zusammenhalts beitragen. Andererseits wird oft gemutmaßt, die Anpassung an vorgeblich fremdkulturelle Werte stelle für Zuwander*innen eine große, oft nicht zu bewältigende Herausforderung dar und impliziere für sie Loyalitätskonflikte und Identitätsprobleme, sowohl individuell als intergenerationell (Miller 2012). Phänomene wie ethnische Segregation, Bildungsbenachteiligung, unterschiedliche Partizipationsformen in der Gesellschaft werden gerne mit Bezügen zu Kultur erklärt. Als Gegeninstrument und somit Voraussetzung in der pädagogischen Arbeit mit Migrant*innen gilt infolgedessen auch der Erwerb kulturbezogener Kompetenz, vor allem Kultursensibilität und Interkulturelle Kompetenz für pädagogische Fachkräfte.

Diese Denkmuster setzen einen statischen und homogenen Kulturbegriff voraus, der in der Tat lange die verschiedensten Disziplinen geprägt hat. Der Kulturbegriff ist aber schon seit Jahrzehnten massiv in Bewegung geraten – vor allem angeregt durch den Poststrukturalismus und die *Cultural Studies* (Hall 1996a, 1997). Kultur wird hier eher als prozesshaft, heterogen und verwoben mit anderen Ebenen thematisiert. So setzte sich beispielsweise der Soziologe Andreas Wimmer mit dem Thema Kulturbegriff theoretisch und empirisch auseinander. In der Studie »Kultur als Prozess« (Wimmer 2005), die hier exemplarisch erwähnt wird, kritisiert Wimmer den traditionellen, bedeutungsorientierten und homogenen Kulturbegriff der Ethnologie, diskutiert aber auch die vielen poststrukturalistischen Ersatzversionen und liefert ein eigenes Modell von Kultur. Er begreift Kultur als Aushandeln von Bedeutungen. Dieses Modell basiert auf einer individuellen und kognitiven wie auch gesellschaftlichen Dimension, nämlich einem System habitueller Dispositionen bewusster Subjekte. Dem korrespondiert auf einer gesellschaftlichen Ebene die – freilich nicht abschließend beschreibbare – Dimension der kollektiven Repräsentationen. In diesen Dimensionen situiert Wimmer wiederum Akteure, die Prozesse des Aushandelns und der Kompromissfindung aktiv vollziehen und damit Veränderungen in den erwähnten Dimensionen bewirken. Wimmer charakterisiert sein Modell so:

> »Wollen wir das bisher Gesagte auf eine Kurzformel bringen, so wäre Kultur als ein offener und reversibler Prozess des Aushandelns von Bedeutungen zu definieren, der kognitiv kompetente Akteure in unterschiedlichen Interessen zueinander in Beziehung setzt und bei

einer Kompromissbildung zur sozialen Abschließung und entsprechenden kulturellen Grenzziehung führt« (Wimmer 2005: 41).

Dieses Modell oder, wie Wimmer selbst sagt, Theorem des kulturellen Kompromisses buchstabiert Wimmer an verschiedenen Beispielen und auf verschiedenen Ebenen mit empirischem Material durch, so zum Thema Globalisierung, Migration, Nationalstaat oder binationale Beziehungen.

Soziologisch betrachtet implizieren die in den Medien, Alltagsdiskursen und teilweise auch wissenschaftlich kursierenden homogenen Kulturbegriffe Schwachstellen: Ein hermeneutisch geprägtes Verständnis von Kultur als geschlossener Welt kann nicht zur Erklärung kultureller Vielfalt und kultureller Distanz beitragen. Auch kann ein homogener Kulturbegriff kulturelle Wandlungsprozesse nicht erklären. Mit rein auf Diskursivität bezogenen Konzepte oder einer neo-institutionellen Erklärung von Kultur stoßen Wimmer zufolge wiederum Versuche einer Konzeptualisierung sozialer Prozesse im Kontext von kulturellem Wandel an Grenzen. Diesen Ansätzen setzt Wimmer ein Konzept von Kultur als Aushandlungsprozess entgegen, um »diese vier Problematiken zu überwinden, ohne in die Gefilde des radikalen Konstruktivismus oder des ökonomischen Rationalismus zu geraten« (ebenda: 17). Infolgedessen entfaltet Wimmer ein Konzept der kulturellen Schemata, um kulturelle Veränderungsprozesse zu diskutieren. So weist er die Diskontinuität und Vielgestaltigkeit von Veränderungsprozessen in der Globalisierung nach und geht auf einer theoretischen Ebene zur Frage der Macht über, um dann wieder über ethnographische Studien und Analysen schweizerischer binationaler Ehen die Mikroanalyse aufzugreifen. In unserem Kontext ist es wichtig hervorzuheben, dass eine Reflexion auf Kulturbegriffe nicht nur theoretische Rahmungen enthält, sondern auch neue Zugänge zur Empirie ermöglicht und kulturelle Interaktionen und Mischungen anders erforschen kann.

Kultur und gesellschaftliche Machtverhältnisse

Festzuhalten ist, dass kulturelle Unterschiedlichkeiten nicht essentialistisch zu verstehen und nicht mit radikaler Andersheit gleichzusetzen sind. Kulturen müssen als in sich vielfältig und heterogen begriffen werden und intrakulturelle Unterschiede sind hervorzuheben. Die Dimension der Offenheit des Kulturellen und deren Unabgrenzbarkeit hängen auch mit den vielfältigen intrakulturellen Differenzierungen zusammen.

Wie aus den Ausführungen von Wimmer hervorgeht, ist für das Verständnis migrationsbedingter Entwicklungen neben einem flexiblen Kulturbegriff auch eine Konzeptualisierung von Machtverhältnissen relevant. Kulturen sind nicht ohne Machtbeziehungen denkbar, sowohl in inter- als auch in intrakultureller Perspektive. Zahlreiche sozialwissenschaftliche Studien widmen sich daher der Frage, wie mit dem Rekurs auf Kultur gesellschaftliche Ungleichheitsverhältnisse geschaffen, legitimiert, aufrechterhalten und reproduziert werden (vgl. beispielsweise Gogolin & Krüger-Potratz 2006).

Kulturelle Aspekte in einer Migrationsgesellschaft können nicht ohne machttheoretische Ansätze thematisiert werden, aber ich möchte darauf hinweisen, dass das Verhältnis von Kultur und Macht erkenntnistheoretisch und wissenschaftstheoretisch weitergedacht werden muss und möchte in diesem Kontext noch einmal auf die Arbeiten von Stuart Hall und die *Cultural Studies* eingehen.

Die *Cultural Studies* entstanden in den 1980er Jahren am »Birmingham Institute für Contemporary Cultural Studies« um im Kontext einer marxistisch geprägten Soziologie kulturelle Phänomene insbesondere der Popkultur und anderer Massenkulturphänomene zu erforschen sowie die Unterschiede von Hoch- und Massenkultur in Frage zu stellen, ohne einerseits einen kruden Materialismus zu reproduzieren und andererseits die kulturellen Formationen losgelöst zu gesellschaftlichen Herrschaftsverhältnissen zu analysieren. Insbesondere bei Stuart Hall als dem wichtigsten Vertreter der *Cultural Studies* ging dieser Zugang eine Synthese mit Rassismuskritik und Rassismustheorien ein. Hall macht deutlich, dass – auch im Kontext von Migration und Kolonialismus – Kultur niemals außerhalb von Machtverhältnissen zu betrachten ist, aber auch nicht auf diese zu reduzieren ist (Hall 1996a).

Hall (ebenda: 271 ff) entfaltet das Studium des Kulturellen in einem diskurskritischen Zugang über den Begriff der Repräsentation. Unter Repräsentation versteht Hall (1997: 15) den Prozess, in dem Bedeutungen erzeugt und ausgetauscht werden, dieser ist sprachlich organisiert. Repräsentationen stellen einerseits ein vielfältig gemischtes Ensemble geteilter oder teilbarer Elemente dar, weil sie ja intersubjektiv kommuniziert werden; andererseits stehen die Träger von Bedeutung, nämlich die Zeichen, in keinem festen Verhältnis zu ihrem Bezeichneten, sie sind frei flottierend und werden in der sozialen Praxis festgelegt. Da Bedeutungen nicht dem Bezeichneten inhärent sind und Bedeutung nicht abhängig ist von einem geschlossenen System, das Dingen Bedeutung verleiht, werden Bedeutungen in verschiedenen Praktiken erzeugt oder zugeschrieben. Hier wiederum werden Machtverhältnisse sichtbar.

Diese Analyse begreift der Soziologe Hall als Adaption textkritischer Methoden aus den poststrukturalistisch geprägten Literaturwissenschaften; Hall nutzt gleichsam die poststrukturalistischen Ansätze, um Kultur als offen, frei flottierend zu begreifen und trotzdem Macht und Hierarchien zu denken. Daher benennt Hall hier auch die Grenzen des rein textkritischen Zugangs (ebenda: 271). Während einerseits dem Kulturellen etwas »Dezentriertes« anhafte, etwas, das sich dem Versuch entzieht, Kultur direkt und unmittelbar mit anderen Strukturen zu verbinden, fließen andere, also gesellschaftliche Machtverhältnisse und damit materielle Strukturen in das Kulturelle immer wieder ein und können aus *Cultural Studies* nicht ausgeschlossen werden. Macht und Politik wirken innerhalb diskursiver Strukturen und sind als solche zu analysieren; aber Macht ist auch mehr, und vor allem ist sie nicht allein durch ihre diskurskritische Analyse zu verändern.

Konsequenterweise sagt Hall (ebenda), dass es nicht ausreiche, bei der Ebene der Bedeutungen zu verbleiben. So geht es in der Analyse von Repräsentationen um gesellschaftliche Systeme wie auch um Wissen und Wissenssysteme. Wissen steht in

Verbindung zu sozialen Praktiken, Machtbeziehungen etc. Hall bezieht sich auf Foucault, der die Produktion von Wissen analysiert hat. Ein historisch spezifisches System von Repräsentationen bezeichnet Hall daher als Diskurs, der konstituiert werde durch Regeln und Praktiken, die bedeutungsvolle (sinnvolle) Aussagen produzieren. Eine diskursive Formation wiederum arbeitet als Episteme, d. h. als ein spezifisches historisches und allgemeines institutionelles Gewebe von Regeln und Praktiken, die den Diskurs regulieren. Wissen arbeitet in und durch diskursive Praktiken in spezifischen institutionellen Settings und ist darin unentrinnbar in Machtbeziehungen verschränkt. Hall begreift mit Foucault Wissen als Wahrheitsregime und Wahrheit als eine Frage der Macht und vertritt damit mit Foucault einen Begriff von Macht, der vielfältig und disparat ist (ebenda: 49).

Die Frage von Macht und Herrschaft im Kontext von Kultur reformuliert Hall an anderer Stelle als eine Reflexion über das Kulturelle in seiner Vielfältigkeit und herrschaftsbezogenen Gegliedertheit. Kultur ist einerseits in sich selbst flüssig (*shifting*); ein jedes kulturelles Phänomen enthält selbst eine Bedeutungsvielfalt, einen Bedeutungsüberschuss, so dass sich Bedeutung einer endgültigen Festlegung entzieht. In kulturellen Phänomenen kommt es zu einer Interdependenz von Höherem und Minderwertigem, zu konfligierendem Begehren und inkompatiblen Repräsentationen. Hierarchien sind hier analysierbar und benennbar. Es handelt sich nicht um feste Hierarchien, sondern um relationale; um Pole einer sich ständig bewegenden, sich verlagernden Dynamik (ebenda: 301). Hall hebt daher hervor, dass kulturelle Phänomene sich immer in sozialen Praktiken realisieren und in diesen sozialen Praktiken gelesen und dekodiert werden müssen. Sie sind niemals außerhalb des Spiels der Macht und damit des Sozialen.

Wie Hall rekurrieren auch zahlreiche andere Theoretiker*innen auf den Begriff der Macht bei Michel Foucault (vgl. Gürses 2016) im Kontext einer Diskussion von Kultur und Migration. Macht im Foucault'schen Sinne wird als fluide und dezentriert gedacht; so kann beides – Kultur und Macht – zusammengedacht werden, und zwar nicht als Zusammenspiel von Empirie und Theorie, sondern auf einer theoretischen Ebene.

Eine andere theoretische Möglichkeit, die Flexibilität und Unabgeschlossenheit des Kulturellen zu verstehen, stellt eine Rezeption rein konstruktivistischer Konzepte dar. Es bleibt einiges an Theoriearbeit zu leisten, um eine Verbindung macht- und hegemoniekritischer Ansätze in der sozialwissenschaftlichen Migrationsforschung zu fundieren. Zumindest auf der empirischen Ebene ist diese Perspektive sehr fruchtbar und führt zu zahlreichen Erkenntnissen, wie kulturelle Entwicklungen mit sozialen, ökonomischen, rechtlichen, politischen, sozialen u. a. Faktoren interagieren (vgl. z. B. die Beiträge in Lingen-Ali & Mecheril 2020 oder Spindler 2006).

Für das Verständnis von migrationsbezogenen Entwicklungen ist es daher zentral, kulturelle Aspekte niemals abgegrenzt von anderen Aspekten und Ebenen zu analysieren und immer auch im Kontext von Machtverhältnissen zu sehen.

> **Zwischenfazit für pädagogische Berufe**
>
>
>
> Für das Verständnis von Personen oder Gruppen mit Migrationshintergrund sind einzig kulturelle Aspekte irreführend, kulturelle Aspekte sind nie als statisch zu begreifen und nicht isoliert zu betrachten. Sie müssen immer im Kontext sozialer Verhältnisse gesehen werden.

Methodologischer Nationalismus

Was für eine Aussonderung kultureller Aspekte gilt, gilt ebenso für den Migrationsbegriff. Wie bereits erwähnt, ist in der Migrationsforschung umstritten, inwiefern Migrant*innen überhaupt als Zielgruppe für die Forschung relevant sind. Viele Autor*innen sehen die Gefahr, dass ein Fokus auf Migranten*innen diese zu ›Anderen‹ macht und damit Ausgrenzung unterstützt sowie zur Dethematisierung von sozialen Aspekten, sozialer Ungleichheit und Delegitimierung sozialer Gleichheitsansprüche beiträgt. Ausgehend von der These, dass die Definition einer zu beforschenden Einheit, in diesem Fall einer sozialen Gruppe, diese als Gruppe konstruiert und damit auch konstituiert, ist die klassische Migrations- und Integrationsforschung mit dem Vorwurf der indirekten Legitimation von gesellschaftlich erzeugten Ungleichheiten konfrontiert. Dies führt auch zu einer Ethnisierung bzw. der Kulturalisierung sozialer Probleme (vgl. Mecheril 2010, Otto 2006). Durch Integrations- und Migrationsforschung erfolge eine Konstruktion von Migrant*innen als einheitlicher Gruppe und dies trage zur Produktion und Reproduktion von *Othering*-Prozessen bei.

Die theoretischen Grundlagen für diese Positionen sind einerseits stark konstruktivistisch geprägt, wobei verschiedene Spielarten des Konstruktivismus relevant sind, die eben auch materielle Verhältnisse thematisieren. Als ein theoretischer konstruktivistischer Ansatz sei hier der von Judith Butler erwähnt, die in ihren Arbeiten immer wieder zeigt und weiterentwickelt, dass bereits in die Formation von Subjekten ein bestimmtes Weltverständnis und damit auch eine Vorstellung von Kultur und Zugehörigkeit eingeht, die immer »andere« ausgrenzt. Diese performativ ausgedrückten Subjektpositionierungen sind aber diskursiv und damit gesellschaftlich erzeugt, die Erzeugungsmuster sind als solche erkennbar und daher auch veränderbar (Butler & Spivak 2011).

Eine weitere Kritik an der Fokussierung auf kulturelle Faktoren präsentiert ein immer stärkerer Zweig der sozialwissenschaftlichen Migrationsforschung, der Migration als soziale Bewegung begreift. Hier stehen nicht ethnische Aspekte im Vordergrund, sondern der Eigensinn und damit die Nicht-Steuerbarkeit von Migrationsprozessen (Baumann et al. 2011, Mezzadra 2010). Diese Ansätze werden von Politikwissenschaftler*innen und Sozialwissenschaftler*innen vertreten. Sie stehen insofern in einem Zusammenhang, als soziale Praktiken der Mobilität, des Unterlaufens rechtlicher Beschränkungen, der Bewältigung materieller Sicherung analysiert werden und so gezeigt werden kann, dass eine politisch oder rechtliche Steuerung von Migrationsbewegungen zwar fatale Folgen für migrierende Subjekte hat, Migration aber nicht unterbunden werden kann. In diesen Ansätzen stehen die subjektive Handlungsfähigkeit und Agency der Migrationsbevölkerung im Vordergrund – auf sie gehe ich im achten Kapitel weiter ein (▶ Kap. 8).

Die Kritik des methodologischen Nationalismus (Glick Schiller 2014) greift diese Fragen auf. Der Begründungszusammenhang der Kritik besteht im Fokus auf eine nationalstaatliche Beschränkung in der Betrachtung von Migration. Dieser Beitrag zum Verständnis von Migrationsbewegungen knüpft an die Ethnizitätskritik an und wurde als Kritik des methodologischen Nationalismus formuliert. Die Soziolog*innen Nina Glick Schiller und der bereits erwähnte Andreas Wimmer haben darauf hingewiesen – und Glick Schiller schon seit den 1990er Jahren –, dass die Forschung zu Migration bislang im Kontext einzelner Nationalstaaten erfolgte und Erkenntnisse immer nur in diesem Referenzrahmen generiert wurden (Glick Schiller 2014). Inter- und transnationale Aspekte von Migration bleiben so ebenso abgeschnitten wie Fragen der Gestaltungsmacht, Handlungsfähigkeit und Akkulturation. Der Vorwurf des methodologischen Nationalismus enthält damit auch die Kritik daran, dass Migrant*innen überwiegend in ethnisch-kulturellen Kategorien wahrgenommen und analysiert wurden. Dieser Zugang verstellt und verfälscht Lebensrealitäten und Phänomene, ist ideologisch im Sinne der Absicherung des Nationalstaates und analytisch wertlos, generiert also keine relevanten sozialwissenschaftlichen Erkenntnisse (ebenda). Migrationsprozesse stellen Bewegungen dar, sie sind nicht auf einen Nationalstaat beschränkt und können nicht nur in nationalstaatlichen Kategorien analysiert werden. Es handelt sich einerseits um internationale Bewegungen, die sich über viele Länder erstrecken und andererseits ist das Handeln von Migrant*innen NICHT von ethnischen Kategorien geprägt – weder die ihres Herkunftslandes noch die ihres Aufnahmelandes. Es spielen Loyalitäten zu Familienmitgliedern, Großfamilien, *Communities*, politischen Gruppierungen oder regionalen und lokalen Einheiten eine Rolle, aber nicht – zumindest nicht in erster, auch nicht in dritter Linie – zu Nationalstaaten. Daher stellen ethnisch oder nationalstaatlich kulturell fixierte Analyserahmungen eine Verzerrung und Verfälschung in der Erforschung von Migrations- und Integrationsprozessen dar.

Im Blick auf die Anwendung der Kritik des methodologischen Nationalismus wird deutlich, auch hier ist eine soziologische Perspektive in der Migrationsforschung nicht einheitlich. Als Konglomerat von sozialwissenschaftlichen Ansätzen (hier vorwiegend erziehungswissenschaftliche, soziologische und kulturanthropologische) handelt es sich einerseits um verschiedene Disziplinen, die sich in der Auswahl ihrer Forschungsgegenstände und in ihrem Zugang zu diesen unterscheiden, zugleich aber in ihren theoretischen Grundlagen gleichen können, wie beispielsweise im Rekurs auf konstruktivistische Ansätze. In der Migrationsforschung selbst werden die theoretischen Implikationen von Rassismustheorien oder des methodologischen Nationalismus unterschiedlich aufgegriffen und diskutiert.

Ein theoretischer Ansatz kann als Brücke zwischen einer Dethematisierung von Kultur und einer soziologischen Migrationsforschung dargestellt werden: Rogers

Brubakers Konzept von Ethnizität ohne Gruppen geht in diese Richtung (Brubaker 2007). Der Soziologe zeigte in einer Studie über die multiethnische Stadt Cluj in Rumänien, wie sprachliche und kulturelle Unterschiede (rumänisch, ungarisch, deutsch) den Alltag der Menschen in höchstem Maße beeinflussen, ohne dass von der Existenz fest voneinander abgegrenzter ethnischer Gruppen gesprochen werden konnte. Die Unterschiede zeigten sich eher auf der Ebene des Alltagshandelns, der sozialen Praktiken und in der Kommunikation. Sie wurden von Brubaker aber als fließend und sich verschiebend analysiert und führen nicht zur Konstitution fest abgrenzbarer Gruppen. Etablierte Gruppen und eine städtische Elite sind ihm zufolge durchaus zu erkennen, aber Ethnizität alleine reicht als Erklärungsmerkmal nicht aus (ebenda). Es bestehen Zusammenhänge zwischen sozialer Ungleichheit und Ethnizität – diese müssen aber noch genauer erforscht und bestimmt werden.

Diversität

Als Alternative zu einem Fokus auf Kultur oder Ethnizität ist eine diversitätstheoretische Perspektive zu nennen (vgl. Nieswand 2021). Was ist Diversität? Diversität steht für Begriffe wie Heterogenität, Unterschiedlichkeit, Verschiedenheit, Mannigfaltigkeit und Differenz. Der Begriff Diversität fokussiert auf Gemeinsamkeiten und Unterschiede zwischen Menschen. Diversität bezieht sich auf die unterschiedlichsten Differenzen – Menschen unterscheiden sich in vielfältiger Hinsicht, aber bestimmte Unterscheidungen sind entscheidend für die Lebenslagen oder Lebensbedingungen. Wichtige Differenzen stellen die soziale Lage dar, Herkunft, Bildung, ein Stadt-Land-Gefälle, Freund*innen oder Peers, (sub-)kulturelle Orientierungen, ethnische Herkunft, Religion, Geschlecht, Alter, Behinderung, und sexuelle Orientierung. Migrationsbezogene Faktoren wie ethnische Herkunft oder Religion stellen also nur Aspekte im Kontext vieler anderer gesellschaftlich und individuell relevanter Unterschiedlichkeiten dar. Dabei stehen historisch gewachsene gesellschaftliche Differenzsetzungen im Mittelpunkt, die soziale Ungleichheiten hervorgebracht haben (vgl. beispielsweise van Keuk 2011).

Diversität wird in der Literatur als Vielfalt, Unterschiedlichkeit, Heterogenität oder Differenz verstanden – also eher analytisch zur Beschreibung oder Erforschung sozialer Gruppen oder Individuen. Andererseits wird mit Diversität oder Diversity auch die Haltung der grundsätzlichen Bejahung und Würdigung von Unterschiedlichkeit und Diversität bezeichnet – also wird der Begriff auch normativ und nicht nur analytisch verwandt. Es geht hier eher um die Anerkennung von Vielfalt und Differenz.

Im Kontext pädagogischer Berufe geht es auch um Vielfalt als Herausforderung für die pädagogische Arbeit, also auch immer um eine normative Ebene: Wie sehen wir Vielfalt? Wie bewerten wir Vielfalt? Konzepte wie Diversitätssensibilität oder politische Strategien wie *Affirmative Action* oder positive Diskriminierung sind im Kontext dieser normativen Fragestellung zu sehen: Wie überwinden wir diversitätsbezogene Ungleichheiten, wie schaffen wir Chancengleichheit? Von einer grundsätzlichen Anerkennung von Vielfalt ausgehend kommen wir wiederum zu der analytischen Ebene, denn hier geht es um das ›Wie‹ des Abbaus von Exklusion, Eröffnung von gleichberechtigten Zugängen und Ermöglichung gesellschaftlicher Teilhabe.

Diversitätstheoretische Ansätze thematisieren auch Machtverhältnisse – Diversität wird auch im Kontext einer machtvollen Differenzordnung (Mecheril & Plößer 2011) begriffen. Diese Differenzordnung subsumiert eine Vielfalt der Lebenswelten unter Normalitätsansprüche und grenzt damit einige andere aus oder wertet sie ab. So werden im Sinne der Kritik des methodologischen Nationalismus in einer Diversitätsperspektive die Vielfalt der Lebenswelten von Migrant*innen – Sprachen, Religionen, Kulturen, Mobilitäten und Beeinträchtigungen, sexuelle Orientierungen, Bildung, Subkulturen, soziale Lagen, Status im Hilfesystem – reduziert, ignoriert oder geleugnet, wenn neu angekommene Migrant*innen nur im Hinblick auf Integrationsanforderungen oder mit dem Fokus auf Kulturkonflikten betrachtet werden würden. Eine diversitätstheoretische Perspektive rückt dann eher Aspekte wie Mehrsprachigkeit, Subkulturen und Handlungsfähigkeit in den Fokus. Pädagogische Fachkräfte müssen sich in ihren Methoden und Konzepten auf die Vielfalt der Lebenswelten der Adressat*innen einstellen und jeder pädagogische (oder auch Care-Ansatz) muss sich immer die Frage stellen, ob mit einer Idee vom ›Normal‹ der Klient*in/Kund*in/Patient*in gearbeitet wird.

Wird Differenz als Ausdruck einer machtvollen Differenzordnung verstanden, dann wird das Mehrheitsdenken in der Vordergrund gerückt. Dominantes Denken, Medien, Vorurteile, zum Teil auch Gesetze, Regelungen werden darauf hin befragt, ob sie nicht auch eine Normalität kreieren, die gut und richtig ist, und ein ›Anderes‹, das nicht normal, abweichend, minderwertig ist. Aus einer Diversitätsperspektive stellt sich immer wieder die Frage, was ist normal bzw. was wird als normal konstruiert, präsentiert, unterstellt – wo wird Normalität normiert und wo ist diese normierte Normalität dominant – d. h. gilt als gut, richtig – und wo gilt der Blick auf Vielfalt als Blick auf Abweichung (vgl. die Beiträge in Keuk et al. 2011). Eine weitere kritische Perspektive hinterfragt Machtordnungen unter Differenzen. Verschiedene Differenzen werden in den Medien und in Alltagsdiskursen als unterschiedlich angesehen z. B. USA – Türkei, Buddhismus – Islam. Diversitätsperspektiven hinterfragen auch diese Wertungen in den Differenzen.

Die eingangs beschriebenen theoretischen Probleme des *Othering* sind in einem Diversität-Ansatz eher sekundär. Diversity-Ansätze reagieren auf allgemeine gesellschaftliche Entwicklungen: Gesellschaft wird immer komplexer und heterogener, es entstehen viele verschiedene Milieus, unterschiedliche kollektive und individuelle Identitätsentwürfe (vgl. Keuk et al. 2011). Diese Vielfalt spiegelt sich wieder in allen Bereichen der Gesellschaft, z. B. Schule, Stadtbevölkerung, Nutzer*innen sozialer Einrichtungen usw.

Mit einem Diversity-Ansatz, verstanden als wertschätzender gleichberechtigter Umgang mit Vielfalt in Organisationen und in der Politik, würde auch der Integrationsbegriff als Eingliederung in ein (dominantes) Ganzes ersetzt durch einen Inklusionsbegriff. Inklusion bedeutet hier: »Jede*r ist anders, jede*r ist wertvoll.« Alle haben den Anspruch auf gleiche Teilhabe. Es handelt sich hier um ein umfassendes Verständnis von sozialer Gerechtigkeit, dieses richtet sich gegen soziale Exklusion und Benachteiligung. Eine Diversitätsperspektive ist geprägt von der Wahrnehmung der Vielfalt von Identitäten und Identitätskonstruktionen und verbindet diese mit den Realitäten der Gesellschaft und bestehenden Machtverhältnissen und einer Sensibilisierung für Diskriminierungen. Migrationsbedingte Vielfalt wird zu einem Unteraspekt von Vielfalt generell. Ziel ist eine Infragestellung von Normalitätsvorstellungen. Diversity bedeutet Inklusion, Teilhabe, Chancengleichheit, das Gegenteil ist Exklusion, Ungleichbehandlung, Diskriminierung.

Eine Analyse exkludierender Elemente, die zur Ungleichbehandlung von Personen oder Personengruppen mit Migrationshintergrund beitragen, weist immer wieder auf Differenzen hin. Es geht hier um unterschiedliche Sozialisationsmuster, Bildungsgeschichten, Biographien, soziokulturelle Lebensmuster, Religionen und Werte. Diese im Kontext von Migration oft diskutierten Differenzen sind weder die einzig relevanten Differenzen – noch sind sie irrelevant. Wichtig an einer Diversitätsperspektive ist auch, dass Differenzen nicht als festes Merkmal von Personen begriffen werden, sondern als konstruiert, entstanden, angeeignet oder hergestellt. Soziologisch betrachtet ist Diversität als Resultat von Differenzierungen und von Differenzhandlungen in konkreten sozialen Praktiken zu verstehen (Fenstermaker & West 2001, Fuchs 2007).

Diversitätstheoretiker*innen gehen davon aus, dass Unterschiedlichkeiten wie beispielsweise hinsichtlich Gender oder Kultur/Ethnizität in täglichen sozialen Praktiken hergestellt werden (Fenstermaker & West 2001). Mit Begriffen wie »doing difference«, »doing gender«, »doing culture« wird ausgedrückt, dass es sich um soziale Praktiken handelt, um Aushandlungsprozesse persönlicher Identitäten in einem gesellschaftlichen Orientierungsgefüge, wie sie bereits am Kulturbegriff von Wimmer erläutert wurden. Als soziale Konstruktionen gestalten sich Diversitäten, verstanden als Differenzkategorien, je nach soziokulturellem Kontext unterschiedlich und unterliegen historischen Veränderungen. Hervorzuheben ist in diesen Ansätzen, dass Unterschiede wie Geschlechtszugehörigkeit oder Ethnizität eben nicht als essentielle Eigenschaften oder feststehende Merkmale von Individuen betrachten werden können. Sie werden vielmehr als Ergebnis von Handlungen begriffen, an denen alle beteiligt sind und sich eine individuelle und gesellschaftliche Ebene verschränken oder gegenseitig konstituieren. Wenn Individuen sich selbst als weiblich, muslimisch, arabisch oder anders beschreiben, wird dies als Ergebnis von Einschreibungsprozessen gedeutet, die bestätigt oder verändert werden können.

Diversitätstheorien stehen daher auch sozial-konstruktivistischen Theorien nahe. Unterschiede werden verstanden als Resultat täglicher Handlungen, in denen Unterscheidungen zwischen Menschen immer wieder aufs Neue definiert, verschoben, verändert oder verfestigt werden. Wichtig dabei ist, dass die Kategorien in sozialen Prozessen gleichzeitig hergestellt werden, dass sie sich überlagern und gegenseitig ausgestalten. So ordnen Subjekte sich selbst in soziale Kategorien wie Gender, Religion etc. ein. Identitäten entstehen so als ein Sich-Unterordnen oder als Kategorisierungshandlung; dies stellt eine Reduktion von Komplexität dar. Kategorisierungen stellen also Vereinfachungen dar und geben Orientierung. Diese orientiert einerseits die Subjekte selbst wie auch ihr Gegenüber in sozialen Interaktionsprozessen. Die Kategorisierungen bilden aber auch die Grundlage für Diskriminierung, also für Stereotypisierung und Hierarchisierung von Unterschieden und damit für gesellschaftliche Machtverhältnisse.

Wie bereits erwähnt, reagiert der Diversitätsansatz auf die Beschränkungen kultur- und integrationsbezogener Ansätze im Kontext der Migrationsforschung UND ebenso auf allgemeine gesellschaftliche Veränderungen. Der Soziologe Boris Nieswand hat in zahlreichen Publikationen für eine reflexiv orientierte Migrationsforschung plädiert, die migrationsbedingte Unterschiedlichkeiten weder fokussiert noch ignoriert (Nieswand & Drotbohm 2014) und sich in einen Kontext allgemeiner gesellschaftlicher Entwicklungen einordnet. Auch er tritt daher ein für eine stärkere Orientierung am Diversitätsbegriff und argumentiert, drei Gründe hätten dazu beigetragen, dass der Begriff der Diversität in den letzten Jahrzehnten verstärkt diskutiert wurde (Nieswand 2009): Diese umfassen allgemeine Individualisierungstendenzen, wie sie in den Arbeiten von Ulrich Beck und anderen zum Ausdruck kommen (Beck 1986). Beck zufolge hätten traditionelle Milieus und Lebenswelten an Stabilität und Bedeutungskraft verloren und auch zur Instabilität von Familien beigetragen. Starke gesellschaftliche Organisationen wie Parteien, Gewerkschaften und Kirchen hätten ihre Bindungskraft verloren. Hinzu kommt, dass Medienöffentlichkeiten, insbesondere über soziale Netzwerke, zu einer Fragmentierung von öffentlichen Diskursen beigetragen haben. In dieser Argumentation wird davon ausgegangen, dass in den modernen westlichen Gesellschaften sozialer Zusammenhalt erodiert ist, weil moderne Integrationsformen von Gesellschaft an Bindekraft verloren haben. Zweitens erwähnt Nieswand die Zunahme migrationsbedingter Vielfalt, die aber eben nicht Grund für die Erosion sozialen Zusammenhalts darstellt, sondern eher eine eigene Entwicklung beinhaltet, da eben auch Migration insgesamt sich differenziert habe. Zuwanderung sei heterogener geworden hinsichtlich der Motive, Qualifikationen, Herkunftsländer, dem aufenthaltsrechtlichen Status, sprachlichen Kompetenzen, religiösen Orientierungen, Aufenthaltsdauer sowie Art und Charakter der Beziehungen ins Herkunftsland. All diese Faktoren sind, wie im ersten Kapitel bereits gezeigt wurde (▶ Kap. 1), nicht durch ethnische oder kulturelle Faktoren zu erklären, sondern in einer Logik, die quer zu einer Einteilung von Migrant*innen nach ihren Herkunftsländern verläuft, zu verstehen.

Ein weiterer Grund für die verstärkte Rezeption von Diversitätstheorien stellt Nieswand zufolge die gestiegene Bedeutung von Antidiskriminierungsdiskursen dar (▶ Kap. 6). Sie ist im Zusammenhang mit einer Sensibilität für vielfältige Identitäten und dominierenden gewaltförmigen Normalisierungsversuchen zu sehen. Die gestiegene Bedeutung von Antidiskriminierungsdiskursen gilt z. B. für Gender-Orientierungen, ältere Menschen, Menschen mit einer Behinderung, religiöse und ethnische Minderheiten. Diese tragen Nieswand zufolge einerseits zum Abbau von Ungleichheitsverhältnissen bei, haben aber auch eine partielle kulturell-normative Dezentrierung der Gesellschaft zur Folge.

Kulturell, religiös oder moralisch begründete Normalitätsvorstellungen der Mehrheitsgesellschaft werden zunehmend in Frage gestellt und Minderheiten pochen auf ihren Anteil an der Normalität. Diese Tendenzen rücken aktuell in den Kontroversen zu Identitätspolitiken wieder in den Fokus gesellschaftlicher Debatten (vgl. Behrendsen et al. 2021). Wenn – wie hier angedeutet – einer Diagnose der

Erosion sozialen Zusammenhalts zugestimmt wird und diese aber NICHT mit der Zunahme von Migration, sondern mit anderen Faktoren begründet wird, dann stellt sich dennoch die Frage, wie sozialer Zusammenhalt alternativ betrachtet und neu oder anders hergestellt werden kann. Dieser Frage wird im vierten Kapitel weiter nachgegangen (▶ Kap. 4).

Im Kontext der Diversitätsansätze stellt sich weiterhin die Frage, wie sich die verschiedenen Differenzen zueinander verhalten. Ist dies additiv zu verstehen, gibt es besonders wichtige Differenzen, wie kann ihre Verschränkung gedacht werden? Auf diese theoretischen Herausforderungen antwortet der Intersektionalitätsbegriff.

Intersektionalität

Soziologische Ansätze verweisen darauf, dass Kulturen in sich nach race, Gender und anderen Unterschieden differenziert sind. Ethnische Zugehörigkeit und Hautfarbe stellen nicht die einzigen Unterschiede dar. Kulturen sind intersektional zu verstehenden, von an verschiedenen anderen Differenzlinien verlaufenden Unterscheidungen wie Geschlecht, soziale Klasse geprägt, und Individuen auch in ihren verschiedenen Traditionen unterschiedlich positioniert (Crenshaw 1989).

Der Intersektionalitätsbegriff geht auf die schwarze Kritik und die internationale Diskussion des westlichen bzw. US-amerikanischen weißen Feminismus zurück, und er verwies auf interne Differenzierungen und Machtverhältnisse in Minderheiten oder benachteiligten Gruppen (Lutz 2013). Zu diesen Differenzierungen gehören ethnische Herkunft, soziale Stellung, Position in der Welt u.a. Die oft in der angelsächsischen Debatte mit *race, class, gender, sexual orientation* benannten Differenzen sind nicht als Kennzeichnung homogener Gruppen und als additive Merkmale zu begreifen. Kulturelle, geschlechtliche und andere Differenzen werden als in sich verschränkte, also sich intersektional kreuzende Differenzlinien verstanden, die verschiedene gesellschaftliche Ungleichheitspositionen markieren, die unterschiedlich ausgestaltet sind und auch unterschiedlich erfahren werden (vgl. Walgenbach 2012). Eine Richtung in der Diversitätsforschung widmet sich daher den Formen und Mustern, nach denen Subjekte im Kontext von Ungleichheiten geformt und gestaltet werden. Der Intersektionalitätsansatz (vgl. Riegel 2014) ist generell als diversitätssensibler Ansatz zu verstehen. Er ist besonders fokussiert auf die auch im Kontext von Antidiskriminierung relevanten Diversitätsdimensionen wie Gender, ethnische Herkunft/Migration, Religion, Alter, Behinderung und sexuelle Orientierung. Intersektionalität stellt einen in der Soziologie entwickelten interdisziplinären Ansatz dar, der in den Erziehungswissenschaften, der Soziologie, Philosophie und Politikwissenschaft diskutiert wird. Für diesen Zugang stehen Autorinnen wie Helma Lutz (2013), Nina Degele (Winker & Degele 2009) und Katharina Walgenbach (2012). Intersektionalität beinhaltet eine theoretische Rahmung, innerhalb derer konkrete Forschungsansätze entwickelt werden, denn die Migrations- und Geschlechterforschung thematisiert viele Dimensionen sozialer

Ungleichheit, Diskriminierung und Konstruktionen von Minderheiten und Mehrheiten. Unter Intersektionalität wird verstanden, dass soziale Kategorien wie Geschlecht, Herkunft, Nation oder sozialer Status nicht isoliert voneinander begriffen werden können, sondern als Überkreuzungen (*intersections*) gesehen werden müssen, und in ihren Verwobenheiten analysiert werden.

Der Status von Subjekten oder sozialen Gruppen muss im Zusammenwirken verschiedener Unterschiedlichkeiten gesehen werden, die miteinander in einem Wechselverhältnis stehen. Ein Unterschied allein ist niemals bedeutsam, Minderheiten können nicht auf *ein* Merkmal ihrer Gruppe reduziert werden. Eine Person kann beispielsweise männlich, jung, erwerbstätig, sporttreibend, deutsch, badisch und homosexuell sein.

Subjektpositionen sind von zahlreichen Differenzlinien gekennzeichnet und Identitäten formieren sich über vielfältige Unterscheidungen. Dabei ist keiner der Unterschiede als immer dominant oder monokausal für die Identität anzusehen. Additive Perspektiven werden überwunden, indem der Fokus auf das *gleichzeitige Zusammenwirken* von sozialen Ungleichheiten gelegt wird. Es geht demnach nicht allein um die Berücksichtigung mehrerer sozialer Kategorien, sondern ebenfalls um die Analyse ihrer *Wechselwirkungen* (Walgenbach 2012: 1).

Wie erwähnt wurde der Begriff der Intersektionalität von Kimberly Crenshaw (1989) entwickelt. Ihr ging es darum, unterschiedliche Diskriminierungsformen zu analysieren. Sie erfand den Vergleich mit einer Straßenkreuzung, an der der Verkehr aus allen vier Richtungen kommt. Auch Diskriminierung kann Crenshaw zufolge in mehreren Richtungen verlaufen. Wenn es zu einem Unfall kommt, kann dieser vom Verkehr aus jeder Richtung oder aus allen Richtungen verursacht worden sein. Ähnliches gilt für Diskriminierung schwarzer Frauen: die Ursache könnte sowohl sexistische als auch rassistische Diskriminierung sein (Crenshaw 1989: 149). Crenshaw entwickelte diesen Ansatz am Fallbeispiel einer Klage gegen General Motors (GM) 1976, bei der den Klägerinnen verweigert wurde, ihr Anliegen als Schwarze und als Frauen zu formulieren. Die Betroffenen klagten gegen das Vergütungssystem von GM, das sich an der Dauer der Betriebszugehörigkeit orientierte. GM hatte vor 1964 – also vor dem Civil Rights Act in den US – keine schwarze Frauen eingestellt: daher erfuhren diese Benachteiligung im Pensionssystem, bei Entlassungen etc. Das Gericht erkannte den Vorwurf der geschlechtlichen Diskriminierung, also der Diskriminierung als Frauen aber nicht an, da GM vor 1964 ja viele weiße Frauen eingestellt hatte. Andererseits erkannte das Gericht die Klage wegen rassistischer Diskriminierung in diesem Kontext nicht an. Es empfahl, diese mit einer anderen, nur mit Rassismus und nicht mit Geschlechterdiskriminierung verbundenen Klage gegen GM zusammenzufassen. Mit dem Konzept der Intersektionalität versucht Crenshaw die Verwobenheit geschlechtsbezogener mit rassistischer Diskriminierung aufzuzeigen.

Der Ansatz steht einerseits dem konstruktivistischen Denken sehr nahe, denn eindeutige Identitäten werden als Konstruktionen begriffen, die sich mit anderen Konstruktionen überlagern und vermischen. Mit Intersektionalität werden aber nicht nur Identitäten, sondern auch Macht- und Herrschaftsverhältnisse angesprochen. In der Intersektionalitätsforschung werden Differenzen bzw. soziale Ungleichheiten stets als Resultat von Macht- und Verteilungskämpfen sowie als Legitimationsdiskurse für Ausbeutung, Marginalisierung und Benachteiligung gesehen (Leiprecht & Lutz 2005: 221 ff).

Differenzen sind Strukturkategorien, die als Dimensionen sozialer Ungleichheit die Gesellschaft in fundamentaler Weise strukturieren und die Lebenschancen von Individuen beeinflussen. Sie dienen als gesellschaftliche Platzanweiser: Sie bestimmen beispielsweise, welche Schulform jemand besucht, welches Engagement jemand entwickelt, welche Berufswahl sie oder er trifft. Sie regulieren den Zugang zu Erwerbstätigkeit bzw. zu spezifischen Segmenten des Arbeitsmarktes. Damit bietet Intersektionalität einen gemeinsamen Orientierungsrahmen, der Fragen auf unterschiedlichen Ebenen, theoretische Ansätze, Analysedimensionen und soziale Kategorien miteinander verbindet. Der Intersektionalitätsansatz richtet sich an Wissenschaftler*innen mit unterschiedlichen Theorie- und Methodenzugängen und will neue Fragen und Forschungsprobleme generieren.

Die Klammer oder das Gemeinsame in diesen Forschungsansätzen beispielsweise zu Migration stellen bestimmte Prämissen dar. Diese sind Walgenbach (2012) zufolge die Verortung in kritischen Theorietraditionen, ein Bezug zu politisch-theoretischen Debatten und ein Erkenntnisinteresse, die Wechselbeziehungen von sozialen Machtverhältnissen nicht allein deskriptiv zu identifizieren, sondern diese auch zu kritisieren und zu transformieren.

> **Zwischenfazit für pädagogische Berufe**
>
> Im Hinblick auf eine praktische Anwendung im Kontext von Migration für pädagogische Berufe beinhaltet diese Perspektive immer die folgenden Fragen: Wie werden diese Unterscheidungen gemacht – welche Rolle spielen gesellschaftliche Zuschreibungen und welche Rolle spielen subjektive Handlungsoptionen? Welche Bedeutungen haben sie? Inwiefern grenzen die Unterscheidungen Menschen aus oder werten sie ab? Inwiefern schreiben sie Menschen fest? Inwiefern fungieren die Unterschiede als Platzanweiser? Welche Plätze werden den Betroffenen zugeschrieben? Wie werden diese mit den genannten Unterschieden begründet?

Reflexive Migrationsforschung

Eine andere Form, mit den in Forschungskategorien enthaltenen Gefahren der Ausgrenzung umzugehen, stellt das Konzept der reflexiven Migrationsforschung (Nieswand 2014) dar. Dieses macht gleichermaßen eine Klammer für unterschiedliche sozialwissenschaftliche Zugänge zu Migration aus, die auf die oben erwähnten *Othering*-Probleme antwortet. In der sich als reflexiv verstehenden Migrationsforschung wird einerseits das Feld der Migrationsforschung als MIGRATIONSforschung begründet, zugleich die Segregation von Migrant*innen als soziale Gruppe in Frage gestellt. Ein Element dieser selbstreflexiven Denkbewegung stellen die Thematisierung von Rassismus und Antidiskriminierung dar oder auch die Infragestellung des Gegensatzes von Eigenem und Fremden. Die Umsetzung dieser Perspektive für sozialwissenschaftliche Forschung und pädagogische Debatten beinhaltet, wie bereits erwähnt, die Rezeption des Intersektionalitätsbegriffs, eine gewisse »Banalisierung von Kultur« (Nieswand 2014), die Kritik des methodologischen Nationalismus und der Blick auf transnationale Aspekte von Migration.

Es kommt darauf an, wie Regina Römhild schreibt, die Migration in der Forschung und Praxis eher als Perspektive denn als Gegenstand zu sehen und die Migrationsforschung zu »entmigrantisieren« und die allgemeine Forschung zu »migrantisieren« (Römhild 2014).

Es geht also um einen spezifischen Umgang mit Differenzen. Die Analysen exkludierender Elemente, die zur Ungleichbehandlung von Personen oder Personengruppen mit Migrationshintergrund beitragen, weisen immer wieder auf Differenzen hin. Die Unterschiede betreffen unterschiedliche Sozialisationsmuster, Bildungsgeschichten, Biographien, soziokulturelle Lebensmuster, Religionen und Werte. Die Forschung zu migrantischen Lebenswelten zeigt beispielsweise, dass Differenzen in lebensweltlicher Hinsicht und in der sozialen Organisation relevant sind (Wippermann 2009). Es drängt sich der Eindruck auf, dass eine Leugnung dieser Differenzen (aufgrund ihres Bezugs zur sozialen Ungleichheit, ▶ Kap. 3), wie sie eine Kritik an einer speziellen *Migrations*forschung nahelegt, diesen Ebenen nicht gerecht wird. Ihre Kulturalisierung oder Essentialisierung sind ebenso falsch. Die soeben angedeuteten Differenzen sind weder die einzig relevanten Differenzen – noch sind sie irrelevant. Der Diversitätsansatz stellt auch kein Allheilmittel dar, so ist beispielsweise zu kritisieren, dass eine Orientierung auf Diversität allgemein bestimmte Differenzen und damit auch gesellschaftliche Machtfragen hinsichtlich Migration und Ethnizität ignoriert (vgl. Mecheril 2010).

Einerseits ist, wie bereits angedeutet wurde, in der Migrationsfrage soziale Benachteiligung relevanter als Ethnie oder Kultur, Andererseits handelt es sich bei Kultur oder Migration nicht um erzeugte oder gänzlich konstruierte Phänomene, sondern um lebensweltlich wichtige Aspekte, die nach einer Form der Forschung und der Theoretisierung verlangen, die sie weder verstärkt oder verdinglicht noch essentialisiert. Deshalb ist die Intersektionalitätsdebatte Teil der Migrationsdebatte, und die reflexiven Ansätze in der Migrationsforschung verlangen eine Umsetzung hinsichtlich Forschung und Methodendiskussion zu Migration. Reflexiv zu forschen, bedeutet immer wieder innezuhalten und die Frage zu stellen, wie in Forschungs- und Analysekontexten diese Differenzen arbeiten, wie sie Forschung strukturieren, Ergebnisse beeinflussen und auch die Forschenden beeinflussen. Forschungsethische Fragen spielen hier eine besondere Rolle – dies wird im neunten Kapitel noch weiter ausgeführt (▶ Kap. 9). Reflexive Migrationsforschung impliziert einen Prozess dauerhafter Grenzverschiebungen – die Verschiebung von Grenzen zwischen Einzelwissenschaften, zwischen Betrachtungsweisen, wissenschaftlichen Methoden und nicht zuletzt zwischen nationalen Grenzen.

Kurzzusammenfassung

Ein Verständnis von Migrationsdynamiken, das sich an ethnischen oder kulturellen Aspekten orientiert, ist irreführend, ideologisch und unanalytisch. Kulturell konnotierte Unterschiedlichkeiten sind generell wie auch im Kontext von Migration nicht essentialistisch zu verstehen und nicht mit radikaler Andersheit gleichzusetzen. Kultur wird in der Tradition der *Cultural Studies* als prozesshaft, heterogen und verwoben mit anderen Ebenen zu gedacht. Die Kritik des methodologischen Nationalismus spricht gegen eine Reduktion von Migration auf ethnische, kulturelle und nationalstaatliche Erklärungen. Für das Verständnis von migrationsbezogenen Entwicklungen ist es daher zentral, kulturelle Aspekte niemals abgegrenzt von anderen Aspekten und Ebenen zu analysieren und immer auch im Kontext von Machtverhältnissen zu sehen.

Ein Ansatz in diese Richtung stellt der Diversitätsbegriff dar. Diese Perspektive ist geprägt von der Wahrnehmung der Vielfalt von Identitäten und Identitätskonstruktionen und verbindet diese mit den Realitäten der Gesellschaft, bestehenden Machtverhältnissen und einer Sensibilisierung für Diskriminierung. Migrationsbedingte Vielfalt wird zu einem Unteraspekt von Vielfalt generell. Ziel sind eine Infragestellung von Normalitätsvorstellungen und die Frage, wie Differenzen exkludierend wirken. Diversität ist als Resultat von Differenzierungen und von Differenzhandlungen in konkreten sozialen Praktiken zu verstehen, die mit gesellschaftlichen Ein- und Ausgrenzungsprozessen einhergehen. Ein Zweig der soziologischen Diversitätsdebatte orientiert sich am Begriff der Intersektionalität. Damit werden interne Differenzierungen und Machtverhältnisse in Minderheiten oder benachteiligten Gruppen bezeichnet. Zu diesen Differenzierungen gehören ethnische Herkunft, soziale Stellung, Position in der Welt, Gender u. a. So kommt die Vielfalt unter Migrant*innen ins Blickfeld. Kulturelle, geschlechtliche und andere Differenzen werden als in sich verschränkte, also sich intersektional kreuzende Differenzlinien verstanden, die verschiedene gesellschaftliche Ungleichheitspositionen markieren, die unterschiedlich ausgestaltet sind und auch unterschiedlich erfahren werden. Der Intersektionalitätsansatz ist besonders fokussiert auf die im Kontext von Antidiskriminierung relevanten Diversitätsdimensionen wie Gender, ethnische Herkunft/Migration, Religion, Alter, Behinderung und sexuelle Orientierung und stellt einen in der Soziologie entwickelten interdisziplinären Zugang dar.

Beispiele zur Veranschaulichung

Bei einer Diskussion von Philosoph*innen zu Flucht und Migration mit Geflüchteten ereignete sich Folgendes: Die Philosoph*innen wollten immer wieder wissen, wie von den Geflüchteten die Kulturdifferenz und kulturelle Wertekonflikte erlebt werden. Ein davon etwas genervter Teilnehmer sagte, in Syrien gäbe es zwar eine andere Religion, aber die Kultur sei doch in vielem ähnlich, es sei ein modernes Land mit Handy und Internet, gerade Jüngere hören die gleiche Musik, hätten ähnliche Interessen wie auf der ganzen Welt und auch Menschen in

Syrien orientieren sich an den Menschenrechten, diese großen Kulturunterschiede gäbe es doch gar nicht. In dem Augenblick trank der Redner von dem bereit gestellten Wasser und bekam einen Riesenschreck; denn dies enthielt die für ihn ungewohnte Kohlensäure. Fazit an diesem Abend: Kulturelle Unterschiede sind nicht so grundlegend bis auf einige Lebensweisen, wie beispielsweise das Trinken von Sprudelwasser.

Anschaulich ist auch der Videoclip Blaue Krokodile zur Erklärung von Intersektionalität: http://portal-intersektionalitaet.de/forum-praxis/methodenpool/intersektionalitaet/2012/blaue-krokodile/.
Zu Migration, kulturellen und religiösen Unterschieden mit biographischen Elementen: Kermani, Navid: Wer ist wir? Deutschland und seine Muslime. Bonn 2010: bpb.

Ausgewählte Literaturtipps

Wimmer, Andreas (2005): Kultur als Prozess. Zur Dynamik des Aushandelns von Bedeutungen. Wiesbaden: VS Verlag.
Mecheril, Paul & Witsch, Monika M. (Hrsg.) (2006): Cultural Studies und Pädagogik. Bielefeld: transkript.
Helma Lutz (Hrsg.) (2013): Fokus Intersektionalität. Wiesbaden: VS Verlag.

Hinweise zur weiteren Recherche

- Theorieartikel, Audio Dokumentation, Angebote für die Bildungsarbeit: http://portal-intersektionalitaet.de/startseite/
- Gut verständlicher Überblick: https://www.bpb.de/themen/migration-integration/dossier-migration/223777/migration-und-diversity/
- Künstlerische Auseinandersetzungen mit Kulturen: https://www.migration-lab.net/handlungsfeld/kultur/

Prüfungsfragen

- Wie wird in den Cultural Studies Kultur verstanden?
- Was umfasst das Verhältnis Macht und Kultur im Sinne der Cultural Studies?
- Was beinhaltet die Kritik des methodologischen Nationalismus?
- Inwiefern stellt der Diversitätsbegriff eine Alternative zum Fokus auf Migration dar?
- Wie werden in dem Intersektionalitätsbegriff Unterschiede zueinander in Beziehung gesetzt?
- Wenden Sie den Begriff Intersektionalität auf eine Organisation an, die Sie kennen, und zeigen Sie, welche verschiedenen Differenzen sich dort wie überlagern.

3   Soziale Ungleichheit, Bildung und ethnische und soziale Segregation

Migrationshintergrund und soziale Benachteiligung

Wie bereits im ersten Kapitel erwähnt wurde, stellt soziale Benachteiligung einer der wenigen Faktoren dar, die bezüglich des Merkmals Migrationshintergrund verallgemeinerbar sind. Im vorangegangen Kapitel wurde immer wieder betont, dass Differenzen wie ethnische Herkunft einhergehen mit unterschiedlicher sozialer Positionierung. Wie wir im siebten Kapitel sehen werden, stellen Erfahrungen von Diskriminierung und Rassismus ebenfalls Gemeinsamkeiten der sonst so unterschiedlichen Menschen mit Migrationshintergrund dar (▶ Kap. 7). In diesem Kapitel werden wir auch sehen, wie sich beispielsweise im Bereich Wohnen, Einmündung in einen Ausbildungsberuf oder Zugang zu bestimmten Erwerbsbereichen auch direkte kausale Beziehungen zwischen Zugang zu Ressourcen und Diskriminierung wissenschaftlich nachweisen lassen. Ein kausaler Zusammenhang zwischen sozialer Benachteiligung und Migrationshintergrund ist theoretisch naheliegend, aber de facto nicht immer generell und direkt empirisch zu belegen. Dennoch sind die Zusammenhänge deutlich sichtbar, wie zunächst am Beispiel des Armutsrisikos gezeigt werden soll.

Im 12. Bericht der Beauftragten der Bundesregierung für Migration und Flüchtlinge werden – wie auch schon in den Berichten zuvor (Die Beauftragte 2020: 23 ff) – Zusammenhänge zwischen Armutsrisiko und Migrationshintergrund deutlich. Das Armutsrisiko in Deutschland wird definiert über das verfügbare Medianeinkommen, das ein gemitteltes Nettoeinkommen darstellt. Wenn das Einkommen weniger als 60,0 % des Medianeinkommens beträgt, gilt dies als Armutsrisiko. Laut dem 12. Bericht liegt das Armutsrisiko bei Menschen mit Migrationshintergrund bei 28,6 % und ist damit mehr als doppelt so hoch wie in der Bevölkerung ohne Migrationshintergrund, wo es 2018 bei 11,8 % lag. Sonderauswertungen zeigen, dass das Armutsrisiko in allen Altersgruppen bei Menschen mit Migrationshintergrund deutlich über dem Durchschnitt bzw. deutlich höher als bei Menschen ohne Migrationshintergrund (Giesecke et al. 2017) liegt. Generell gilt, dass Familien mit drei oder mehr Kindern, Alleinerziehende sowie Menschen mit Migrationshintergrund Gruppen darstellen, die deutlich mehr von Armut betroffen sind als die übrige Bevölkerung.

Migrationshintergrund stellt also ein Armutsrisiko unter anderen dar. Es stellen sich Fragen, wie dies zu erklären sei. Eine Erklärung berücksichtigt, dass Menschen mit Migrationshintergrund im Vergleich zu Menschen ohne Migrationshintergrund seltener über einen Berufsabschluss und noch seltener über einen Hochschulabschluss verfügen, häufiger in Stellen tätig sind, die nicht ihrer Ausbildung entsprechen, eher arbeitslos und jünger sind. Damit, so der Bericht der Integrationsbeauftragten, weisen sie eine Überrepräsentanz in armutsgefährdeten Gruppen auf (ebenda: 24). Aber dies ist nicht so einfach als kausaler Zusammenhang zu etablieren, denn das Armutsrisiko ist beispielsweise für Menschen mit Migrationshintergrund, die über einen Hochschulabschluss verfügen, fast ebenso hoch wie bei Personen ohne Migrationshintergrund ohne Abschluss, insbesondere wenn sie selbst zugewandert sind. Auch ist dem 12. Bericht zu entnehmen, dass Bildung das Armutsrisiko zwar minimiere, aber nicht insgesamt das erhöhte Armutsrisiko ändere, es bleibt trotz steigender Bildung bestehen. So ist beispielsweise die Armutsgefährdungsquote der Menschen mit Migrationshintergrund und Hochschulreife mit 21,0 % mehr als doppelt so hoch wie die Armutsrisikoquote der Personen ohne Migrationshintergrund und mit gleichem Schulabschluss (8,0 %) (ebenda: 25).

2016/17 untersuchte die Forschergruppe um Giesecke die Zusammenhänge zwischen Armutsrisiko und Migrationshintergrund eingehender (Giesecke et al. 2017). Sie untersuchten Korrelationen von Armutsrisiko und soziodemographischen Merkmalen wie Geschlecht, Alter, Haushaltskomposition, Gesundheit und Wohnregion sowie sozialstrukturellen Merkmalen wie Bildung und Erwerbstätigkeit. Dabei wurde auch zwischen Personen mit eigener Migrationserfahrung und zugewanderten Eltern unterschieden. Auch wurden das Alter bei Einreise, Aufenthaltsdauer, Herkunftsland, Besitz der deutschen Staatsbürgerschaft, Deutschkompetenzen und Schul- und Berufsbildung berücksichtigt. Die Autor*innen kommen zu dem Schluss (ebenda: 42 f), dass trotz aller Differenzierungen sich immer wieder herausstellt, dass Armutsrisiko ein allgemeines Phänomen darstellt und eben Menschen mit Migrationshintergrund stärker armutsgefährdet seien als Personen ohne Migrationshintergrund. Es gibt allerdings einige Berufs- oder Bildungsgruppen, in denen die Armutsgefährdung vergleichbar ist, dies betrifft Tätigkeiten in Berufen, die keine berufliche oder schulische Qualifikation voraussetzen und prekären Segmente des Arbeitsmarktes zuzuordnen sind. Hier ist die Armutsgefährdung gleich, wie aber wir aus anderen Studien wissen, sind in diesen Bereichen Migrant*innen überproportional stark vertreten (DeZim 2020). Nur die Gruppe von Migrant*innen, die in Deutschland geboren wurden und über einen Berufs- oder Hochschulabschluss verfügen, haben ein ähnlich geringes Armutsrisiko wie Personen ohne Migrationshintergrund mit vergleichbarer Bildung.

Was Armutsrisiko oder soziale Benachteiligung bedeutet, wurde deutlich während der Corona-Pandemie bzw. der Begleitmaßnahmen wie Lock Down und Kurzarbeit; daher soll kurz auf den Zusammenhang von sozialer Ungleichheit und Corona im Kontext von Migration eingegangen werden. Entsprechende Untersuchungen kommen zu dem Schluss, generell habe diese Phase soziale Ungleichheit verfestigt (Böckler 2020).

So ist beispielsweise vielfach belegt, dass es »[d]eutliche Unterschiede in der Wohnsituation von Menschen mit und ohne Migrationshintergrund« gibt, (Statist. Bundesamt, Pressemitteilung vom 10.01.2017), denn Migrant*innen haben weniger Quadratmeter pro Person zur Verfügung, wohnen teurer und in größeren Haushalten. Da das Infektionsrisiko phasenweise vor allem im Privathaushalt am höchsten war und Migrant*innen tendenziell enger und in größeren Haushalten leben, war das Infektionsrisiko für sie erhöht.

Eine weitere Benachteiligung ergab sich aufgrund der Schulschließungen. Um dem digitalen Unterricht synchron oder asynchron zu folgen, brauchten Kinder Räume für Videokonferenz, einen eigenen Laptop und gutes Internet. Kinder aus sozial benachteiligten Familien, die in beengten Wohnräumen leben und über ein niedriges Einkommen verfügen, hatten dies seltener zur Verfügung, vor allem zu Beginn der Lock Downs.

Im Niedriglohnsektor in Deutschland arbeiten viele Migrant*innen – 40 % der Stellen im Niedriglohnsektor in Deutschland haben Migrant*innen inne. In anderen Ländern der EU und der OECD sind es nur ein Viertel (die tageszeitung vom 10.12.2018, https://taz.de/). Ein Drittel der Erwerbstätigen hatte Studien zufolge während der Lockdown-Phasen Einkommenseinbußen; Menschen mit niedrigen oder mittleren Einkommen hatten prozentual größere Anteile ihrer Einkünfte nicht zur Verfügung und Menschen in prekären Arbeitsverhältnissen hatten ihre Arbeit eher verloren (Böckler Impuls 12 2020). Da Personen mit hohem Bildungsabschluss und gutem Verdienst eher im Home-Office arbeiteten, Personen mit niedrigem Bildungsabschluss dagegen stark von Freistellungen und Kurzarbeit betroffen waren (Uni Mannheim 2020) hat sich soziale Ungleichheit bei Home-Office und Kurzarbeit auch verstärkt. Diese Auswirkungen treffen Menschen mit und ohne Migrationshintergrund gleichermaßen, treffen aber Migrant*innen stärker, da sie eher von Armut, Niedriglohn etc. betroffen sind. Dies gilt auch für die Arbeitslosigkeit. 2020 ist einer Auswertung des Forschungsinstitut der Arbeitsagentur IAB zufolge insbesondere die Arbeitslosigkeit von Menschen mit ausländischem Pass gestiegen, denn diese arbeiteten häufiger in Branchen, die von der Krise besonders betroffen waren und hatten mangels sozialer Kontakte eher Probleme bei der Jobsuche. Die bislang positive Entwicklung der Arbeitsmarktintegration der seit 2015 gekommenen Geflüchteten sei gestoppt, stellte das IAB fest (IAB 2020).

In diesem Kontext veröffentlichte das Migrationsforschungsinstitut DeZim eine Studie, die zeigt, dass Menschen mit Migrationshintergrund 25 % aller Beschäftigten in systemrelevanten Berufen stellen. In bestimmten Berufsgruppen, insbesondere im Dienstleistungs- und Pflegebereich, sind sie überproportional vertreten, z. B. Reinigungsberufe, Altenpflege, Post und Zustellung, Fahrzeugführung. Hier überwiegen niedrigere Löhne und prekäre Beschäftigung – dies galt insbesondere für die im Ausland geboren Beschäftigten (DeZim 2020, vgl. auch https://mediendienst-integration.de/migration/corona-pandemie.html).

Es ist offensichtlich, dass Migration als ein Faktor sozialer Ungleichheit stärker in der Ungleichheitsforschung und auch in den Armuts- und Reichtums-Berichten berücksichtigt werden muss. Dies gilt für die Datenlage, Erklärungsansätze und ungleichheitsbezogene Debatten.

Soziale Ungleichheit

Soziale Ungleichheitsforschung und Erklärungsansätze für soziale Ungleichheit beziehen sich einerseits auf eine horizontale Differenzierung von Lebensstilen und Milieus – wie beispielsweise in den Sinus-Migrantenmilieustudien (vgl. Diezinger 2020: 77 ff, Mau et al. 2020). Hier werden Lebensstile, Gewohnheiten und Orientierungen untersucht. Migration käme dann unter einer kulturellen Perspektive zum Tragen. Die Problematik eines Fokus auf Kultur wurde bereits kritisch erläutert, so würde dies auch soziale Mechanismen und institutionelle Faktoren ausblenden. Vielmehr müssen die vertikalen Dimensionen sozialer Ungleichheit in Bezug auf Migrationshintergrund stärker erforscht werden. So ist zu fragen, wie bezüglich migrationsbedingter Differenz eine ungleiche Ausstattung mit Ressourcen und Teilhabechancen sowie ein ungleicher Zugang zu gesellschaftlichen Dienstleistungen gesellschaftlich institutionalisiert ist und wie dies zu erklären sei (vgl. Diezinger 2020: 183 ff).

In diesem Kontext stellt sich eine Frage, die bereits im ersten Kapitel diskutiert wurde: Ungleichheitsforschung, die das Merkmal Migration – oder andere sagen, ethnische Differenz – einbezieht, kann dazu beitragen, soziale Schieflagen und soziale Ungerechtigkeiten in Bezug auf zugewanderte Menschen zu erkennen. Gleichzeitig wird eine entsprechende Forschung dann aber auch trennen und differenzieren, also die Kategorien Migrationshintergrund beibehalten und so wird Forschung zu deren Perpetuierung beitragen und somit soziale Ausgrenzung auf einer symbolischen Ebene verdoppeln. Das Aussondern von Bürger*innen als Personen mit Migrationshintergrund stellt eine Ausgrenzung dar und erhält die Kategorisierung dieser Gruppe als ›Andere‹. Diese Kategorisierung wird daher oft auch abgelehnt.

Merle Hummrich hat diesen Widerspruch für den Bereich Migration und Bildung herausgearbeitet (Hummrich 2017). Zum einen werden – so Hummrich – durch die Kategorisierung »Deutsche und Ausländer« oder »mit und ohne Migrationshintergrund« Strukturmerkmale benannt, die oft analytisch nicht konsequent sind. So werde in der Forschung eine Unterscheidung gemacht, die Ungleichheit konstatiert, wobei zugleich auch Ungleichheit konstruiert wird. Andererseits sei die Erwartung an das Bildungssystem als Möglichkeit für sozialen Aufstieg in allen Familien hoch und Kinder mit Migrationshintergrund hätten die Erwartung, im Bildungssystem gleichwertig behandelt und unabhängig von ihrem Migrationshintergrund wahrgenommen zu werden. Die Unterscheidung führe so zu einer Kategorisierung, die den Wunsch nach Gleichbehandlung konterkariere (ebenda: 480).

Andererseits ist die Betrachtung des Strukturmerkmals soziale Benachteiligung ausgesprochen wichtig, wenn es um Personen mit Migrationshintergrund geht. So kann es beispielsweise so erscheinen, als seien in Untersuchungen zu Gewaltbereitschaft oder Kriminalität Personen mit Migrationshintergrund überproportional stark betroffen sind. Wird in den Untersuchungen aber zugleich auch analysiert, wie die Phänomene Gewalt oder Straffälligkeit in benachteiligten sozialen Schichten verteilt sind, so verflüchtigt sich das Merkmal Migrationshintergrund und Gewalt oder Straffälligkeit werden zu einem sozialen Phänomen: »Kriminalität ist keine Frage des Passes oder der Ethnizität, sondern der Lebenslage« (Feltes et al. 2016: 157).

Wie aus der Schilderung der Betroffenheit durch die Corona-Pandemie hervorging, haben Menschen je nach ihrer sozialen Position sehr unterschiedliche Möglichkeiten und Chancen, gesund zu bleiben, sich vor Gefahren zu schützen und ein selbstbestimmtes Leben zu führen. Soziologische Ungleichheitsforschung versucht, die vertikale und die horizontale Dimension sozialer Ungleichheit miteinander zu verbinden und nicht isoliert voneinander zu erforschen. Migration ist dabei als sozialstrukturelles Merkmal einzubeziehen, weder als kulturell geprägte Lebensweise, Lebensstil oder Werteorientierung noch als Integrationsdefizit. Zugleich müssen die verwandten Kategorisierungen immer wieder hinterfragt und nicht intendierte Effekte thematisiert werden.

Migrationshintergrund stellt einen sozialen Platzanweiser dar (Pielage et al. 2012). Um die damit verbundenen sozialen Mechanismen zu verstehen, bedarf es einer Entkulturalisierung der Migrationsforschung. Es braucht aber auch einen Blick auf Migration, der jenseits des Integrationsparadigmas schaut. Die Anerkennung, dass Deutschland eine Einwanderungsgesellschaft darstellt, ist nicht nur von politischer sondern auch von sozialwissenschaftlicher Bedeutung. Werden Migrant*innen nur unter dem Blickwinkel einer Integrationsbringschuld betrachtet, geraten die sozialstrukturellen Unterschiede aus dem Blickfeld. Eine Perspektive, die Migrant*innen in einer defizitären Position und Integration als Bringschuld begreift, hilft nicht weiter, um soziale Ungleichheit zu erklären.

Zugewanderte Menschen sind in der sozialen Struktur insgesamt deutlich schlechter positioniert als Menschen ohne Migrationshintergrund. Ungleichheitsforschung hat dies zu berücksichtigen. Migrationsforschung ist aus diesem Grunde auch keine Integrations- oder Akkulturationsforschung, sondern stellt Fragen sozialer Ungleichheit in den Fokus.

Bildungsungleichheit

Zunächst ist aber der Blick auf spezifische soziale Ausgangsbedingungen und Bildungsvoraussetzungen zu richten, um ungleiche Positionierungen zu erklären: denn ein relevanter Teil der Forschung zu sozialer Ungleichheit im Kontext von Migration in Deutschland widmet sich dem Thema Bildung. Bildung wird eine wichtige Zuweisungsfunktion zu sozialen Positionen attestiert und Migrationshintergrund geht auch oft mit Bildungsbenachteiligung einher (Baader & Freytag 2017, Hummrich 2017, SVR 2016).

Kinder und Jugendlichen mit Migrationshintergrund in Deutschland verfügen in der Regel – doch nicht immer – über schlechtere Bildungschancen als Kinder ohne Migrationshintergrund. Dies gilt für den Kitabesuch, hier ist der Anteil geringer. Es gilt auch für die weiterführende Schule, Kinder mit Migrationshintergrund gehen von der Grundschule seltener zum Gymnasium über, und es gilt für die Hochschulzugangsberechtigung, Jugendliche mit Migrationshintergrund erwerben proportional seltener eine Hochschulzugangsberechtigung (vgl. auch Böttcher 2021).

Hummrich (2017: 471 ff) nennt sehr treffend diese Zahlen »hard facts« zur Bildungsbenachteiligung, die seit Jahren variieren, aber sich nicht grundlegend ändern: Sie bezieht sich auf den Bericht der Beauftragten der Bundesregierung für Migration, Flüchtlinge und Integration, aus dem hervorgeht, dass nur ein Viertel der Kinder mit »Migrationshintergrund« ein Gymnasium besuchen, während ungefähr die Hälfte der Kinder und Jugendlichen ohne Migrationshintergrund diese Schulform besuchen. Die Hauptschulen oder Werkrealschulen werden von einem Viertel der Jugendlichen mit Migrationshintergrund und nur von einem Zehntel von Jugendlichen ohne Migrationshintergrund besucht. Diese Umkehrung der Proportionen zeigt sich auch bei den Jugendlichen, die die Regelschulzeit ohne einen Abschluss beenden, das war bei 5% der Jugendlichen ohne und 11,4% der Jugendlichen mit Migrationshintergrund der Fall. Eine Hochschulzugangsberechtigung erwerben fast die Hälfte der Jugendlichen ohne Migrationshintergrund und nur 16% der Jugendlichen mit Migrationshintergrund. Die Zahlen sind aus einer Publikation von 2017, sie haben sich über die Jahre leicht verändert, aber die Tendenzen bleiben gleich: Migrationshintergrund stellt einen Risikofaktor für Bildungsbenachteiligung dar.

Im Folgenden sollen Zusammenhänge zwischen Bildungsbenachteiligung und sozialer Ungleichheit rezipiert werden. Für eine Studie des Sachverständigenrates der Stiftungen für Migration (SVR) wurden verschiedene Untersuchungen ausgewertet, um Gründe für die Bildungsbenachteiligung zu eruieren. Die Studie kommt zu dem Schluss, die geringeren Bildungschancen von Kindern und Jugendlichen ließen sich zu einem großen Teil durch die soziale Herkunft erklären, also den Bildungsabschluss der Eltern oder benachteiligten gesellschaftlichen Status (Armutsrisiko), da in Deutschland generell Bildungserfolg von sozialem Status abhängt (SVR 2016: 9 ff, vgl. auch Autorengruppe 2016, Böttcher 2021: 18 ff). Auch würden Eltern mit Migrationshintergrund, mit geringem Einkommen und geringer Bildung ihr Kind seltener in eine Kita schicken und unter Zuwanderern seien mehr Menschen aus armutsgefährdeten Familien und mit geringer Schulbildung als in der Mehrheitsbevölkerung; das führt auch zu weniger Kitabesuchen. Die Autor*innen der Studie betonen aber, dass Kinder und Jugendliche mit Migrationshintergrund über ihre gesamte Bildungskarriere hinweg doppelt benachteiligt seien: durch ihren Migrationshintergrund und durch ihre soziale Herkunft. Dies führe zu einer Benachteiligung auf dem Arbeitsmarkt und so zu geringeren Verdienst- und Aufstiegschancen. Die Studie kommt zu dem Schluss, dass nicht eindeutig zu klären sei, in welchem Maße ein geringerer Bildungserfolg wirklich auf den Migrationshintergrund zurückzuführen sei und in welchem Maße auf die soziale Herkunft (SVR 2016: 28 f). Allerdings ist aufgrund der Forschungslage davon auszugehen, dass im Elementarbereich die Kompetenzunterschiede zwischen Schüler*innen mit und ohne Migrationshintergrund überwiegend mit sozialer Herkunft zu erklären seien und nur zu einem kleinen Teilen durch Migrationshintergrund. Der Einfluss der sozialen Herkunft nehme in den höheren Schulstufen aber zu, da Kompetenzunterschiede stärker mit der Bildung der Eltern zusammenhängen und weniger mit ihrem sozioökonomischen Status. Für die Wahl der weiterführenden Schule sei hingegen die soziale Herkunft wichtiger als der Migrationshintergrund. Kompetenzunterschiede verstärken sich also im Bildungsverlauf, wenn sie nicht frühzeitig in Kita und Schule ausgeglichen werden. Das gilt besonders für die Fähigkeit im Umgang mit der deutschen Sprache.

Im Schulalter seien Kompetenzunterschiede vor allem auf strukturelle Merkmale des Lernumfelds zurückzuführen, z. B. auf die Zusammensetzung der Schüler*innenschaft und die Zugehörigkeit zu einer bestimmten Schulform. Eine Rolle spiele zudem, dass Schüler*innen mit Migrationshintergrund von Lehrkräften zum Teil anders behandelt werden, was wiederum ein wichtiger Aspekt der Diskriminierungsforschung darstellt (ebenda: 43 ff).

Obwohl sich der Nexus Bildungsbenachteiligung und Migrationshintergrund nicht in einer mechanischen linearen Kausalität darstellen lässt, wie eben deutlich wurde, ist ein Zusammenhang vorhanden. So stellt sich die Frage, inwiefern die Bildungsbenachteiligung von Menschen mit Migrationshintergrund eine Voraussetzung für soziale Ungleichheit ist hinsichtlich Chancengleichheit und Verteilungsgleichheit im späteren Lebenslauf oder ob sie die Voraussetzung dafür ist.

Für diese Debatte sind die unterschiedlichen Erklärungsansätze für Bildungsungleichheit relevant. Heike Diefenbach (2007: 89 ff) hat die Gründe in verschiedene Gruppen eingeteilt: Es gebe Gründe für Bildungsungleichheit, die den Migrant*innenfamilien oder den Folgen der Migration zugeschrieben werden könnten, und Gründe, die mit der Institution Schule zusammenhängen. Zum ersten Bereich gehören individuelle Voraussetzungen, Ressourcenausstattungen und Leistungsbeiträge von Migrant*innen. Wichtige Aspekte dieser Fokussierung auf in den Familien zu verortenden Gründe für Ungleichverteilung von Chancen und Verteilungen werden in den Sprach- und Deutschkenntnissen sowie in kulturellen Faktoren gesehen. Eine Benachteiligung von Kindern im Bildungssystem könne schon früh in der Familie entstehen, so fänden Kinder unterschiedliche Lerngelegenheiten und Lernanreize vor. Auch hängen in Übergangssituationen Entscheidungen oft vom Bildungsstatus der Eltern ab.

Andere Studien zeigen, dass institutionelle und sozialstrukturelle Faktoren stärker berücksichtigt werden müssen (Gomolla & Radtke 2009). Diese institutionellen Faktoren führen zu einer Vererbung sozialer Klassenpositionen im Bildungssystem, das Schüler*innen aus Herkunftsfamilien mit geringem sozioökonomischem Status und/oder geringem Bildungskapital benachteiligt (Fereidooni 2011: 23 f). Dazu tragen die relativ späte Einschulung, die geringe Anzahl von Ganztagsschulen, die soziale Schichtunterschiede kompensieren könnten, und eine frühe Entscheidung für den Bildungsweg innerhalb des immer noch gegeneinander abgeschotteten dreigliedrigen Bildungssystems bei. Ein weiterer Aspekt ist die monolinguale Ausrichtung der meisten Schulen, die die Kenntnisse der deutschen Sprache voraussetzt und Kenntnisse in der Sprache des Herkunftslandes der Kinder und Jugendlichen wenig wertschätzt (ebenda: 123 ff). Auch der ungleiche Rechtsstatus und aufenthaltsrechtliche Unsicherheiten können sich negativ auf Chancen im Bildungssystem auswirken.

Neben der Hochschulzugangsberechtigung spielt aber auch die Einmündung in einen Ausbildungsberuf und anschließende Arbeit in diesem Beruf eine wichtige

Rolle für Bildungserfolg und damit soziale Positionierung. Studien zur Ausbildungsbeteiligung von Jugendlichen mit Migrationshintergrund zeigen, dass lange Jahre Jugendliche mit Migrationshintergrund deutlich geringere Chancen auf eine duale Berufsausbildung hatten und wenn, dann eher in schlechter bezahlte Berufe mit weniger Aufstiegschancen einmündeten (vgl. die Beiträge in Scherr et al. 2015). Als Gründe werden oft schlechtere Schulnoten und Abschlusszeugnissen wie auch schlechtere Deutschkenntnisse angegeben, aber da auch immer mehr Jugendliche mit Migrationshintergrund diese Defizite nicht aufweisen und dennoch nicht in die gewünschte Ausbildung einmünden, treten andere Faktoren wie Diskriminierung und Stereotypisierung in den Vordergrund (ebenda).

Als Fazit sei festgehalten, dass sowohl soziale Schicht als auch Migrationshintergrund als Risikofaktoren für Bildungsungleichheit zu betrachten sind. Pielage konstatiert dazu, dass es in Deutschland aufgrund der Integrationsversäumnisse der Gastarbeiter*innen-Ideologie während der Arbeitsimmigration zu einer migrationsbezogenen Unterschichtung kam, die stärker ist als in anderen OECD-Ländern (Pielage 2012). Und da in Deutschland ohnehin und weiterhin Bildungserfolg sehr stark an Schichtzugehörigkeit gekoppelt ist, sind große Teile der Kinder und Jugendlichen mit Migrationshintergrund einer doppelten Benachteiligung ausgesetzt: einer migrationsspezifischen und einer schichtspezifische Benachteiligung (ebenda, vgl. auch van Essen 2013).

Am Beispiel der Bildungsungleichheit lassen sich intersektional relevante Aspekte aufzeigen, wie beispielsweise die Rolle der Nationalität oder Staatsbürgerschaft und die der Geschlechterrollen. Nationalität und damit auch Staatsbürgerschaft erweisen sich als ein spezifisches, Ungleichheit konstituierendes Element – und demonstrieren damit ein Hineinreichen politischer Aspekte in eine soziologische Debatte.

So kritisiert Hummrich (2017), dass Migration als bildungssoziologisches Forschungsthema dazu diene, den Verbleib von Kindern und Jugendlichen mit Migrationshintergrund in benachteiligten Milieus festzuschreiben. Kinder und Jugendlichen mit Migrationshintergrund werden häufig als eine Gruppe dargestellt, die das Bildungssystem bereits belaste oder in naher Zukunft belasten werde. Die vermeintliche Belastung oder Herausforderung präge auch die öffentliche Diskussion. Sie ist aktuell – im Jahr 2022 – deutlich in den Medien zu finden, wenn zu lesen ist – dass die große Anzahl ukrainischer Kinder und Jugendlicher das Bildungssystem vor große Probleme stelle. Migration scheint in dieser Perspektive generell eine Gefährdung für das Bildungssystem darzustellen. Dies liege daran, so Hummrich, dass globalisierte Lebenspraxen wie Migration nationale Teilhabechancen konterkarierten:

> »Sie verweisen auf die Grenzen der Inklusionsversprechen demokratischer Gesellschaften, indem sie die Exklusionsrisiken auf den Plan rufen. Der Gesellschaft wird der Spiegel vorgehalten. Migration wird damit zum Paradigma des gesellschaftlichen Umgangs mit sozialer Ungleichheit. Und weil gesellschaftliche Chancen unter Bedingungen der funktionalen Differenzierung wesentlich durch das Bildungssystem beeinflusst werden, kann soziale Ungleichheit pointiert am Zusammenhang von Migration und Bildung diskutiert werden« (ebenda: 471).

Soziale Ungleichheit und Bildungsungleichheit sind eng miteinander verknüpft, und da wiederum Migration und soziale Ungleichheit verknüpft sind, stellt Migration ein Exklusionsrisiko dar. Hummrich zeigt an mehreren Beispielen, dass in funktional differenzierten Gesellschaften einerseits das Bildungssystem gleiche Teilhabechancen für alle verspreche und auch scheinbar alle gleich inkludiere, zugleich aber Erfolgschancen von sozialer Schicht und Ethnizität abhängig sind und bestimmte Gruppen dauerhaft exkludiert werden. Die Exklusion erfolgt über institutionell verankerte Klassifikationssysteme und Qualifikationsanforderungen, die auf den Normen und Regeln der sozial und ethnisch dominanten – monokulturellen – Schicht beruhen. Wenn Mehrkulturalität oder (nicht-deutsche) Ethnizität zum Problem gemacht wird, dann, so Hummrich, werden territoriale Grenzen zur scheinbar natürlichen Differenzierungsgrundlage ungleich verteilter Chancen. In allen Erklärungsansätzen von Bildungsungleichheit und Migration, in denen Defizite der Familien eine Rolle spielen, werden die empirisch nachgewiesenen hohen Bildungsaspirationen von Migrant*innenfamilien geleugnet und die Verantwortung für Defizite von der Schule weggenommen.

Soziale Passungen

Mit dem Konzept der *sozialen Passungen* wird in bildungssoziologischen Zugängen versucht, Ethnizität oder Migration nicht als Problem darzustellen und genauer auf die sozialen, kulturellen und geschlechtsspezifischen Dynamiken einzugehen. Manuela Westphal hat über bildungserfolgreiche Migrantinnen geforscht und festgestellt, dass in den von ihr untersuchten Familien vor allem die Mädchen den – teilweise sehr harten – Bildungsaufstieg erfolgreich bewältigt hatten. Daher fragt sie, wie Bildungserfolge von Migrantinnen im Kontext von familiären Sozialisationsprozesse und Geschlechterrollen analysiert werden können (Kämpfe & Westphal 2017: 11 f). Wichtige Einflussfaktoren für Bildungsprozesse sind den Autorinnen zufolge individuelle Elemente, familiäre Dynamiken, Gender und institutionelle Diskriminierungen wie Rassismus im Bildungssystem. Dabei beziehen sie sich sowohl auf eigene Forschung als auch auf Theorien im Kontext des Bourdieu'schen Habituskonzepts.

Bildungserfolgreiche Migrantinnen können (oft, nicht immer) in ihren Strategien und Ressourcen an geschlechtsspezifische Rollen wie familiäre Aufgaben oder kulturell-sprachliche Mittlertätigkeiten anknüpfen und vollziehen den Aufstieg im Kontext familialer und geschlechtsspezifischer Bindungen (ebenda: 13). Es kann ein Passungsverhältnis von sozialen Erwartungen der Familie und des Bildungssystems bestehen. Jungen und junge Männer mit Migrationshintergrund werden hingegen oft mit negativ besetzten, als fremd und gefährlich konstruierten Männlichkeitsvorstellungen der Gesellschaft konfrontiert, die sie in Familie und Peergroups übernehmen und in denen Bildung gar keine relevante oder positive Ressource darstellt:

> »Bildungserfolg wird damit auch zur Passungsfrage zwischen individuellen, milieu- und genderspezifischen Orientierungen und gesellschaftlich-institutionellen Erwartungen bzw. Anforderungen und verweisen als Erklärung auf unterschiedliche Kapitalausstattungen (nach Bourdieu), auf soziale Konstruktionsprozesse oder auf Prozesse von institutioneller Diskriminierung« (ebenda: 15).

Im Rekurs auf US-amerikanische Studien, die zeigen, dass das Bildungssystem von weißen bürgerlichen habituellen Anforderungen geprägt ist und insbesondere schwarze männliche Bildungsaufsteiger dabei »acting white« lernen mussten, argumentieren Kämpfe und Westphal, dass nicht nur bildungsbezogenen Einstellungen, sondern auch kulturelle, soziale und Geschlechtsnormen angepasst werden müssen. Bildungsaufstieg ist mit Habitusveränderungen und zumindest scheinbaren Anpassungen an Verhaltensweisen und Orientierungen der Mehrheitsgesellschaft verbunden. Hier sind in der Forschung verschiedene Strategien beschrieben worden, die auch konflikthaft sein können und neue Probleme mit sich bringen können (vgl. El-Mafaalani 2012). Wichtig ist aber der Prozess der Habitusmodifikation:

> »Zwischen den Sozialisationskontexten Familie, Schule, Peers und Hochschule kommt es zu Passungsdynamiken, die – angesichts des *acting* innerhalb und *switching* zwischen den Kontexten – die Habitusdiversifizierungen befördern« (ebenda: 17).

Diese Herstellung von Passungsfähigkeit zwischen Familie, Schule, Peer und Hochschule kann mit enormen Anstrengungen einhergehen und muss auch als ein Resilienzfaktor gesehen werden. Interessant ist, dass Kämpfe und Westphal unterschiedliche Strategien des Bildungsaufstiegs und der Habitusmodifikationen beschreiben und in ihrer Forschung feststellen, dass auch hier trotz manchmal differierender Wertevorstellungen enge Beziehungen zur Familie erhalten bleiben (ebenda 20).

Zwischenfazit für pädagogische Berufe

Als Fazit für pädagogische Berufe sei betont, dass Defizit- und Problemzuschreibungen, die Ursachen für Bildungsungleichheit im Kontext von Migration nur in den Familien verorten, zu kurz greifen und nicht analytisch, sondern ideologisch sind. Positionen, wie sie auch in den Medien vertreten werden, dass ein hoher Migrant*innenanteil an Schulen geringere Leistungsvermögen zur Folge haben, ignorieren die sozialen Faktoren, dominante Exklusionsmuster und damit die verschiedenen Dimensionen sozialer Ungleichheit. Zudem wird hier ein Bildungsbegriff zugrunde gelegt, der sich an einer konstruierten Normalität orientiert und Faktoren wie Anpassungsprozesse und Bewältigungsstrategien durch Migrant*innen ausgrenzt und daher Migration als Bildungserfahrung und Bildungsressource überhaupt nicht berücksichtigt.

Ethnische und soziale Segregation

Im Kontext von Bildungsbenachteiligung wird auch mit der Hypothese mangelnder Lern- und Bildungsanreize in segregierten Stadtteilen argumentiert (Häußermann & Kronauer 2011). Stadtteile, wo viele Menschen mit geringerem Einkommen und auch mit Migrationshintergrund leben, werden als sozial und ethnisch segregierte Stadtteile bezeichnet und als Umgebungen wahrgenommen, die wenig Lern- und Bildungsanreiz böten, denn sie zeichneten sich oft aus durch mangelhafte Infrastruktur, wenig kulturelle Einrichtungen und vielen Menschen in sozial benachteiligten Lebenslage. Mit Segregation oder residentieller Segregation wird das Phänomen beschrieben, dass bestimmte Wohnquartiere von bestimmten Bevölkerungsgruppen mehrheitlich bewohnt und geprägt sind und es wenig Mobilität aus diesen Quartieren gibt. Diese Stadtteile werden kontrovers diskutiert und in den Medien oft als Ghettos oder Parallelgesellschaften dargestellt. Migrant*innen zögen dahin, um unter sich zu sein, kein Deutsch sprechen zu müssen und sich den Integrationsanforderungen zu entziehen – das ist das gängige Vorurteil. Es gibt jedoch keinerlei empirische Belege für diese Behauptungen, vielmehr geht es auch hier um Formen sozialer Ungleichheit.

Die Argumentation zur Problematik ethnisch oder sozial segregierter Stadtteile setzt verschiedene normative Hypothesen voraus. Einmal wird unterstellt, dass ethnisch vielfältige Stadtteile einer besonderen Erklärung und Untersuchung bedürften, rein ›weiße‹ oder deutsche Stadtteile hingegen nicht. Zum anderen wird vorausgesetzt, dass in einer von sozialer Benachteiligung und Migration geprägten Umgebung weniger Lern- und Bildungsanreize bestünden als in ethnisch homogenen Stadtteilen mit einer sozial gut abgesicherten Bevölkerung. Zudem besteht hier eine weitere Kategorisierungsgefahr, Stadtteile als benachteiligt und defizitär zu beschreiben und damit sie und ihre Bewohner*innen zu stigmatisieren.

Dennoch ist die Frage der ethnischen und sozialen Segregation zentral, denn sie führt zu einer weiteren Dimension sozialer Ungleichheit, von denen Personen mit Migrationshintergrund besonders betroffen sind: das Wohnen, die Wohnsituation und Wohnorte. In älteren innenstadtnahen Quartieren oder in Randzonen, wo Mieten günstiger sind, sozialer Wohnungsbau zu finden war und viele Menschen mit niedrigem Einkommen leben, ist der Anteil von Menschen mit Migrationshintergrund besonders hoch (El-Mafaalani et al. 2015, Häußermann 2008).

Dies entspricht der bereits erwähnten Entwicklung, dass Menschen mit Migrationshintergrund schlechter, enger und teurer wohnen und seltener Eigentum erwerben (vgl. Gestring 2011, Reimann 2018). Holm et al. (2021) haben die Forschung zur Potenzierung sozialer Ungleichheit durch die Wohnverhältnisse zusammengefasst. Soziale Ungleichheiten spiegeln sich nach Aussage dieser Forscher*innengruppe in den Wohnverhältnissen. Haushalte mit weniger Einkommen steht weniger Wohnraum zur Verfügung und der Wohnraum sei meist schlechterer Qualität. Es handle sich selten um modern ausgestattete Neubauwohnungen und auch nicht um Eigenheime oder Eigentumswohnungen. Besonders betroffen von schlechten Wohnverhältnissen seien Alleinerziehende, Personen mit niedrigeren Schulabschlüssen und Familien mit Migrationshintergrund (Holm et al. 2017: 44ff).

Wohnen verstärke die sozialen Ungleichheiten, weil Haushalte mit geringen Einkommen eine höhere Mietbelastung haben und die Einkommen, mit denen der Lebensunterhalt bestritten werden muss, nach Abzug der Miete im Verhältnis viel geringer sind. Ein Vergleich der Resteinkommen nach der Mietzahlung zeigt eine noch größere Schere als die ohnehin bestehenden Einkommensungleichheiten (ebenda: 48 ff).

Ethnische und soziale Benachteiligung bildet sich räumlich ab als Verbindung von sozialer und ethnischer Segregation in der Konzentration auf bestimmte Wohnquartiere. Die Forschung zur sozialen Situation in segregierten Stadtteilen zeigte, dass einerseits Gruppen mit sozialen und ökonomischen Unterschichtsmerkmalen unter immer schlechter werdenden Bedingungen lebten und eine Minderheit über eine soziale Aufstiegsmobilität verfügte (Krummacher 2011). Die Dynamik dieses Prozesses hat sich einerseits ausdifferenziert und wird in der Wissenschaft auch unterschiedlich diskutiert. Wohnbezogene Segregation ist ein städtisches Phänomen, nimmt zu und verändert sich tendenziell nicht – Polarisierungen hinsichtlich der Wohnsituation und sozialen Chancen entwickeln sich weiter und werden verstärkt, wobei die Unterschiede zwischen den Städten aber zunehmen (El-Mafaalani et al. 2015). In einigen Städten ist die Schere größer und die Ressourcenausstattung von Kommunen bzw. städtischen Regionen wird disparater. Die Gründe für und die Einschätzungen dieser Situation werden aber kontrovers diskutiert.

Grundsätzlich zeichnen sich multiethnische Stadtteile oder benachteiligte Städte oft durch eine schlechte Bausubstanz, mangelnde Infrastruktur, ein allgemeines Klima der Deinvestition und schlechtes Image aus (ebenda, Häußermann 2008). Zugleich aber stellen sie in der Darstellung vieler Wissenschaftler*innen dynamische Stadtteile dar – es bilden sich ethnische Netzwerke, Formen der Nachbarschaftshilfe oder Selbsthilfe und ethnische Ökonomien. Es entstehen neue Infrastrukturen mit Geschäften, Kleingewerbe und Treffpunkten und all dies trägt zum Überleben und zum dynamischen Wandel ganzer Stadtteile bei. Diese ökonomischen Aktivitäten stellen ein hohes Selbsthilfepotenzial dar und sorgen für die Bereitstellung von Infrastruktur im Stadtteil (el Kayed et al. 2021, Farwick 2014, Häußermann 2007). Derartige Stadtteile werden auch als Ankunftsstadtteile bezeichnet, die neu Zugewanderten wertvolle Orientierung und Starthilfen ermöglichen und dazu führen, dass zumindest ein Teil der Bevölkerung nach einigen Jahren in andere Stadtteile zieht (Saunders 2011). Der Journalist Doug Saunders hat in einer internationalen Untersuchung den Begriff der Ankunftsquartiere geprägt und diese als eine große Chance für Selbsthilfe, Netzwerkbildung, verbesserten sozialen Zusammenhalt und partiellen Aufstiegsmöglichkeiten beschrieben (ebenda). Diese Thesen haben die stadt- und raumsoziologische Forschung sehr beflügelt – was einige eben als Gefahr beschreiben, betrachten andere als Prozesse mit positiven Potentialen, beispielsweise auch für die Entwicklung ostdeutscher Großwohnsiedlungen (Bernt et al. 2021).

Einige Studien zeigen, dass einerseits ethnisch segregierte Stadtteile in benachteiligten Vierteln zugleich auch benachteiligende Folgen haben, wenn sich Probleme häufen und Menschen um geringe Ressourcen konkurrieren müssen, dass aber andererseits diese Stadtteile sehr viele endogene Potenziale und Ressourcen mit sich bringen wie gute Kommunikation, Eigeninitiative, Netzwerke und guter sozialer Zusammenhalt (Krummacher 2004, Farwick 2014). In der Forschung überwiegt daher der Blick auf die Potentiale dieser Stadtteile, ohne dass die mit dem Phänomen verbundenen problematischen Aspekte wie auch der Bezug zur sozialen Ungleichheit geleugnet werden (vgl. die Beiträge in El-Mafaalani et al. 2015)

Dass die Segregation nicht immer frei gewählt ist, belegen Untersuchungen, die versuchen diese Segregationsprozesse zu erklären. Bedeutsam sind: eine zunehmende Ungleichheit in der Einkommensverteilung, die dazu führt, dass die Segmente an beiden Polen steigen und es immer mehr Haushalte mit immer geringeren Verdienstmöglichkeiten und andererseits es immer höhere Anteile von sehr gut verdienenden Personen in den Städten gibt. Der Wohnungsmarkt fungiert als Distinktionsmerkmal (El-Mafaalani 2015). Ferner spielt die bereits mehrfach thematisierte Verbindung sozialer Ungleichheit und Migrationshintergrund eine Rolle und die Konzentration von marginalisierten Haushalten in bestimmten Quartieren, was dazu führt, dass marginalisierte Gruppen immer stärker konzentriert leben (Kronauer & Siebel 2013). Diese Entwicklung der sozialen Polarisierungen in Städten wird als Form des sozialen Ausschlusses begriffen und als mehrere Jahrzehnte bestehende Entwicklung der Zunahme sozialer Ungleichheit, die sich in und zwischen den Städten nicht nur in Deutschland zeigt (vgl. Siebel 2014). Siebel und andere konstatieren die Zunahme von Stadtquartieren, die von Armut und Arbeitslosigkeit geprägt sind, was zu einer unfreiwilligen Segregation geführt hat, da die Betroffenen weder Mittel noch Wege haben, um aus diesen günstigen Quartieren wegzuziehen. Dem steht eine freiwillige Segregation besser gestellter Schichten gegenüber: »Die Adresse ist ein Mittel der Distinktion. Am stärksten segregiert leben die Reichen« (El-Mafaalani et al. 2015: 10).

Kronauer und Siebel (2013) beschreiben die Tendenz so, dass die seit mindestens 20 Jahren zunehmende soziale Ungleichheit sich zunehmend polarisiert und auch die Mittelschichten erfasst hat – sie ist stadträumlich sichtbar, denn sie nimmt zu zwischen den Städten und innerhalb der Städte. In Stadtquartieren, die von Armut und Arbeitslosigkeit geprägt sind, hat sich diese »unfreiwillige Segregation« verfestigt zu Tendenzen sozialen Ausschlusses. Kronauer definiert Exklusion als Marginalisierung bis hin zum gänzlichen Ausschluss von Erwerbsarbeit, Einschränkung der sozialen Beziehungen bis hin zur Vereinzelung und Ausschluss von Teilhabemöglichkeiten (vgl. Siebel 2014). Die Verfestigung der ethnischen Segregation muss dann als eine Akzentuierung von Randständigkeit generell begriffen werden und es wird deutlich, dass sie nicht kulturell oder ethnisch zu verstehen ist. Ein weiteres Argument der Entkoppelung von Kultur und ethnischer Segregation besteht wiederum in Studienergebnissen, die zeigen, dass Haushalte, die es sich leisten können, aus den betroffenen Quartieren wegziehen – das können Haushalte mit oder ohne Migrationshintergrund sein (ebenda). Der Fortzug einkommensstärkerer Haushalte hat Folgen für die Quartiere, die Kaufkraft kann sinken, Güter- und Dienstleistungsangebote werden eingeschränkt, es wird nicht mehr ausreichend in Gebäude investiert. Das hat Folgen für Wohnqualität und Infrastruktur etc., weitere Vernachlässigung folgt, Gebiete verkommen und das gibt Anlass für weitere Fortzüge. Zusätzlich entwickelt sich ein negatives Image und alle Entwicklungen können zu einer Kultur der Randständigkeit beitragen. Diese Entwicklungen betreffen Städte – sie sind aber ähnlich in strukturschwachen kleinstädtisch geprägten oder ländlichen

Regionen OHNE einen nennenswerten Prozentsatz an Bevölkerung mit Migrationsgeschichte (https://www.thuenen.de/de/themenfelder/laendliche-raeume).

Diese neuen Formen sozialen Ausschlusses begreifen Siebel und Kronauer als charakterisiert von der Tendenz, Systemgrenzen zu überwinden (Kronauer & Siebel 2014: 12 ff). Ausgrenzung bleibe nicht auf ein System wie der Ökonomie beschränkt, sondern sei mehrdimensional, beziehe sich auf Bildung, Alltagskultur etc. Ausgrenzungsprozesse erfassen die Situation von Individuen im ökonomischen, sozialen und kulturellen System. Sie hätten ihren Ursprung in der Einkommensverteilung und entwickeln von dort aus ihre Mehrdimensionalität, so dass verschiedene Dimensionen mit anderen interagieren. Marginalisierung verfestige sich und ausgegrenzte Gruppen geraten in einen verfestigten Zustand der Randständigkeit.

> **Zwischenfazit für pädagogische Berufe**
>
> Als Fazit – nicht nur für pädagogische Berufe – sei festgehalten: Auch wenn die entsprechende Analyse die negativen Stereotypen verschärft und aktuell auch viel zu der positiven Dynamik der Quartiere geforscht wird, ist es doch wichtig, als Fazit festzuhalten, dass ethnische Segregation im Kontext sozialer Segregation und allgemeinen Exklusionsmechanismen zu begreifen ist und nicht kulturell oder ethnisch diskutiert werden kann. Segregation ist ein Element der Organisation ungleicher Gesellschaften und in diesem Sinne »Normalität« (El-Mafaalani et al.: 10), und muss als räumlicher Ausdruck von Ungleichheitsverhältnissen, Machtgefällen und auch ausdifferenzierten Lebensstilen in der modernen Gesellschaft gesehen werden. Dennoch ist ein Perspektivwechsel notwendig, diese Stadtteile auch als Chancenräume (ebenda) und benachteiligte Quartiere in ihrer Lebendigkeit, ihren Selbsthilfe- wie auch Protestpotentialen zu sehen und den diesbezüglichen Forschungsergebnissen mehr Raum zu geben.

Als zentrale gesamtgesellschaftliche Entwicklungen wurden allgemeine Ungleichheits- und Ausgrenzungsverhältnisse benannt. Was haben gesamtgesellschaftliche Entwicklungen hin zu mehr Ungleichheit mit gesellschaftlichen Haltungen zu Migration und Diversität zu tun? Die in den letzten Jahren zu verzeichnende Zunahme rechtspopulistischer und rechtsextremer Parteien und Bewegungen wird gerne mit der Zunahme von Migration und mit Bezug zu Ungleichheit erklärt – wie wird dies sozialwissenschaftlich diskutiert?

Ungleichheitsdiskurse

Auf Ungleichheitsdiskurse beziehen sich Mau und andere in einer jüngeren Studie über Einstellungen zu Umverteilung, Migration und sexueller Diversität (Mau et al. 2020: 319 ff). Sie gehen davon aus, dass in vielen westlichen Gesellschaften die

Verteilungsfrage wieder stärker diskutiert werde. Dies verbinden sie mit Debatten um (sexuelle) Identitätspolitik und Migration und thematisieren die Hypothese, dass vor allem bessergestellte soziale Gruppen sich für Migration und die Anerkennung von sexueller Diversität aussprächen, während schlechter gestellten Schichten dem ablehnend gegenüberstünden (vgl. auch Fraser 2017 zur US-amerikanischen Gesellschaft). Diese These fand und findet vielfach Zuspruch, um die Zunahme rechtspopulistischer Strömungen zu erklären (beispielsweise Koppetsch 2019). Ihre Vertreter*innen gehen davon aus, dass ökonomisch privilegiertere soziale Gruppen ökonomische Ungleichheit als berechtigt ansehen und offene und tolerante Positionen zu sexueller und ethnischer Vielfalt vertreten und auch Migration positiv gegenüberstehen. Es entstehe eine gewisse kulturelle Hegemonie der »Kosmopoliten aus der Mittel- und Oberschicht«, die Fragen der Anerkennung von Diversität VOR ökonomischen Umverteilungsfragen setze (ebenda: 323). Dem stünden Mittel- und Unterschichten, also sozial Deklassierte, entgegen, die ökonomische Umverteilung fordern, den Fokus auf Anerkennung kultureller und sexueller Vielfalt ablehnen und damit auch homophobe und xenophobe Einstellungen entwickeln. Mau et al. fassen die These zusammen: »Kurz: Jene mit kosmopolitischer Gesinnung seien mitverantwortlich für die rechtspopulistische Gegenwehr der ›Unterlegenen‹ und ›kulturell Dominierten‹« (ebenda: 323).

Jüngere gesellschaftliche und politische Entwicklungen legen jedoch die Hypothese nahe, dass durchaus Ungleichheitstoleranz zunimmt. Mau et al. entwickeln aber einen konzeptionellen Rahmen, der über eine Zwei-Lager-Theorie hinausgeht und zwischen drei Dimensionen der Ungleichheitskonflikte unterscheidet: So spiele einerseits die klassische Oben-Unten-Unterscheidung eine Rolle, die auf ungleich verteilten ökonomischen Ressourcen beruhe, andererseits aber Ungleichheiten, die mit der gesellschaftlichen Anerkennung von sexueller Diversität zusammenhängen und als »Wir-Sie-Ungleichheiten« beschrieben werden, und drittens Ungleichheiten, die mit der Akzeptanz von Zuwanderung zu tun haben und die als Innen-Außen-Ungleichheiten zu beschreiben sind (ebenda: 324). Auf der Basis der SOEP-Innovations-Stichprobe aus dem Jahr 2017 und im Rekurs auf verschiedene andere Studien zeigen Mau et al., »dass nicht notwendigerweise von einem sozialstrukturell polarisierten Konfliktfeld ausgegangen werden kann« (ebenda: 329), dass es also wenig empirische Grundlage für die Polarisierungsthese gebe. Sozialer Status wird durch Einkommen und Bildungsstand definiert. Mau et al. argumentieren, zum einen sei empirisch belegbar, dass zum Thema Ressourcenverteilung eher Gruppen mit einem niedrigeren sozialen Staus eine ungleichheitskritische Position vertreten. Unter privilegierteren sozialen Gruppen werden eher ungleichheitsaffirmative Positionen zu finden sein, aber hier wird auch vertreten, dass sich die Schere zwischen arm und reich schließen müsse. Insgesamt sei die Kritik an der ungleichen Verteilung von Einkommen sehr weit verbreitet und könne nicht nur benachteiligten Gruppen zugeschrieben werden. Zudem stellen die Autor*innen fest, dass hinsichtlich der Anerkennung von Diversität generell die privilegierten oberen Statuslagen toleranter sind, dass aber tolerantere Positionen beispielsweise zur gleichgeschlechtlichen Ehe insgesamt in der Bevölkerung eine Mehrheit haben. Toleranz gegenüber sexueller Diversität könne nicht auf eine soziale Gruppe beschränkt werden (ebenda: 331). Sowohl Ungleichheitskritik als auch Toleranz gegenüber sexueller Vielfalt und Veränderung der Geschlechterrollen werden von breiten Bevölkerungsschichten akzeptiert. Anders verhält es sich zum Thema Zuwanderung und des gesellschaftlichen Status von Zugewanderten. Hier seien exkludierende und ungleichheitsbejahende Einstellungen wesentlich häufiger zu finden als in den anderen beiden Dimensionen. So lehne nur ein Drittel der Bevölkerung die Aussage ab, dass zu viele Ausländer in Deutschland leben (ebenda: 331). In der Studie wird weiter nach Einkommen, Wohnort und Bildungsstand differenziert und es wurde festgestellt, dass es durchaus Korrelationen zwischen Offenheit für Migration, sexuelle Diversität sowie Ablehnung von Gleichheitsforderungen und höherem sozialen Staus gebe, dass diese aber nicht eindeutig und bestimmend sind, es also keine lineare Kausalität zwischen unterer/privilegierter sozialer Position und Offenheit/Ablehnung von sexueller und ethnischer Diversität gäbe.

Diese Einschätzung wird durch Studien unterstützt, die zeigen, dass in der Argumentation rechtspopulistischer Parteien bzw. Bewegungen Migration und die Ablehnung ethnisch-kultureller wie sexueller Diversität und Mischungen eine wichtige Rolle spielen. Analysen des Wähler*innenpotentials für rechtspopulistische Parteien bzw. Rekrutierungspotential für rechtspopulistische Bewegungen zeigen aber, dass Abstiegsängste, mangelnde soziale Sicherheit und infrastrukturelle und kulturelle Benachteiligung generell und insbesondere vor allem ländlicher Regionen wichtige Beweggründe darstellen (vgl. Fratzscher 2018, die Beiträge in Häusler 2016). Das große Thema dieser Gesellschaft ist eine zunehmende mehrdimensionale Ungleichheit und nicht Migration oder eine von manchen vertretene Kultur der Weltoffenheit und Diversität – oder wie wir später sehen werden, das Gleichheitspostulat in der pluralen Demokratie (▶ Kap. 9).

Kurzzusammenfassung

In einer ungleich strukturierten Gesellschaft ist Migrationshintergrund als ein Schichtungsmerkmal zu begreifen. Migrationshintergrund geht oft einher mit sozialer Benachteiligung, prekärer Beschäftigung und Bildungsbenachteiligung. Die Erklärungsansätze dafür differieren, aber der Tatbestand ist unbestritten. Obwohl sich auch der Nexus Bildungsbenachteiligung und Migrationshintergrund nicht in einer mechanischen linearen Kausalität darstellen lässt, ist ein Zusammenhang vorhanden.

Menschen haben je nach ihrer sozialen Position sehr unterschiedliche Möglichkeiten und Chancen, gesund zu bleiben, sich vor Gefahren zu schützen, eine gute und ausreihend große Wohnung zu finden, sich zu bilden, interessante und gut bezahlte Berufe zu ergreifen und ein selbstbestimmtes Leben zu führen. Soziologische Ungleichheitsforschung versucht, die vertikale und die horizontale Dimension sozialer Ungleichheit miteinander zu verbinden und nicht isoliert voneinander zu erforschen. Migration ist dabei als sozialstrukturelles Merkmal einzubeziehen, nicht aber als kulturell geprägte Lebensweise, Lebensstil oder Werteorientierung oder als Integrationsdefizit.

Auch in ethnisch und sozial segregierten Quartieren oder Städten zeigt sich die soziale Ungleichheit, hier verbinden sich Diskriminierung und geringere materielle Ressourcen. Ethnisch segregierte Stadtteile müssen als räumlicher Ausdruck von Ungleichheitsverhältnissen und Machtgefällen in der Gesellschaft gesehen werden. Dennoch ist ein Perspektivwechsel notwendig, diese Stadtteile auch als Chancenräume, benachteiligte Quartiere in ihrer Lebendigkeit, Selbsthilfe- wie auch Protestpotentialen zu sehen und den diesbezüglichen Forschungsergebnissen mehr Raum zu geben. Dies ist ein Beispiel dafür, dass Kategorisierungen wie Migrationshintergrund, benachteiligte Quartiere u. a. immer wieder hinterfragt und nicht intendierte Effekte korrigiert werden müssen.

Beispiel zur Veranschaulichung

Eine Geschichte aus Frankfurt am Main: Familie Granato ist Anfang der 2000er Jahre aus Sizilien nach Frankfurt am Main migriert. In Frankfurt ziehen sie zunächst in einen Stadtteil in der Innenstadt, wo ein Cousin des Vaters lebt, und wohnen dort unter sehr beengten Wohnverhältnissen mit dessen Familie zusammen. In dem Stadtteil ist der Migrant*innenanteil (insbesondere aus Italien) sehr hoch, die Wohnungen sind günstig, aber in der Regel sehr heruntergekommen und es wird wenig repariert oder saniert.

Der Vater hat Elektriker gelernt und arbeitet bei einem großen Hausmeisterdienst, er hat eine feste Stelle, wird aber ohne Tarif am Ende der Lohnskala bezahlt und muss auch an Wochenenden und spät am Abend arbeiten. Die Mutter ist in Italien gerne zur Schule gegangen und war sehr gut, musste aber nach der fünften Klasse die Schule verlassen und aufgrund der Armut der Familie in der Landwirtschaft mitarbeiten. Durch die Vermittlung der Frau des Cousins ihres Mannes findet sie Arbeit bei einer Modekette und arbeitet in Teilzeit. Die Eltern haben zwei Kinder und sprechen zuhause Italienisch. Aufgrund der Wohnsituation und der beruflichen und familiären Belastungen absolvieren sie keine Deutschkurse, beide Kinder besuchen aber den Kindergarten im Stadtteil und lernen schnell Deutsch. In ihrer Freizeit sind sie meist bei der Tante zusammen mit den Kindern des Cousins und sprechen italienisch. Die Mutter ist sehr interessiert an der Schule und als Elternvertreterin aktiv. Sie will aber weder offizielle Elternsprecherin werden noch in den Schulelternbeirat gehen, weil ihre Schreibfertigkeiten aufgrund des kurzen Schulbesuchs bereits im Italienischen sehr rudimentär sind.

Als das Mädchen in der Grundschule eingeschult wird, spricht sie schon fließend Deutsch. Anfangs ist sie sehr gut in der Schule, verliert aber zu Beginn der vierten Klasse die Lust am Lernen und entwickelt andere Interessen. Die Mutter finanziert ihr daraufhin eine Nachhilfelehrerin, damit sie auf jeden Fall eine Empfehlung für eine passende weiterführende Schule bekommt. Die nahe gelegene Hauptschule hat auch einen sehr schlechten Ruf.

Mit Hilfe von Überstunden und zusätzlichen Schichten gelingt es beiden Eltern trotz der schlechten Bezahlung nach einigen Jahren im ›Migrantenquartier‹

eine schöne Wohnung in einem der Neubaugebiete am Stadtrand zu finden und umzuziehen.

Ausgewählte Literaturtipps

Soziale Benachteiligung

Giesecke, Johannes et al. (Hrsg.) (2017): Armutsgefährdung bei Personen mit Migrationshintergrund – Vertiefende Analysen auf Basis von SOEP und Mikrozensus. Eine Studie im Auftrag der Beauftragten der Bundesregierung für Migration, Flüchtlinge und Integration. Erstellt durch das Berliner Institut für empirische Integrations- und Migrationsforschung (BIM) https://www.bim.hu-berlin.de/media/Armutsgefaehrdung_Endbericht_20170303_1.pdf (Zugriff 30.09.2019).

Bildungsbenachteiligung

bpb – Bundeszentrale für politische Bildung. https://www.bpb.de/themen/bildung/dossier-bildung/211879/ethnische-bildungsungleichheiten/.

Soziale und ethnische Segregation

El-Mafaalani, Aladin, Kurtenbach, Sebastian & Strohmeier, Klaus Peter (Hrsg.) (2015): Auf die Adresse kommt es an ... Segregierte Stadtteile als Problem und Möglichkeitsräume begreifen. Weinheim, Basel: Beltz.

Hinweise zur weiteren Recherche

- Wohnen und soziale Ungleichheit: https://www.lpb-bw.de/soziale-ungleichheit
- Podcast zu und mit Doug Saunders zum Konzept der Ankunftsquartiere: https://podcasts.apple.com/de/podcast/was-hei%C3%9Ft-hier-ankunftsquartiere/id1459840696?i=1000484893540
- Blog zu sozialer Ungleichheit des gewerkschaftsnahen WSI Institut: https://www.wsi.de/de/blog-17857-17898.htm

Prüfungsfragen

- Was sind Belege für den Zusammenhang zwischen den Merkmalen Migrationshintergrund und soziale Benachteiligung?
- Was gibt es für Erklärungsansätze für den Zusammenhang zwischen den Merkmalen Migrationshintergrund und soziale Benachteiligung?
- Worin besteht die Bildungsbenachteiligung von Kindern und Jugendlichen mit Migrationshintergrund?
- Welche Bedeutung hat Wohnen im Kontext sozialer Ungleichheit?

- Was ist mit der Idee, ethnisch und sozial segregierte Quartiere als Chancenraum zu begreifen, gemeint?

4 Minderheiten, Mehrheiten und Integration

In den vorangegangenen Kapiteln wurde eine Perspektive gewählt, die auf Individuen im Kontext einer sozialen Ordnung und angesichts einer dominanten Normalität geschaut hat oder diese in Hinsicht auf sozialstrukturelle Merkmale wie Einkommen, Bildung, Wohnort etc. betrachtete. In beiden Kapiteln ging es um ungleiche soziale Positionierungen, und Positionierung wurde eher allgemein als Ausdruck einer machtvollen symbolischen oder sozialstrukturellen Ordnung erklärt. Für soziale Disparitäten existieren aber auch andere Erklärungsansätze, die von Klassikern der soziologischen Theoriebildung entwickelt wurden – diese betrachten aber Individuen oder Akteure eher im Kontext sozialer Gruppen und analysieren die Konstitution dieser Gruppen und deren Interaktionsmuster. So wird versucht, Muster in der Interaktion von Mehrheiten und Minderheiten, Ablehnung oder Abwertung und Aufwertung und andere Mechanismen zu finden und zu erklären.

Gruppenbezogene Theorieansätze, wie beispielsweise von Znaniecki und Thomas über polnische Bauern im Ausland, Park und Stonequist über ethnische Minderheiten in US-amerikanischen Städten (vgl. die Beiträge in Reuter & Mecheril 2015) haben die Geschichte der Migrationssoziologie geprägt und soziologische Theoriebildung angeregt.

Im Folgenden soll exemplarisch ein Ansatz vorgestellt werden, der heute noch Aktualität hat, das Etablierte-Außenseiter-Paradigma von Norbert Elias. Dieser soziologische Ansatz wurden nicht explizit im Kontext von internationaler Migration entwickelt, wird aber in diesem Kontext viel rezipiert. Daran anschließend sollen klassische sozialwissenschaftliche Integrationskonzepte vorgestellt und kritisch beleuchtet werden.

Etablierte und Außenseiter

In den 1960er Jahren verfasste Norbert Elias zusammen mit John L. Scotson eine Studie über eine kleine Vorortsiedlung in den Midlands in England, die von ihnen Winston Parva genannt wurde (Elias & Scotson 1993). Diese Siedlung mit ca. 5000 Einwohner*innen war eine Arbeitersiedlung und war wohl vielen anderen Gemeinden in England ähnlich. An diesem Ort gab es neben einem besseren Ortsteil für privilegierte Bewohner*innen ein alter Ortskern, genannt das Dorf, der sich durch dörfliche soziale Strukturen wie enge Nachbarschaftsbeziehungen, reziproke

Solidarität und starker sozialen Kontrolle auszeichnete. Nun war etwas später neben den Ortskern eine neue Siedlung für Arbeiter*innenfamilien für die örtlichen Fabriken gebaut worden. In die neue Siedlung zogen Arbeiter*innen aus anderen Regionen Englands und fanden Arbeit in den Fabriken des Ortes, wo auch die Bewohnerschaft aus dem ›Dorf‹ arbeitete. Elias stellte fest, dass, obwohl die Bewohner*innen die gleiche Sprache sprachen, die gleiche Nationalität hatten, über vergleichbare Bildung verfügten und teilweise in den gleichen Betrieben arbeiteten, die Beziehungen zwischen dem alten und dem neuen Ortsteil jahrzehntelang konflikthaft und distanziert blieben, es zu keiner Mischung kam und die Bewohner*innen des ›Dorfes‹ die aus der Siedlung kategorisch ablehnten. Die Siedler*innen im neuen Ortsteil wurden stets als Außenseiter*innen und Fremde betrachtet und stigmatisiert. Sie wurden von den ›Dörflern‹ als unsozial, kriminell und triebhaft konstruiert und abgelehnt. Es gab kaum Kontakte über die Arbeit hinaus und keine Möglichkeiten für die neu Angekommenen, sich in Vereine, Clubs oder Kirchengemeinde aktiv zu integrieren. Die alteingesessenen Dorfbewohner*innen wiederum entwickelten einen gewissen Stolz und ein Überlegenheitsgefühl angesichts ihrer engen sozialen Beziehungen, guten Kontakte und gegenseitigen Hilfeleistungen und betrachteten sich als höherwertig (ebenda).

Elias begreift die beiden Gruppen als »Etablierte« und »Außenseiter« und erklärt die Stigmatisierung, durch die Dynamik zwischen beiden Gruppen, die für ihn eine besondere Konfiguration darstellt (ebenda: 63 ff). Elias und Scotson argumentieren, dass ein Wir und Ihr konstituiert wurde, aber nicht entlang der Linien der Klassendifferenz im Ort, sondern als Linie zwischen den ›alten‹ und den ›neuen‹ Bewohnern entlang des Kriteriums Wohndauer vor Ort. Die längere Wohndauer ging einher mit einer starken sozialen Kohäsion im alten Ortsteil, so dass eine überlegene Gruppenidentität entstand, die sich als bessere generierte und eine Öffnung der beiden Gruppen füreinander verhinderte und noch nicht einmal eine gleichwertige Interaktion zuließ. Die Etablierten erhielten und verteidigten ihre Machtposition gegen die Gruppe, die sie als Außenseiter stigmatisierten. Elias und Scotson versuchen die Gründe für die Machtposition zu finden und sehen diese in der längeren Wohndauer mit ihren Begleiterscheinungen, dem sozialen Zusammenhalt. Diese wird als soziologische Kategorie dargestellt, die die Figuration Etablierte – Außenseiter, die sich im Dorf herausgebildet hatte, gestaltet. Das Ensemble der sozialen Beziehungen untereinander, die die Bewohner des Dorfes aufgrund gemeinsamer Erinnerungen, Aktivitäten, Normen und Hierarchien miteinander verband, bildete die Grundlage für den Überlegenheitsanspruch. Während sich in der Siedlung aufgrund der Heterogenität der Bewohner*innenschaft nichts Vergleichbares herausbilden konnte, wurde die Ordnung des Dorfkerns gegen die verteidigt, von denen gar keine Gefahr oder Infragestellung kommen konnte. Das Machtgefüge Etablierte – Außenseiter ist Elias und Scotson zufolge in vielen anderen Kontexten zu finden, so im Kontext sozialer oder ethnischer Disparitäten, aber da die Formation aufgrund der geringen Unterschiede in Reinkultur auftrat, konnte sie so gut analysiert und auf andere Etablierte-Außenseiter-Beziehungen übertragen werden (ebenda: 7 f).

Die Autoren nennen verschiedene Strategien, die diese Figuration ausmachen: Zentral ist die Machtungleichheit aufgrund höherer und niedriger sozialer Kohäsion. Des Weiteren wurden durch den Überlegenheitsanspruch soziale Positionen mit einem hohen Machtgewicht für die eigene Gruppe reserviert, was wiederum ihren Zusammenhalt verstärkte. Und es wurde eine »pars pro toto«-Strategie verfolgt. Die besonders Tugendhaften unter der Etabliertengruppe wurden zum Inbegriff der Gruppe erklärt und die besonders erfolglosen unter den Außenseitern zur Charakterisierung der ganzen Gruppe genutzt. Ein weiteres Merkmal der Interaktion war die Komplementarität von eigenem Gruppencharisma und Gruppenschande, die den Außenseitern zugesprochen wurde. Dies wirkte als Kontaktbarriere zwischen beiden Gruppen und trug zu Erhalt des Machtgefälles bei. Das Zusprechen der fremden Gruppenschande, also die Darstellung der Gruppe als minderwertig, unrein, fast entmenschlicht, war eine Stigmatisierung, gegen die sich die Betroffenen aufgrund mangelnden Kontakts nicht wehren konnten. All dies war aber nur möglich aufgrund der Macht, die die eine Gruppe innehatte, ohne Macht sei es nicht möglich, andere zu stigmatisieren, betonen die Autoren immer wieder (ebenda: 23f). Das Stigma wurde denn auch von der jüngeren Generation der Außenseiter aufgenommen und damit bestätigt. Durch diese Stigmatisierung war es den Bewohner*innen der Siedlung auch nicht möglich, sich in der Gemeinde einzubringen, sich zu integrieren und sich dort zu beteiligen.

Die Basis der Macht der Etablierten war der Gruppenzusammenhalt, deshalb gab es zahlreiche Mechanismen, um die interne Meinung der Gruppe von sich selbst als überlegen abzusichern, über soziale Kontrolle, Ahndung von interner Kritik und abweichenden Meinungen und Klatsch, der zum Lob der eigenen Überlegenheit eingesetzt wurde.

Wie bereits erwähnt hielt Elias diese Etablierten-Außenseiter-Figuration für übertragbar auf andere Formationen im Kontext von Macht und Machtungleichheiten. Die am Beispiel von Winston Parva herausgearbeiteten Mechanismen sind ihm zufolge auf andere Etablierten-Außenseiter-Konstellationen zu übertragen, Ausländer – Einheimische etc.

Elias Analysen wurden zwar teilweise kritisiert und modifiziert, aber für die Migrationssoziologie adaptiert (Freiheit & Sutterlüty 2015, Preuß 2020). Elias selbst entwickelte den für seine Soziologie zentralen Begriff der Figuration weiter (Elias & Scotson 1993: 23). Hier ist aber hervorzuheben, dass Elias Macht als relational begreift. Macht hat nicht nur mit Formen der Ausstattung mit Ressourcen ökonomischer, administrativer u.a. Art zu tun, sondern entfaltet sich in einem Beziehungsgefüge von Macht und Ungleichheiten. Macht entsteht in bestimmten Mustern, die Gruppen miteinander bilden, sie kann sich verändern, wenn sich das Gruppengefüge ändert, wenn die Außenseiter versuchen, ihre Rolle zu verlassen oder wenn sich der Zusammenhalt der Etabliertengruppe auflöst. Diese Theorie ist wichtig für Migrations- und Rassismusforschung, weil, wie Elias selbst sagt, nicht irgendwelche Äußerlichkeiten, Eigenschaften u.a. relevant waren für die Machtunterschiede, sondern das Beziehungsgefüge – damit können Stigmatisierung, Vorurteile usw. anders analysiert werden (ebenda: 26).

Elias Anliegen, mit der Etablierten-Außenseiter-Studie ein Erklärungsmodell für die Abwertung, Ausgrenzung und Benachteiligung verschiedener Gruppen, auch ethnischer Gruppen, zu liefern, ist vielfach aufgriffen und diskutiert worden (Freiheit & Sutterlüty 2015: 237f). Denn wenn zu den geringen Unterschieden beider

Gruppen in Winston Parva andere hinzukommen wie Sprache, Kultur, Religion, Nationalität, dann kann gut gezeigt werden, wie aufgrund bestimmter Merkmale soziale Gruppen hergestellt werden und zu Außenseiter*innen und Minderwertigen gemacht werden können, völlig unabhängig von ihren eigenen Haltungen und Handlungen. So entsteht ein Machtgefüge, das dazu dient, die Privilegien und die gehobene Position einer Gruppe zu erhalten (Preuß 2020).

Andererseits ist das Modell auch kritisiert worden, weil materielle Faktoren verstanden als reale Macht im Sinne von Ausstattung und Ressourcen hier hinter die Dynamik sozialer Beziehungen zurücktritt (Freiheit & Sutterlüty 2015: 240). Auch, so halten Freiheit und Sutterlüty fest, gäbe es ganz andere Figurationen, die ebenfalls zu einer Abwertung bestimmter Gruppen führen können, wie beispielsweise intermediäre Schichten oder andere Minderheiten, die eine Mittlerrolle innehatten wie Juden in Europa (ebenda). Aber zentral ist das weitere Argument, das Freiheit und Sutterlüty (ebenda: 240f) einbringen. Sie weisen darauf hin, dass heute im Kontext von Migration weder die Mehrheitsgesellschaft noch die Migrierten selbst so homogen sind, dass sie einen Gruppenzusammenhalt ausbilden könnten wie die Dörfler*innen in Winston Parva. Denn unter Eingewanderten fänden sich auch viele Aufsteiger*innen, die mittlerweile zu Hausbesitzer*innen, Makler*innen oder Bankangestellten geworden seien und eine privilegierte Position innehätten, wie Sutterlüty in eigenen Studien gezeigt hat (Sutterlüty 2010). Zudem seien die Etablierten – also die Mehrheitsgesellschaft – in sich sehr vielfältig und von internen Machtungleichheiten geprägt. So sei ihrer Ansicht nach der Ansatz immer noch vielversprechend, müsse aber modifiziert und angepasst werden.

Madlen Preuß (2020) hingegen hält den Elias'schen Ansatz insofern für relevant, da er Integrationsprozesse beschreibt und dabei einfach nur Neuankömmlinge in den Fokus nimmt, ohne Bezug zu Religion, Kultur, Nutze etc. Sie entwickelt ein quantitativ-empirisches Modell, das eine systematische und vergleichbare Erschließung von Etablierten-Außenseiter-Beziehungen in größeren sozialen Einheiten leisten soll. Ihr zufolge nehmen autochthone Deutsche gegenüber Migrant*innen eine Etablierten-Perspektive ein und behaupten ihren Status. Wie dies geschieht, soll mit ihrem Modell erfasst werden, und zugleich können so relevante und weniger relevante Außenseiter-Gruppen identifiziert werden.

Elias Ausführungen sind daher auch insofern relevant, als sie zeigen, dass Integrationserfolge unabhängig von den Integrationsbemühungen der Zugewanderten sein können und von anderen Mechanismen bestimmt sein müssen.

Integration

Das Konzept der Integration ist im Kontext von Migration nach Deutschland ein politischer Begriff, so heißt es beispielsweise auf der Webseite des für die Integration von Zugewanderten zuständigen Innenministeriums:

»Die Integration der auf Dauer und rechtmäßig in Deutschland lebenden Zuwanderinnen und Zuwanderer ist eine der wichtigsten innenpolitischen Aufgaben. Ziel von Integration ist es, alle Menschen, die dauerhaft und rechtmäßig in unserem Land leben, in die Gesellschaft einzubeziehen. Dies betrifft die Gewährung von Rechten genauso wie die Beachtung von Pflichten« (https://www.bmi.bund.de/DE/themen/heimat-integration/integration/integration-node.html, Zugriff 28.02.2022).

Ähnlich wurde das in dem Bericht der Unabhängigen Kommission »Zuwanderung«, die eingesetzt wurde, um das Zuwanderungsgesetz von 2005 auszuarbeiten, 2001 dargestellt:

»Als politische Aufgabe zielt Integration darauf ab, Zuwanderern eine gleichberechtigte Teilhabe am gesellschaftlichen, wirtschaftlichen, kulturellen und politischen Leben unter Respektierung kultureller Vielfalt zu ermöglichen. Dazu sind Anstrengungen von beiden Seiten erforderlich« (Unabhängige Kommission 2001: 200).

Das Integrationsziel wäre eine vollumfängliche Teilhabe und Partizipation von Zugewanderten auf allen Ebenen und dies hätte rechtliche, sozialpolitische und soziokulturelle Implikationen. Der Prozess erfordere Anstrengungen von allen Seiten und ließe sich anhand bestimmter sozialwissenschaftlicher Indikatoren beschreiben (Heckmann 2015, SVR Integrationsbarometer 2020).

Betrachten wir die vorangehenden Kapitel zu Bildungsbenachteiligung und Armutsrisiko bzw. sozialer Benachteiligung, so wird aber deutlich, dass Migrant*innen in Deutschland noch weit von Chancengleichheit entfernt sind. Das Gleiche gilt für die Präsenz in verschieden gesellschaftlichen Bereichen. Foroutan (2015: 1) spricht von deutlichen Repräsentationslücken, sie führt auf, beispielsweise hätten

»gerade einmal zehn Prozent der im öffentlichen Dienst Beschäftigten eine Migrationsgeschichte, geschätzte zwei Prozent der Journalisten, etwa vier Prozent der Räte deutscher Städte, und neun Prozent der Beschäftigten in Führungspositionen deutscher Stiftungen (in den 30 größten Stiftungen nur drei Prozent). Obwohl ein Drittel der Kinder zwischen fünf und 15 Jahren aus Einwandererfamilien stammen, haben nur ca. sechs Prozent der Lehrer einen Migrationshintergrund.
37 von 631 Parlamentariern haben nach der Bundestagswahl 2013 eine Migrationsgeschichte, womit der Anteil der Bürgervertreter mit Migrationshintergrund bei weniger als sechs Prozent liegt. Ergebnissen einer OECD-Umfrage zufolge liegt die Beschäftigungsquote bei Migranten mit Universitätsabschluss mehr als zwölf Prozent unter derjenigen von Nicht-Migranten mit Universitätsabschluss« (ebenda).

Auch in Studien zu elektoralen Partizipationsformen und ehrenamtlichem (bürgerschaftlichem) Engagement wird deutlich, dass Partizipation geringer ist und dass es starke Unterschiede in der Migrationsbevölkerung selbst gibt. Als Gründe wird in Untersuchungen genannt: soziale Benachteiligung, fehlende politische Rechte (Wahlrecht) und das Gefühl, dass die eigenen Themen nicht vertreten werden, behindern Partizipation und gleichberechtigte Teilhabe (vgl. Sauer 2016).

Der regelmäßig erstellte Integrationsbarometer des Sachverständigenrats der Stiftungen für Migration (SVR), der auf qualitativen Studien und der Auswertung repräsentativer quantitativer Studien beruht, kommt regelmäßig zu dem Schluss, dass die Mehrheit der Bevölkerung trotz mancher Probleme Integration positiv gegenüberstehe (SVR Integrationsbarometer 2020), aber die Polarisierung nimmt auch hier zu.

Der Integrationsbegriff hat die Soziologie in vielerlei Hinsicht geprägt. In der Geschichte der Soziologie haben Fragen der sozialen Integration eine zentrale Rolle gespielt. Mit sozialer Integration wurde der Prozess beschrieben, wie Gesellschaften zusammengehalten werden, wie sich Strukturen herausbilden und wie die Prozesse der Gesellschaftsbildung beschrieben werden können (vgl. Abels 2009: 81 ff). Die Auseinandersetzung mit Integrationsprozessen findet sich bereits bei den ›Klassikern‹ der Sozialwissenschaften wie Durkheim, Simmel oder Soziologen der Chicago School. Es geht immer um sozialen Zusammenhalt, um die Formen von Vergemeinschaftung, um die Kohäsion von Gemeinwesen, um die Kohärenz von sozialen Ordnungen und um das Zustandekommen geteilter ethischen Normen und Werten in einer Gesellschaft. (vgl. beispielsweise Imbusch & Heitmeyer 2012).

Die Rolle von neuen Mitgliedern in diesem Prozess der Herausbildung von Gesellschaft hat Soziolog*innen bereits zu Beginn des letzten Jahrhunderts besonders interessiert und zur Begründung der Migrationssoziologie geführt (vgl. Aigner 2017: 9 f). Klassiker in der Debatte sind beispielweise Simmel und seine Ausführungen zum Fremden (ebenda) sowie Robert Park und die Chicago School mit dem Konzept des ›Race-Relation-Cycle‹, der einen vollständigen Integrations- und Assimilationsprozess beschreibt (ebenda: 15 f). Das Konzept der Assimilation geht – wie schon ersten Kapitel gezeigt wurde (▶ Kap. 1) – auf diese Schule zurück.

Allgemein kann davon ausgegangen werden, dass Migrant*innen integriert sind, wenn sie sich in das Leben der neuen Gesellschaft eingliedern und von dieser nicht als Fremde ausgegrenzt werden. Integration im eben beschriebenen politischen Sinne verlangt nicht, die eigene kulturelle, religiöse, sprachliche und auch politische Herkunft vollständig aufzugeben. Eine vollständige Aufgabe und damit vollständige Anpassung an die Mehrheitsgesellschaft bei Verlust von Sprache und Kultur der Herkunftsländer wäre Assimilation. Dies wäre bei der Vielfalt der Gesellschaft eine Angleichung der Lebensweisen der Bevölkerung mit und ohne Migrationshintergrund an eine fiktive Norm. Der Integrationsbegriff wird politisch meist so gebraucht, dass die Integrationsleistung vor allem als Bringschuld bei der zugewanderten Bevölkerung verstanden wird. Aber auch Segregation als nicht frei gewählte räumliche Trennung der Lebensorte und Lebensweisen nach ethnischen (sozialen und demographischen) Kategorien wäre ein Gegenmodell zu Integration.

In der sozialwissenschaftliche Debatte wird zunächst zwischen System- und Sozialintegration unterschieden (vgl. Esser 2001). Mit Systemintegration ist der Zusammenhalt einer gesamten Gesellschaft mit allen ihren Teilen oder einer sozialen Gruppe in ihrer Gesamtheit unabhängig von der Integration einzelner Akteure gemeint. Sozialintegration wiederum thematisiert die Integration einzelner Gesellschaftsmitglieder oder sozialer Gruppe. In den Sozialwissenschaften wird der Begriff der Integration kritisch diskutiert. Um Integration sozialwissenschaftlich empirisch zu messen, braucht es Indikatoren und diese hängen ab vom Integrationsbegriff, der auf normativ geprägten Integrationszielen beruhen kann und in der Forschung oft einseitig auf Migrant*innen und kulturelle Aspekte bezogen wird.

Im Kontext von Migration wird vor allem Sozialintegration thematisiert und es werden verschiedene Ebenen der Integration von Zugewanderten unterschieden (ebenda: 13 ff). Der Ansatz von Hartmut Esser kann als integrationstheoretischer Klassiker im deutschsprachigen Raum bezeichnet werden. Er wurde viel rezipiert und auch Kritik und Alternativentwürfe sind in Auseinandersetzung mit diesem Ansatz entwickelt worden. Essers handlungstheoretischer Ansatz basiert auf der Theorie der rationalen Entscheidung (Rational-Choice-Theorie). Dieses Modell verbindet verschiedene soziale Ebenen und geht davon aus, dass das Handeln der beteiligten Personen an zentraler Stelle steht, also dass sich Personen bewusst für spezifische Handlungsweisen entscheiden, um Integration zu erreichen. Je nachdem, wie erfolgreich die verschiedenen Handlungsstrategien sind, werden diese wiederholt, abgewandelt oder aufgeben (vgl. Gögercin 2018). Die zentralen Ebenen sind Esser (2001: 41 ff) zufolge:

- Platzierung: z. B. Bildungs- und Arbeitsmarktbeteiligung,
- Kulturation: kulturelle Kompetenzen im Sinne der Kenntnisse über Verfahrensweisen, Gepflogenheiten und Werte in der Einwanderungsgesellschaft,
- Interaktion: Kontakte in Arbeit und Freizeit,
- Identifikation: Zugehörigkeitsempfinden zu der neuen Gesellschaft.

Esser unterscheidet hinsichtlich der Formen der Sozialintegration nach Integration in die Herkunftsgesellschaft und Integration in die Aufnahmegesellschaft. Wenn Integration ausschließlich in die Aufnahmegesellschaft erfolgt, spricht er von Assimilation. Integration sowohl in die Aufnahmegesellschaft als auch in die Herkunftsgesellschaft bezeichnet er als Mehrfachintegration und eine Integration nur in die Herkunftsgesellschaft als Segregation.

Dennoch können sich nach Esser Migrant*innen immer nur entweder – oder integrieren, Mehrfachintegration ist für ihn kein Modell (Gögercin 2018: 178). Empirisch hat aber die Migrationsforschung gezeigt, dass Migrant*innen gemischte Identitäten entwickeln und sowohl Bindungen an ihre Herkunftsland, transnationale Netzwerke oder ethnische Communities pflegen UND sich in die neue Gesellschaft integrieren, wo sie sich als Teil von ihr begreifen (vgl. Schramkowski 2007, Wippermann 2009). Gögercin sagt dazu: »Es gibt inzwischen zahlreiche, vor allem qualitative Studien, die belegen, dass eine doppelte Bindung an Herkunfts- und Aufnahmegesellschaft nicht nur möglich, sondern das häufigste Profil sein dürfte« (Gögercin 2018: 178).

Zudem ist zu beachten, dass die verschiedenen Ebenen miteinander verschränkt sind und sich gegenseitig bedingen, dass also ein Integrationsmodell eher als Matrixmodell zu verstehen ist denn als Checkliste.

Daher hat beispielsweise Friedrich Heckmann die Esser'sche Unterscheidung in die vier Ebenen aufgegriffen, sie aber als Integrations- und Interaktionsprozesse auf diesen Ebenen gedacht. Heckmann (2015) unterscheidet folgende.

- Strukturelle Integration: Zugang zu Beruf, Bildung, sozialer Absicherung, rechtliche Sicherheit, auch Zugang zu Staatsbürgerschaft, Wohnung, Gesundheit etc., auf der Basis gleichberechtigter Chancen,
- Kulturelle Integration: Erwerb kultureller Kompetenzen über Verfahrensweisen, Gepflogenheiten und Werte in der Einwanderungsgesellschaft, d. h. kognitiv-kulturelle Lern- und Internalisierungsprozesse bei der zugewanderten wie bei der einheimischen Bevölkerung,

- Soziale Integration: soziale Durchmischung, Kontakte mit vielen Bevölkerungsteilen in Arbeit und Freizeit, Engagement in Vereinen und Politik,
- Identifikatorische Integration: Zugehörigkeitsempfinden zu der neuen Gesellschaft und Anerkennung als zugehörig durch die Gesellschaft.

Heckmann betont, dass alle vier Integrationsprozesse eine Offenheit der Aufnahmegesellschaft voraussetzen und vor allem die vierte Ebene eine Anerkennung der Zugehörigkeit benötigt, die nicht die Leugnung, sondern die Einbeziehung der Herkunft ›von außen‹ impliziert. Auch in dieser Hinsicht besteht also eine wechselseitige Kausalbeziehung zwischen dem Handeln der Migrant*innen im Integrationsprozess und dem der Aufnahmegesellschaft. (ebenda: 73).

Aber es fehlt in der Debatte oft der Aspekt der Systemintegration und Integration wird personalisiert, was zu einer Vernachlässigung struktureller Ungleichheit und politisch rechtlicher Begrenzungen führt (vgl. u. a. Mecheril 2010, Castro Varela 2013).

Strittig sind in sozialwissenschaftlicher Hinsicht die Indikatoren, mit denen die charakterisierten Ebenen gemessen werden. Sind binationale Ehen ein Indikator für soziale Integration? Muss muslimischer Glauben kultureller Integration widersprechen? Werden Indikatoren aus Desideraten der mehrheitsdeutschen Gesellschaft oder den Lebensweisen migrierter Personen gewonnen – muss beispielsweise die ehrenamtliche Arbeit in einem deutschen Verein ein Indikator für identifikatorische Integration sein? Was ist mit der Familie, wo die Eltern kaum Deutsch sprechen, aber dennoch während Fußballmeisterschaften mit vier Deutschlandfahnen auf dem Auto herumfahren? Das betrifft politische Debatten, aber sie müssen für Forschungszwecke operationalisierbar sein. Wie verhält es sich mit strukturell, kulturell und sozial hochintegrierten Menschen, die mit aber ständig mit Alltagsrassismus konfrontiert sind wie z. B. die Unterstellung schlechter Deutschkenntnisse. Barbara Schramkowski (2007) hat daher vorgeschlagen, das Modell von Esser/Heckmann um weitere Dimensionen zu ergänzen, nämlich eine subjektive Dimension und die Dimension »Gesellschaftlicher Kontext«. Subjektive Dimensionen erfassen der Modell der Mehrfachzugehörigkeit und geben Auskunft darüber, ob die intendierte Zugehörigkeit auch von der Gesellschaft anerkannt wird. Die Dimension »Gesellschaftlicher Kontext« ist auf allen Ebenen wirksam und hinterfragt dominante Denk- und Handlungsmuster der Mehrheitsgesellschaft und strukturelle Machtverhältnisse, die Integrationsprozesse beeinflussen. Es ist zu fragen, ob dies immer so gelingt. Ein Problem mit Integrationskonzepten ist ihre Normativität, sie transportieren dominante Vorstellungen dessen, was eine Gesellschaft ausmacht, und davon hängen dann auch die Indikatoren ab, die für Integrationsprozesse entscheidend sind.

Ein weiterer Soziologe, auf den im Kontext von Integrationskonzepten rekurriert wird, ist Pierre Bourdieu. Sein Konzept der Kapitaltypen wird oft mit der Erfassung von Integrationschancen verbunden: Bourdieu unterscheidet ökonomisches, kulturelles, soziales und symbolisches Kapital. Die Verfügung über diese Kapitalsorten entscheiden nach Bourdieu über die Position in der Gesellschaft, Überlebens- und Aufstiegschancen (Gögercin 2018: 180). Der Vorteil an diesem Konzept ist, dass es nicht migrationsspezifisch gedacht ist, sondern allgemeingesellschaftlich gilt. Auch besteht nicht der Anspruch, normativ ein Bild von Gesellschaft zu entwerfen, sondern in dem Konzept wird gefragt, was brauchen Subjekte, um den von ihnen sozialen Status zu erreichen entwerfen, und wie können sie über das dafür notwendige Kapital verfügen. Anhand der Verfügbarkeit bzw. Nichtverfügbarkeit der verschiedenen Kapitalsorten ist dann soziale Ungleichheit zu erforschen (vgl. beispielsweise Gamper 2015, Nauck 2011).

> **Zwischenfazit für pädagogische Berufe**
>
> Integration im Kontext von Migration wird oft noch als Einbahnstraße und als Bringschuld der Zugewanderten gesehen und nicht als Herausforderung für die gesamte Gesellschaft. Zudem enthalten Integrationskonzepte immer normierende Bilder dessen, was für eine Gesellschaft normal ist, was sie ausmacht, und sie enthalten immer Vorstellungen eines ›Ganzen‹ in das hinein integriert werden soll. Genau diese Vorstellungen sind aber gesellschaftlich umstritten. Daher sollte Integration eher als Teilhabe oder Partizipation verstanden werden und die impliziten Anforderungen und Normierungen, die in Integrationsanforderungen enthalten sind, kontinuierlich reflektiert werden.

Desintegration

Im Kontext von Migration und Integration wird auch viel zu Desintegration geforscht und diskutiert. Damit ist das Entstehen vermeintlicher ›Parallelgesellschaften‹ gemeint, ein Phänomen, das sich demnach in vielen Großstädten als Abschottung und Absonderung ethnischer Minderheiten beobachten ließe. Schon allein ein hoher Anteil an migrantischer Wohnbevölkerung in bestimmten Stadtteilen wie Kreuzberg in Berlin wurde als Desintegrationsgefahr bezeichnet. Auch mangelnde Deutschkenntnisse werden als Element der Desintegration begriffen und auf religiös-kulturelle Normen zurückgeführt, die demokratischen Werten widersprechen. So wurde häufig argumentiert, türkische (und andere) Frauen könnten ihre Erziehungsaufgaben nicht wahrnehmen, weil sie über zu geringe Deutschkenntnisse verfügten (vgl. zu Beispiel Luft 2009: 259ff). Auch die Analysen von Wilhelm Heitmeyer und anderen über soziale und soziokulturelle Problemlagen, die mit Abschottungstendenzen und Gewaltbereitschaft Jugendlicher oder ganzer Großfamilien einhergingen, wurden als Desintegrationsprobleme beschrieben (vgl. Heitmeyer et al. 2000). Zahlreiche Studien zur Gewaltbereitschaft von als muslimisch bezeichneten Jugendlichen, eine angeblich hohe Kriminalitätsbelastung ausländischer Jugendlicher und Vorbehalte von Seiten deutscher Bevölkerung gegen ihre migrantischen Nachbar*innen wurden und werden als Desintegrationspotential und große Gefahr dargestellt. So wird in dem damals viel diskutierten Band »Bedrohte Stadtgesellschaft« immer wieder vor einem großen interethnischen Konfliktpotenzial zwischen der Mehrheitsbevölkerung und den überwiegend türkischen Minderheiten, insbesondere den Jugendlichen der zweiten und dritten Generation (ebenda), gesprochen.

Dass die hier beschriebenen Konflikte nicht als Migrations-Mehrheits- und damit desintegrative Konflikte beschrieben werden können, wurde bereits an anderen Stellen dargelegt (▶ Kap. 2, ▶ Kap. 3). Sie beruhen auf Verallgemeinerungen und Etikettierungen und die genannten Probleme sind eher mit sozialer Benachteiligung, prekären Arbeits- und Wohnverhältnissen und mangelnder Anerkennung zu erklären.

Wie bereits erwähnt, kommen die Befragungen zum Stand der Integration des Sachverständigenrats der deutschen Stiftungen zu dem Ergebnis, dass die große Mehrheit der Gesellschaft Migration als positiv oder selbstverständlich erachtet und mit dem Stand der Integration zufrieden ist (vgl. SVR 2020). Aber interessant sind auch Erkenntnisse zu Migrant*innen aus den laufenden Studien der Bertelsmann Stiftung zum sozialen Zusammenhalt. Diese zeigten beispielswese für 2020, dass Menschen in Deutschland durchaus aktuell eine wachsende Solidarität erlebten (Bertelsmann Stiftung 2020). Allerdings beklagen Menschen mit geringer Bildung, niedrigem Einkommen oder mit Migrationshintergrund eine stärkere Ausgrenzung und erlebten weniger sozialen Zusammenhalt. Die Studie für 2020 konstatierte: In allen Regionen oder Landesteilen mit geringerem wirtschaftlichen Wachstum und höherem Armuts- und Arbeitslosigkeitsraten war die Akzeptanz von ethnischer Vielfalt geringer geworden. Es gibt – auch in den neueren Studien der Bertelsmann Stiftung zum sozialen Zusammenhalt – identifizierbare Risikogruppen, deren gleichberechtigte Teilhabe an der Gesellschaft in Gefahr ist. Dazu gehören Alleinerziehende mit ihren Kindern, vulnerable Gruppen und auch Menschen mit Migrationshintergrund (https://www.bertelsmann-stiftung.de/de/unsere-projekte/gesellschaftlicher-zusammenhalt). Das deutet aber auch darauf hin, dass der Migrationshintergrund alleine kein Ausschlussgrund ist und im Kontext mit anderen Exklusionsrisiken gesehen werden muss.

Mit dem Integrationsbegriff kann man aus verschiedenen Gründen unzufrieden sein. In einer Streitschrift fragte Maria do Mar Castro Varela schon 2013, ob Integration nötig sei. Sie stellt fest, dass Integration auf die Brüchigkeit des Nationalstaates verweise (Castro Varela 2013: 46) und bringt damit eine ganz wichtige Frage an die Soziologie in die Debatte. Integration wurde in soziologischen Kontexten immer als Eingliederung in, als Partizipation an einem großen gesellschaftlichem Ganzen verstanden. Was ist, wenn es das große Ganze nicht gibt, wenn die Gesellschaft so vielfältig und ausdifferenziert ist, dass gar nicht klar ist, in welche ihrer vielen Teilbereiche Menschen sich integrieren sollen? Die Vorstellung eines gesellschaftlichen Ganzen ist zwar relevant für Fragen nach sozialem Zusammenhalt, aber sie ist möglicherweise eine Fiktion im Hinblick auf sich aktuell vollziehende Prozesse der Ausdifferenzierung und Heterogenität. Erol Yildiz beispielsweise geht davon aus, dass moderne Gesellschaften polykontextuell sind, dass für Integration wichtige Bereiche schwer auszumachen sind und daher eine vollständige Integration weder möglich noch nötig ist. Menschen in derart ausdifferenzierten Gesellschaften werden ohnehin nur in Teilbereichen miteinander interagieren (Yildiz 2018a).

Andererseits kann argumentiert werden, dass der soziale Zusammenhalt gerade über das Integrationskonzept konstituiert wird. Wenn wir davon ausgehen, dass sich in der Migrationsgesellschaft neue, gemischte Identitäten herausbilden und Zuwander*innen neue Selbstbeschreibungen und Verortungen erschaffen, wie beispielsweise ›Neue Deutsche‹, dann kommen darin Kämpfe um Zugehörigkeit oder Nichtzugehörigkeit zum Ausdruck.

Sie verweisen auch darauf, dass Zugehörigkeit nicht selbstverständlich ist, sondern über Integration erworben werden muss oder gesellschaftlich erkämpft wird. Das bedeutet, dass immer wieder migrantische Andere kreiert werden, die einer eigenen Gemeinschaft gegenübergestellt werden. Die ›eigene‹ Gemeinschaft entsteht also nur dadurch, dass sie sich von einem ›Anderen‹ abgrenzt. Die Definition und Ausgrenzung von zu integrierenden Anderen hat also eine gemeinschaftsbildende Funktion. Von vielen Autor*innen wird daher das Fortbestehen ethnischer Differenzierungen und ständiger Integrationsaufforderungen als eine für die Aufrechterhaltung einer Gemeinschaftsillusion notwendige Ausgrenzung dekonstruiert (vgl. beispielsweise Attia 2009).

Ein weiterer Kritikpunkt wird von Castro Varela erwähnt, sie bezeichnet Integration als »Feindin der Demokratie« (Castro Varela 2013: 56 ff). Damit meint sie, dass eine Wahrnehmung von Menschen mit Migrationshintergrund als zu integrierende Subjekte diese nicht als gleichwertige Bürger*innen einer demokratische Gesellschaft sehe, sondern als außerhalb stehend. Das ist letztlich gegen das Gleichheitspostulat als Grundgedanke der Demokratie gerichtet (vgl. auch Foroutan 2019). Damit benennt Castro Varela eine Alternative zum Integrationskonzept: dass Zugewanderte einfach nur als bzw. endlich als demokratische Bürger*innen betrachtet werden und es um Erfüllung ihrer Rechte und einen gleichberechtigten Zugang zu Ressourcen und Partizipation geht (ebenda). Dann rücken Fragen der Chancengleichheit auf der sozialstrukturellen Ebene, Bildung und Interaktionen auf verschiedenen gesellschaftlichen Ebenen in den Vordergrund und Integration wird zu einer Frage von sozialer Gerechtigkeit oder, wie Foroutan formuliert, zu der Einlösung der Versprechen pluraler Demokratien (ebenda: 10).

Kurzzusammenfassung

Die zum Klassiker gewordene Studie von Norbert Elias zum Verhältnis Etablierte und Außenseiter in einer kleinen Gemeinde in England lässt sich zwar nicht direkt auf aktuelle Einwanderungsbewegungen und Migrationsgesellschaften übertragen, bieten aber einen interessante Zugang, Integrationsprozesse völlig unabhängig von Sprache oder Kultur zu denken. In einer soziologischen Perspektive wird unter Integration im Migrationskontext die Eingliederung von Migrant*innen in die Gesamtgesellschaft verstanden. Im deutschsprachigen Raum dominiert das Modell von Esser, weiterentwickelt von Heckmann, das vier Ebenen der Integration ausweist – strukturelle, kulturelle, soziale du identifikatorische Integration. Das Ziel dieser Integrationskonzepte, eine gleichberechtigter Partizipation von Zugewanderten, ist angesichts massiver Ungleichheiten noch lange nicht erfüllt.

An diesem Modell wird kritisiert, dass es Mehrfachintegration, die eine Realität für die meisten Zugewanderten ausmacht, gar nicht systematisch vorsieht. Kritisch ist ferner die in vielen Integrationszielen bzw. in ihrer Operationalisierung für die empirische Forschung enthaltene politisch geprägte Normativität, die sich oft einseitig auf Menschen mit Migrationshintergrund und religiöse und kulturelle Aspekte bezieht. Die Kritik am Integrationskonzept umfasst auch die Vernachlässigung struktureller Ungleichheiten und Machtverhältnisse. Integrationsprozesse sind als Transformationsprozesse von Gesellschaft allgemein zu verstehen und mit Kritik an ungleichen Chancen und Ungleichheitsverhältnissen zu verbinden. Als Alternative biete sich ein politisches Konzept an, Zugewanderte als gleichberechtigte Bürger*innen mit Teilhabechancen und Gerechtigkeitsansprüchen zu sehen wie andere Gesellschaftsmitglieder auch.

Beispiele zur Veranschaulichung

In einem Flüchtlingswohnheim in Südbaden führten Studierende ein Projekt über die Alemannische Fasnacht durch. Sie erklärten in einer Frauengruppe den Ablauf und die Gebräuche der Fasnacht, brachten auch eine »Häs«, d. h. traditionelle Gewänder und Masken mit. Ihr Ziel bestand darin, den geflüchteten Frauen die lokale oder regionale Kultur näherzubringen. Das Angebot kam sehr gut an – es musste wiederholt werden, weil das Interesse so groß war. In der Auswertung stellte sich heraus, dass die Teilnehmerinnen aber gar kein Interesse an der regionalen Kultur hatten. Sie wollten aber alles über die Fasnacht wissen, damit sie ihren Kindern das Entsprechende mitgeben konnten, wenn Fasnacht in der Schule gefeiert wurden. Sie wollten nicht, dass diese nicht durch Unkenntnis über die Gebräuche auffielen und ausgegrenzt wurden. Auch das ist Integration.

Viele Filme schildern Integrationsprozesse und thematisieren Kontroversen, beispielsweise »Almanya – Willkommen in Deutschland«: https://www.epd-film.de/filme/almanya-willkommen-deutschland.

Ausgewählte Literaturtipps

Barbara Schramkowski (2015): Integration unter Vorbehalt. Perspektiven junger Erwachsener mit Migrationshintergrund. Frankfurt a. M., London: IKO
Kirsten Hoesch (2017): Migration und Integration. Eine Einführung. Ein kritisches Gegenmodell: Ruud Koopmans, Assimilation oder Multikulturalismus? Bedingungen gelungener Integration. Berlin: LIT

Hinweise zur weiteren Recherche

- Biographische Schilderungen von Wegen in Deutschland sind zum Verständnis von Integrationsprozessen sehr anschaulich, z. B. Nariman Ham-

mouti, Ich diene Deutschland, Bonn 2020, bpb Lizenzausgabe; Dmitrij Belkin, Germanja, Bonn 2017, bpb Lizenzausgabe
- Statistiken, Gesetze, Integrationsangebote: www.bamf.de
- Statistiken, Kurzberichte und Dossiers zu Integration auf allen gesellschaftlichen Ebenen: https://mediendienst-integration.de/
- Integrationsmonitoring und Integrationsbarometer des Sachverständigenrats der Stiftungen für Migration: https://www.svr-migration.de/jahresgutachten/, https://www.svr-migration.de/barometer/
- Filme und Medien zum Thema Integration und Migration: https://www.vielfalt-mediathek.de/material/zusammenleben-in-der-migrationsgesellschaft/mediendienst

Prüfungsfragen

- Wie erklärt Norbert Elias die Dynamik der sozialen Beziehungen zwischen den verschiedenen Ortsteilen in dem von ihm untersuchten Ort?
- Erläutern Sie, weshalb es sich bei Integration um einen klassischen soziologischen Begriff handelt.
- Was sind die Ebenen von Integrationsprozessen nach Esser und Heckmann und was ist mit den einzelnen Dimensionen gemeint?
- Worin besteht die Kritik an klassischen sozialwissenschaftlichen Integrationsbegriffen wie dem von Esser und Heckmann?

5 Gender, Geschlechterverhältnisse und Migration

Gender, Geschlechterverhältnisse und insbesondere Frauen sind ein hoch mediatisiertes und umstrittenes Thema in den Debatten zu Migration. Zu kaum einem anderen Thema bestehen derart kontroverse Positionen. Während einige Migration nach Deutschland für Frauen generell als Befreiung sehen, weil in Deutschland Geschlechtergleichheit ein wichtiger Wert darstelle, sehen andere Deklassierung und Prekarisierung als Folgen von Migration für Frauen. Verstärken Migranten (vor allem männliche) traditionelle Geschlechterrollen? Ändern sich Geschlechterrollen in oder durch Migration? Bringt Migration die große Befreiung von Frauen aus patriarchalen Strukturen?

Bevor wir zu diesen Fragen kommen, möchte ich zunächst fragen, wie Gender soziologisch verstanden wird und wie Gender-Unterschiede überhaupt zu verstehen sind. Ähnlich wie beim Kulturbegriff orientieren sich die meisten Wissenschaftler*innen an einem konstruktivistischen Theoriehintergrund (Berger-Luckmann 1997) und fragen nicht, wie Frauen sind, sondern wie sie zu dem gemacht werden, was sie sind. Anders gefragt: Wie werden Unterschiede gemacht, die dazu führen, dass Menschen unterschiedlich positioniert sind und sie benachteiligt, privilegiert sind etc. Welche Ansätze zur Überwindung dieser Ungleichheiten bestehen? Unterscheidungen werden nicht ›an sich‹ betrachtet, sondern sie werden als konstruiert verstanden. Konstruiert bedeutet nicht, dass sie nicht real sind. Es geht eher darum, dass Unterschiede in gesellschaftlichen Praktiken hergestellt werden, wiederholt, mit Bedeutung versehen, verschoben, verändert etc. Sie werden durch symbolische Deutungsrahmen geprägt und verstärkt. Die Herausforderung für eine sozialwissenschaftliche Vorgehensweise besteht darin, Strategien zu entwickeln, diese Konstruktionsprozesse kritisch mitzudenken und den Blick auf Konstruktionsmechanismen der sozialen/kulturellen Herstellung von Unterschieden, wie beispielsweise von Kultur (doing ethnicity) oder von Geschlecht (doing gender), zu richten (Gildemeister 2004).

Gender Forscherinnen und Diversity Theoretiker*innen fragen, wie sind die Mechanismen (vgl. die Beiträge in Keuk et al. 2011) der Herstellung von Differenz und was sind die dahinter liegenden Machtverhältnisse. Wie können Ausgrenzungsmechanismen verändert werden? Dafür ist es zentral, für soziale Chancen relevante Unterschiede zwischen Individuen zu sehen, scheinbare Unterschiede zu dekonstruieren und Gemeinsamkeiten zwischen zunächst scheinbar unterschiedlichen Individuen wahrzunehmen, Wirkungen von Differenzen erkennen und chancengerechte Zugänge zu entwickeln.

Einer der zentralen Sätze in der Dekonstruktion von Weiblichkeit war die Aussage von Simone de Beauvoir, Frauen würden nicht als Frauen geboren, sie würden dazu gemacht. Die Gender/Frauenforschung geht davon aus, dass die Einteilung und Wahrnehmung von Menschen als »weiblich« oder »männlich« nicht ›naturgegeben‹, sondern sozial erzeugt sei und dass diese Wahrnehmung zentrale Folgen für soziale Chancen habe. Die frühere Unterscheidung von sex als biologischem und Gender als sozialem Geschlecht ist der Überzeugung gewichen, dass biologisches wie soziales Geschlecht als soziale Konstrukte verstanden müssen und die Annahme, es müsse zwei unterschiedliche Geschlechter geben, auch eine soziale Konstruktion darstelle.

Was als »männlich« oder »weiblich« gilt und welche Folgen dies hat, ist historisch und kulturell verschieden, je nach Gesellschaft, schichtenspezifisch, sprachlich, rechtlich, politisch usw. unterschiedlich (Gildemeister 2004). Selbst die Zweigeschlechtlichkeit ist nicht »natürlich«, sondern ist historisch geworden und Reproduktionstätigkeiten wie Erziehung und Sorge sind innerhalb von und zwischen Gesellschaften unterschiedlich organisiert (Maihofer 2015). Die soziale Realität ist durchdrungen von Herstellung von Gender durch Geschlechterrepräsentationen, die in der Kodierung von Tätigkeiten, Haltungen, Werten etc. als männlich oder weiblich bestehen, die aber schichtenspezifisch und anders spezifisch) sein können. Geschlechterrollen werden konstituiert über symbolische Ordnungen und Sozialisationsprozesse wie gesellschaftliche Austauschprozesse und sind immer verbunden mit Wertungen, Positionierungen, Benachteiligungen, Privilegien. Daher können schwer allgemeinen Aussagen zu Frauen mit Migrationshintergrund gemacht werden, sondern es müssen immer bestimmte Geschlechterverhältnisse, soziale Positionen u. a. betrachtet werden.

Geschlechterverhältnisse

Mit Geschlechterverhältnissen ist die Art und Weise gemeint, wie Beziehungen zwischen Geschlechtern in bestimmten historischen Konstellationen gesellschaftlich organisiert und institutionalisiert sind, wie sie kulturell konstruiert, interaktiv hergestellt und durch Geschichte und Gesellschaft geprägt werden. Dabei ist davon auszugehen, dass es sich um Machtverhältnisse handelt: Individuen sind der Geschlechterordnung unterworfen, sie sind unterschiedlich positioniert, aber nicht frei. Vielmehr folgen Genderverhältnisse institutionellen und normativen Regeln zur Verteilung und Organisation der gesellschaftlichen Ressourcen und globalen und lokalen politische Entscheidungsstrukturen. Sie legen sexuelle Normen in Erziehung und Bildung fest. Geschlecht als soziale Konstruktion wird stets neu hergestellt und erfolgt neben Erziehung und Sozialisation in Medien und Kultur, Recht und Politik und vor allem als »doing gender« durch soziale Praktiken im Alltag.

Die Frauenforschung hat sich mittlerweile ausdifferenziert in Genderforschung, Gleichstellungsforschung, Queer Studies, feministische Migrationsforschung u. a. – aber auch eine Männerforschung hat sich mittlerweile etabliert (vgl. Winker & Degele 2009).

Gender-Differenzen sind aber nicht die einigen Differenzen, sie interagieren mit Unterscheidungen nach Herkunft, Alter, sozialer Schicht etc. Grundsätzlich kann davon ausgegangen werden, dass Zweigeschlechtlichkeit in den meisten Gesellschaften etabliert ist und die Geschlechter in unterschiedlichen Rollen verortet werden, so dass Männern eher die Erwerbsarbeit und der öffentliche Bereich zugeschrieben wird und Frauen Reproduktion, Care-Arbeit und der private Bereich. Aber da diese Bereiche je nach Gesellschaft unterschiedlich ausgestaltet sind und die dafür notwendigen Fertigkeiten sehr verschieden organisiert werden können, können die Ausgestaltungen der Geschlechterrollen und Handlungsbereiche sehr differieren. Hinzu kommen die mit dem Intersektionalitätsbegriff bezeichneten weiteren Differenzen wie Ethnizität oder Religion, die dazu führen, dass Geschlechterrollen in Verbindung mit anderen Differenzmerkmalen anders ausgestaltet oder wahrgenommen werden.

So kann es sich beispielsweise so verhalten, dass geflüchtete Frauen aus einer kleinstädtischen Region in Syrien, die ›nur‹ für Familie und Haushalt zuständig waren und in einer geschlechtersegregierten Umgebung lebten, einen viel weiteren Handlungs- und Gestaltungsspielraum und viel mehr Anerkennung hatten als nach der Flucht in Deutschland, wo sie vielleicht aber erwerbstätig sind. In Syrien lebten sie beispielsweise in einem großen Haushalt mit vielen weiblichen Mitgliedern, verrichteten alle Aufgaben gemeinsam und waren eingebunden in eine segregierte weibliche Kommunikations- und Solidargemeinschaft und anerkannte Mitglieder der Gesellschaft, in die sie eingebunden waren. In Deutschland arbeiten sie vielleicht außer Haus und können sich theoretisch überall frei bewegen, leben aber isoliert mit ihrer Familie in einem Zimmer in einer Flüchtlingsunterkunft oder in einer kleinen Wohnung, sind auf sich alleine gestellt und allein für die Kinder zuständig, können wegen des zeitlichen Stresses mit Arbeit, Kinderbetreuung und Haushalt sich gar nicht außer Haus bewegen und werden zudem noch wegen ihrer Religionszugehörigkeit als nicht emanzipiert und hilfebedürftig angesehen.

Diese theoretischen Ausführungen brauchen wir, um zu erklären,

- wieso sich in öffentlichen Debatten hinsichtlich Frauen und Migration Bilder halten, die der Realität widersprechen, z. B. dass beispielsweise der Anteil von Frauen am Migrationsgeschehen geringer sei (vgl. Morokvasic 2018),
- dass Migration nicht kausal Geschlechterrollen verändert, diese sogar verstärken kann, obwohl sie in Länder erfolgen kann, wo Geschlechtergleichheit verankert ist und Frauen die Rolle der ›Ernährerin‹ einnehmen (vgl. Lutz & Amelina 2017),
- oder dass zumindest Migration nicht automatisch zu mehr Selbstbestimmung für Frauen oder Geschlechtergleichheit beiträgt (vgl. die Beiträge in Bereswil 2012).

Grundsätzlich kann davon ausgegangen werden, dass Strategien im Umgang mit Problemen oder mit der Flucht bzw. Migration geschlechtsspezifisch verschieden sind und generell sozioökonomische Problemkonstellationen sich geschlechtsspezifisch äußern oder auswirken. So kann der Umgang mit Arbeitslosigkeit anders sein, wenn in einer geflüchteten Familie der Mann oder die Frau von Arbeitslosigkeit betroffen sind. Kultur als soziale Konstruktion verändert sich in der Migration und interagiert mit Geschlechterrollen, sozioökonomischen Bedingungen und Diskriminierung und Stereotypisierung.

In Deutschland – wie auch weltweit – stellen Frauen die Hälfte aller Migrant*innen und migrieren alleine oder im Familienverbund (Herwartz-Emden 2017). Die Wahrnehmung von Frauen- und Geschlechterrollen in der Migration ist von vielen Stereotypen und rassistischen Klischees geprägt. So überwog in der Migrationsforschung und in öffentliche Debatten lange das Bild der hilflosen, unterdrückten Migrantin. Stereotype Vorstellungen von Frauenunterdrückung und patriarchaler Macht in muslimischen Religionen sind aktuell immer noch lebendig (vgl. die Beiträge in Lingen-Ali & Mecheril 2020). Schlagworte wie »Islammacho« waren 2015/16 häufig in den Medien zu finden und Zwangsverheiratung und Ehrenmorde sind immer noch Stichworte, die fallen, wenn das Thema »Frauen in der Migration« diskutiert wird.

Die wissenschaftliche Diskussion zu Migration und Frauen- bzw. Geschlechterrollen ergibt ein anderes Bild und verweist auf andere Problematiken. Hier stehen eher Probleme wie rechtliche Abhängigkeit, Altersarmut, mangelnde Anerkennung von Zeugnissen und Abschlüssen sowie die Herausbildung spezifisch weiblicher Migrationsformen mit ihren eigenen Risiken (Arbeit im Privathaushalt) im Vordergrund. Migration geht insbesondere für Frauen oft einher mit einem Verlust des sozialen Staus, der bisherigen Erwerbsarbeit etc. und der Erfahrung, als Bürgerin zweiter Klasse behandelt zu werden. Mirjana Morokvasic (2018) stellt beispielsweise die weltweite Situation in Bereichen dar, in die typischerweise Frauen migrieren wie Hausarbeit oder Saisonarbeit in der Landwirtschaft. Diese sind von prekären Arbeitsbedingungen und Ausbeutung geprägt. Diese Migration ist aber nur möglich, weil es für die Frauen Arbeitsangebote gibt, die in den Fortbestand der traditionellen Geschlechterordnung passen wie beispielsweise in der Hausarbeit (ebenda). Zudem sind die Frauen unsicheren Aufenthalts- und Arbeitsbedingungen ausgesetzt und erleben, dass sie als Bürger*innen zweiter Klasse behandelt werden. Daher konstatiert Morokvasic, dass Migrantinnen einerseits Verbesserungen erreichen können, diese sind aber oft durch Statusverlust, Arbeitsüberlastung, Deklassierung und Ausbeutung teuer erkauft. Dennoch wählen Frauen diese Migrationsformen, um ihren Status oder den ihrer Familie im Herkunftsland zu verbessern. So trägt Migration zu deren ökomischen Selbstständigkeit bei und sie nutzen ihre Situation oft, indem sie begrenzte Autonomiebestrebungen verfolgen, wie beispielsweise die Arbeitgeberin wechseln, wenn sie illegal beschäftigt sind. Morokvasic resümiert:

»Prozesse der Reproduktion der Geschlechterordnung werden in vielfältigen Situationen sichtbar; sie enthalten jedoch zugleich auch Elemente der Veränderung und der Subversion von innen heraus. Den empirischen Befunden zufolge lernen Migrantinnen, die Zuschreibungen, die für sie zunächst hinderlich sind, zu ihrem Vorteil zu nutzen« (ebenda: 4, vgl. auch Lutz & Amelina 2017).

Geschlechterrollen

Zu Mädchen und jungen Frauen in der Migration liegen viele Untersuchungen vor, die zeigen, dass die Lebensrealitäten, das Verhältnis zu Traditionen, die Bildungsaspirationen und Emanzipationswünsche von jungen Frauen und Mädchen sehr vielfältig sind und sich nicht durch die Religion oder Herkunft ihrer Eltern bestimmen lassen (Boos-Nünning 2005). So geht aus Befragungen von muslimischen jungen Frauen, die ein Kopftuch tragen, hervor, dass deren Vorstellungen zu Vereinbarkeit von Familie und Beruf, zur Wahl des Ehepartners und zur Aufgabenverteilung in einer Partnerschaft sich von denen anderer zeitgenössischer Mädchen gar nicht unterscheiden. Alle möchten ihren Partner selbst auswählen, in der Regel möchten sie eine Ausbildung machen und später einen Beruf ergreifen, Kinder haben, für diese nur begrenzt zu Hause bleiben und alle wünschen sich einen Partner, der die Hausarbeit und Kinderbetreuung mit ihnen teilt (vgl. Gölböl 2007).

Dennoch gibt es auch unter migrierten Familien strenge Eltern, die ihre Töchter einschränken, aber die gibt es auf mehrheitsdeutscher Seite auch. Die wissenschaftliche Literatur zeigt, dass die Erklärungsfaktoren Religion oder Kultur wenig aussagen und viele andere Aspekte mitberücksichtigt werden müssen (Boos-Nünning 2005). Aus verschiedenen Gründen ist gerade für junge, gut ausgebildete und selbstbewusste Frauen die muslimische Religion attraktiv, die sie frei und aktiv ausgestalten, womit sie sämtliche Vorurteile durchbrechen (Nökel 2002), aber in der bundesdeutschen Gesellschaft wenig Anerkennung finden – ja so wahrgenommen werden, dass ihnen ihre Integrationsleistungen aberkannt werden (vgl. Schramkowski 2007).

Auch aus Studien über Zwangsverheiratung und Ehrenmorde geht hervor, dass diese Verbrechen durch ein Ensemble verschiedener Faktoren erklärt werden müssen, wie beispielsweise Zugehörigkeit zu ethnischen Minderheiten, familiäre Verpflichtungen, Migrationsdauer und Migrationsmuster etc. Sie finden bei Familien statt, die oft über mehre Länder verteilt sind und deren Mitglieder relativ gut integriert sind.

Eine neuere Untersuchung des Migrationsforschungszentrums DeZIM hat gezeigt, dass unter migrierten Jugendlichen traditionelle Vorstellungen von Männlichkeit und Frau-Sein sehr verbreitet sind und es wichtig ist, ein ›richtiger‹ Mann oder eine ›richtige‹ Frau zu werden (DeZIM 2020). Die Jugendlichen greifen scheinbar ›traditionelle‹ Konzepte ihrer Herkunftskultur auf – doch so einfach ist das nicht, denn in der Alterskohorte allgemein werden derartige Positionen häufig vertreten und es ist gar nicht empirisch belegt, dass die Einstellungen aus dem Elternhaus kommen.

Studienergebnisse aus der Adoleszenzforschung beispielsweise zu migrantischen Jugendliche zeigen, dass Männlichkeitsentwürfe jugendlicher Migranten aus türkeistämmigen Familien beeinflusst sind von der Migrationsgeschichte des Vaters, vom Verhältnis zum Vater und auch von der sozialen Situation des Vaters (King 2012). Die Autor*innen weisen im Feld von Adoleszenz, Migration und Männlichkeit vier Ablösungsmuster nach, die von den soeben genannten Faktoren abhängig sind, und zeigen sie in Fallrekonstruktionen: Okkupation adoleszenter

Räume durch Reinszenierung der Pubertät durch einen in der Pubertät migrierten Vater, die Konstellation eines emotional abwesenden Vaters, eine Strategie der Trennungsvermeidung und eine reflektierte Ablösung als Transformation. Damit zeigen die Autor*innen, dass diese Migranten in der Adoleszenz und später sehr enge Bindungen an die Familie haben und fragen, wie in einer solchen Verstrickung eigene, losgelöste Lebens- und Geschlechtsentwürfe möglich sind. Auf jeden Fall wird deutlich: »Übergreifend gehen die jeweiligen Männlichkeitsentwürfe weder einfach auf die Zugehörigkeit zu einer bestimmten kulturellen Tradition noch auf eine einheitliche Sozialisation der Geschlechterrollen zurück« (ebenda: 36).

Das bedeutet, Männlichkeitsbilder bilden sich in einem Beziehungsgeflecht heraus und sind nicht einfach durch Kultur oder Herkunft zu erklären. King konstatiert: »Übergreifend gehen die jeweiligen Männlichkeitsentwürfe weder einfach auf die Zugehörigkeit zu einer bestimmten kulturellen Tradition noch auf eine einheitliche Sozialisation der Geschlechterrollen zurück« (King 2012: 36). Dennoch propagieren manche männliche Jugendliche oder junge Männer mit Migrationshintergrund eine patriarchale Kultur, in der Frauen kontrolliert und geschützt werden müssen. Aber dies ist in der Regel nicht die Kultur ihrer Eltern, sondern ein erfundenes Konstrukt, das eher mit ihrer sozialen Situation in Verbindung zu bringen ist. Foroutan nennt diese Haltung »invented tradition« (Foroutan 2013).

Die Auswirkungen der Migration auf Geschlechterrollen für Frauen und Mädchen kann durchaus sehr unterschiedlich sein. Migration kann durch die Ermöglichung neuer Rollenmuster wie beispielsweise Erwerbsarbeit der Frau Geschlechterrollen verändern. Dies kann zu einer Öffnung führen und zu einer größeren Unabhängigkeit der Frauen (vgl. Bereswil 2012).

Studien zur Berufstätigkeit von Frauen (auch von jüngst geflüchteten Frauen) zeigen, dass zwar grundsätzlich für eine Vereinbarkeit von Beruf und Familie plädiert wird, Frauen ins Erwerbsleben integriert sind, die Erwerbstätigkeit von Migrantinnen aus spezifischen Ländern wie z. B. Türkei und Syrien in Deutschland aber proportional geringer ist (IAB 2021). Die Erklärungen dafür sind vielfältig. So spielt beispielsweise das Lohnniveau, Qualifikationen, Kinderbetreuung, Neuorientierung und Stabilität nach der Flucht eine Rolle. Aber der Wunsch nach und die Überzeugung von Erwerbstätigkeit sind vorhanden (https://www.bertelsmann-stiftung.de/de/presse/pressemitteilungen/pressemitteilung/pid/migranten-in-familie-und-beruf-erstaunlich-integriert).

Festgehalten werden muss, dass Migration und Geschlecht nicht in einem linearen Bestimmungsverhältnis gesehen werden können. Es gibt viele Formen, wie der Migrationsprozess Geschlechterverhältnisse oder auch Generationenverhältnisse in Familien verändert, aber eindeutige Zuordnungen wie ›traditionell gleich patriarchalisch‹ und ›modern gleich befreit‹ stellen eine Fiktion dar. So ist einerseits aus einer wissenschaftlichen Perspektive auf die große Vielfalt unterschiedlicher Haltungen und Lebensentwürfe von jungen Frauen mit Migrationshintergrund durch alle Religionen und Herkunftsländer hinweg hinzuweisen. Andererseits beklagen sich insbesondere Migrantinnen darüber, dass das Bild von Migrantinnen in den Medien durch Phänomene wie Zwangsverheiratung und Ehrenmorde geprägt ist, was gar nicht der Lebensrealität von Frauen und Mädchen mit Migrationshintergrund entspricht.

Daher fordern Migrant*innen, anders wahrgenommen zu werden, sie fordern neue Bilder und die Anerkennung ihrer Integrationsleistungen (vgl. beispielsweise ein Manifest im Rahmen des IDEA-Projektes: https://heridea.de/). Sie wehren sich zugleich gegen vielfältige Diskriminierungsverhältnisse, z. B. als Frau, Migrantin und Muslima (https://mediendienst-integration.de/artikel/verhindern-kopftuchverbote-die-integration.html).

Wie bereits erwähnt wurde, findet Migration nach Deutschland, aber vor allem auch weltweit, in viele weiblich konnotierte Bereiche statt wie häusliche Arbeit oder Pflege. Das bedeutet, dass Migration bestimmte Geschlechterverhältnisse keineswegs verändert, sondern eher verstärkt. Sie kann also Ungleichheiten unter Frauen verstärken und zu neuen Ungleichheiten und Ungerechtigkeiten führen. In Deutschland wie auch weltweit hat die Berufstätigkeit von Frauen nicht zu einer Reorganisation von Sorgearbeit, d. h. Hausarbeit, Kindererziehung und Pflege geführt. Abgesehen von einigen wohlfahrtstaatlich anders organisierten Ländern ist weder das öffentliche Kinderbetreuungssystem komplett ausgebaut worden noch haben sich die Geschlechterrollen hinsichtlich Hausarbeit und Sorgetätigkeit verändert. Hausarbeit und Sorgearbeit, die berufstätige Frauen nicht mehr leisten können, wird in Deutschland wie auch weltweit überwiegend von Migrantinnen übernommen (Lutz & Amelina 2017, Lutz 2018). Es findet eine gesellschaftliche Spaltung von Sorgearbeit statt, sie wird an Migrantinnen ausgelagert und damit bleibt die Zuschreibung von Pflege an Frauen als weibliche Aufgabe erhalten. Morokvasic meint dazu, dass Migrantinnen die traditionelle Geschlechterordnung nicht offen angreifen oder in Frage stellen, sondern sie für ihre eigenen Zwecke nutzen und in Anspruch nehmen. In der Tat bestätigen auch Studien zu Betreuungskräften in der Versorgung älterer pflegebedürftiger Menschen im Privathaushalt, dass diese sehr wohl sehen, dass sie eine prekäre und wenig anerkannte Arbeit ausführen, aber Strategien entwickeln, um ihre Situation zu bestimmen und zu verbessern, um so Autonomiegewinne zu erzielen (vgl. Lutz 2018). Tiefverankerte vergeschlechtlichte Verhältnisse werden nicht offen in Frage gestellt, sondern werden innerhalb der Zwänge und Anforderungen sich überschneidender Machthierarchien (Klasse, ethnische Herkunft, Gender usw.) im Kontext der Migration genutzt und neu definiert.

Aus diesen Gründen seien einige Forschungsergebnisse aus der Schnittstelle von Frauen- und Geschlechterforschung wiedergegeben. Migrationsforschung und Geschlechterforschung bestanden lange Zeit nebeneinanderher, und Fragestellungen und theoretische Entwicklungen in der Migrations- und Geschlechterforschung haben sich oft isoliert voneinander und teilweise sogar auch gegeneinander entwickelt (Bereswill 2012). Ein wichtiger Schnittpunkt dieser Forschungsstränge und der sich scheinbar ausschließenden Perspektiven stellt das Konzept der Intersektionalität dar. Dies beinhaltet eine theoretische Rahmung, innerhalb der konkrete Forschungsansätze entwickelt werden. Das theoretische Gerüst der Intersektionalität impliziert, dass Migrations- und Geschlechterforschung auch Dimensionen sozialer Ungleichheit, Diskriminierung und Konstruktionen von Minderheiten und Mehrheiten thematisieren muss, wenn sie dem Anspruch, »Achsen der Ungleichheit« (Klinger) aufzuzeigen, gerecht werden wollen.

Vor dem Hintergrund verschiedener Forschungsansätze und sehr unterschiedlicher Themenstellungen gibt es immer neue Schnittpunkte zwischen Migration und Geschlecht. Dabei kommen mehrere Disziplinen zum Tragen. Entsprechende Themen werden in der Migrations- und Geschlechterforschung auch bearbeitet. Dies soll im Folgenden am Beispiel eines Forschungsbandes gezeigt werden (Bereswill 2012): Der Band von Bereswill und anderen verknüpft Traditionen der Migrationsforschung und Ansätze der Geschlechterforschung und orientiert sich grob am Konzept der Intersektionalität. Ein wichtiges Thema ist hier auch die Frage der Geschlechterrollen. In den Studien geht es um die Rollenverteilung in Partnerschaften beruflich erfolgreicher Migrantinnen und um die Auswirkungen der Migration auf Geschlechterrollen. Ferner geht es um Gewalt und Geschlecht und um Alleinerziehende, Prekariat und Migration. Die Beiträge in diesem Band demonstrieren exemplarisch, dass die Forschung zu Migration und zum Geschlechterverhältnis einerseits zeigt, welche Stereotypen in ihren Einzelrichtungen jeweils reproduziert wurden. Die Beiträge verdeutlichen auch, dass weder Migrationsbewegungen noch Geschlechterverhältnisse aus dem einen oder anderen Aspekt erklärt werden können.

Beispielsweise wird bei Gülcan Akkaya in einer Studie über die Auswirkungen der Migration auf Geschlechterrollen in albanischen Familien in der Schweiz und in ihrer Herkunftsregion in Mazedonien deutlich, wie sehr Geschlechterrollen von Migrationsdynamiken abhängig sind. Akkaya zeigt anhand von Interviews mit migrierten, nicht migrierten und remigrierten Familien und Verantwortlichen aus dem Umfeld, dass Migration durch die Ermöglichung neuer Rollenmuster wie z. B. Erwerbsarbeit der Frau Geschlechterrollen verändern kann. Dies kann zu einer Öffnung führen, aber auch zu einer Verstärkung rigider Geschlechterrollen, wenn andere Faktoren großen Einfluss haben wie beispielsweise Abhängigkeit des Aufenthalts der Frau vom Mann, Verunsicherung und Feindlichkeit im Zielland. In der Herkunftsgesellschaft zeigen sich ebenso (nicht durch Migration) indizierte Veränderungen in den Geschlechterrollen, dennoch können sich remigrierte Frauen in alte Rollen zurückziehen. Interessant ist, dass vor allem für die zweite Generation nachweisbar ist, dass sich Geschlechterrollen ändern und zivilgesellschaftliche Werte an Bedeutung gewinnen – dies ist aber nicht nur durch Migration bedingt. Sicher ist, dass Migration für Migrierte wie für Herkunfts- und Einwanderungsgesellschaften wesentlich mehr bringt als Geld und Wohlstand (ebenda).

Ein weiterer wichtiger Aspekt in dieser Debatte ist die Frage nach der Anerkennung von Berufsabschlüssen und Examen. Hier sind besonders viele Frauen betroffen, die über akademische Abschlüsse verfügen und durch ihre Berufstätigkeit in der Migration (beispielsweise in der häuslichen Pflege) oder aufgrund der mangelnden Anerkennung dieser Abschlüsse weit unter ihrer Qualifikation oder eben in traditionellen weiblichen Bereichen arbeiten. Damit führt Migration zur Retraditionalisierung von Geschlechterrollen und konterkariert bisherige Emanzipationsschritte (Lutz 2018).

> **Zwischenfazit für pädagogische Berufe**
>
>
>
> Genderaspekte spielen auch für das Verständnis von Migration eine wesentliche Rolle. Die Folgen von Migration können aber sehr unterschiedliche genderspezifische Auswirkungen haben. Eine direkte Gleichsetzung von Geschlechtergleichheit und Integration von Migrant*innen kann also aus mehreren Gründen nicht behauptet werden, daher sind Vorstellungen einer Emanzipation oder Geschlechtergleichheit für Migrant*innen in Deutschland immer als Stereotypen zu hinterfragen.

Ungleichheit unter Frauen

In der Debatte um Migration und Gender gilt es auch neuen Ansätzen und Diskursveränderungen auf der Ebene einer sich verändernden feministischen Diskussion und modifizierter Geschlechterarrangements gerecht zu werden. Es lässt sich zeigen, dass das Modell der Normalfamilie, in der letztlich der Mann der Hauptverdiener und die Frau die Zuverdienerin ist, nicht mehr der gesellschaftlichen Realität entspricht. Denn anstelle des »male breadwinners« tritt der »adult worker«, der Zugang von Frauen zum Arbeitsmarkt hat sich verbessert und damit verändern sich manche Geschlechterverhältnisse in eine egalitäre Richtung (vgl. Rerrich 2010). Es entstehen dadurch jedoch neue Ungleichheiten und Ungerechtigkeiten, beispielsweise unter Frauen bei der neuen internationalen Arbeitsteilung. Dieser Aspekt prägt auch die Reorganisation von Sorgearbeit, d.h. Hausarbeit, Kindererziehung und Pflege. Die gesellschaftliche Spaltung von Sorgearbeit als Zuschreibung an Frauen als weibliche Aufgabe bleibt auf Kosten einer anderen sozialen Gruppe erhalten. Die Migrantinnen, die als Betreuungskräfte, Reinigungskräfte oder Kindermädchen im Privathaushalt tätig sind, arbeiten oft illegal oder zumindest halblegal und verfügen über keinerlei Rechte z.B. auf die Einhaltung arbeitsrechtlicher Standards. In diese Richtung argumentieren Rerrich wie auch Lutz. Beide zeigen, dass das Verhältnis von Reproduktionsarbeit, Geschlecht und sozialer Ungleichheit komplexer geworden ist. Einerseits sind Frauen ein fester Faktor im Arbeitsmarkt und sehr stark auf eine eigenständige Berufsorientierung ausgerichtet, zugleich übernehmen immer mehr junge Männer Verantwortung für Kleinkinder und in der Kindererziehung. Während sich also egalitärere Geschlechterarrangements anzubahnen scheinen, ändern sich dennoch traditionelle Settings nicht. Hausarbeit (und Sorge für andere) ist und bleibt ein weiblich konnotierter, abgewerteter und verdrängter Bereich. Hausarbeit wird eben nicht egalitär zwischen den Geschlechtern verteilt, sondern an Frauen aus anderen sozialen Schichten und vor allem an Migrantinnen delegiert. So entstehen neue soziale Ungleichheiten, die stark ethnisiert sind.

Die neue internationale Arbeitsteilung bedingt eine zunehmende Ungleichheit unter Frauen. Gesellschaftliche Entwicklungen in den Geschlechterrollen bedingen also eine neue Unterordnung von Frauen mit Migrationshintergrund und nicht notwendigerweise die große Freiheit für diese. Eine direkte Gleichsetzung von Geschlechtergleichheit und Integration von Migrant*innen kann also aus mehreren Gründen nicht behauptet werden.

Abschließend seien kurz Entwicklungen in der feministischen Theoriebildung aufgegriffen, die auch die sozialwissenschaftliche Forschung beeinflussen. Die Debatte ist alt – bereits 1851 soll die Wanderpredigerin und Frauenrechtlerin Sojourner Truth auf einem Kongress der weißen US-amerikanischen bürgerlichen Frauenbewegung gesagt haben:

> »And ain¡t I a woman?! That man over there says that women need to be helped into carriages, and lifted over ditches, and to have the best place everywhere. Nobody ever helps me into carriages, or over mud-puddles, or gives me any best place! And ain't I a woman? Look at me! Look at my arm! I have ploughed and planted, and gathered into barns, and no man could head me! And ain't I a woman? […]« (Sojourner Truth 1851).

Damit drückte sie aus, dass sie als schwarze, ehemalige Sklavin und Arbeiterin mit ganz anderen Auswirkungen des Patriarchats konfrontiert war als die bürgerlichen Frauen. Feministische Theoretikerinnen und Aktivistinnen in den USA in den 1980er Jahren sahen sich schon früh gezwungen, einen schwarzen Feminismus zu begründen. Memoranden wie das »Black Feminist Statement« des Combahee River Collective drücken aus, dass die Erfahrungen schwarzer Frauen, lesbischer Frauen und schwarzer und lesbischer Frauen sich in dem Verständnis von Feminismus und den Forderungen der weißen bürgerlichen Frauenbewegung nicht wieder fanden. Forderungen bzw. Theorien weißer Feministinnen orientierten sich nur an den Interessen einer exklusiven Gruppe, die ihre Politik im Namen ›aller Frauen‹ zu legitimieren versucht. Mit diesen Kritiken an Dominanzverhältnissen in weißen sozialen Bewegungen wurde der Grundstein für eine multiple Identitätspolitik gelegt. Bestimmte Soziale Gruppen sind von Mehrfachunterdrückung betroffen, Frauen werden nicht nur wegen ihres Geschlechts unterdrückt, sondern auch wegen Hautfarbe, Klassenzugehörigkeit, sexueller Orientierung (vgl. hooks 1996).

bell hooks wie andere schwarze Theoretikerinnen kritisierten, dass bei feministischen Themen wie Sexualität, Gewalt, Arbeitsteilung oder Sprache nur die Erfahrungen weißer Frauen problematisiert wurden. Die Kategorie ›Frau‹ wurde somit als ›homogen‹ bzw. ›universal‹ repräsentiert. Beispielsweise belegten Feministinnen in den 1970er Jahren in den USA die Reproduktionsarbeit in der Familie häufig mit Attributen wie Monotonie, Isolation oder weibliche Selbstentwertung. Nach bell hooks hatte die Familie für schwarze Frauen im Kontext der Sklaverei allerdings eine ganz andere Bedeutung. Hausarbeit beinhaltete für schwarze Frauen, die meist auch sozial benachteiligt waren, aufgrund der Armut wesentlich aufwändigere Tätigkeiten. Hausarbeit wurde hooks zufolge auch meist als Sorgearbeit wahrgenommen und als Ort der Humanität und als Rückzug vor rassistischer Verfolgung gesehen.

Auch in Europa wurde im akademischen Bereich die Kritik eines »Feministischen Rassismus« rezipiert und die Dominanz eines weißen westlichen Feminismus weltweit kritisiert (Mohanty 2003). Bestimmte Haltungen, die auch im akademischen Bereich und gerade in der Soziologie oder sozialwissenschaftlichen Forschung reproduziert wurden, sind heute noch präsent. Die postkoloniale Theoretikerin Gayatri Chakravorty Spivak zeigte in ihren Untersuchungen zur Situation von Witwen in Indien, dass Frauenrechte als ein Element der Legitimierung kolonialer Herrschaft fungierten (Mohanty 2003, Spivak 1999). Daher beschrieb sie den Kolonialismus als Unterfangen »White men saving brown women from brown men« (Spivak 1993: 93). Diese Muster sind heute noch lebendig und haben sich in den Debatten und im wissenschaftlichen Aufarbeiten der sogenannten Kölner Silvesternacht gezeigt (Lingen-Ali & Mecheril 2020). »Plötzlich wird überall das Patriarchat entdeckt«, sagte Sabine Hark in einem Interview mit der Zeit. Politiker*innen, die sonst grundsätzlich konservative Positionen bezüglich Frauenrechten vertreten, machten sich nun zu Fürsprecher*innen für Frauenrechte, da ja ›fremde‹ ausländische Männer die Frauen angegriffen hätten. Hark bezeichnet dies als »Indienstnahme feministischer Perspektiven für rassistische Argumentationen« (Sabine Hark in Zeit Online 14.10.2015).

Zu dieser selektiven und letztlich stereotypisierenden Wahrnehmung von Frauen und Frauenrechte gehören auch alle Argumentationsmuster, die auf einer hierarchisierenden Gegenüberstellung von ›traditionell-patriarchal-islamischen‹ versus ›modern-westlich-christlichen‹ Gesellschaften oder Subjekten beruhen (vgl. Lingen-Ali & Mecheril 2020). Diese Denkmuster beziehen sich auf die Darstellungen beider Geschlechter und müssen weiterhin vor allem im akademischen Bereich, Forschung und Wissenschaft wahrgenommen und thematisiert werden.

Kurzzusammenfassung

Die Auswirkungen der Migration auf Geschlechterverhältnisse und auf Geschlechterrollen können sehr unterschiedlich sein. Migration kann für Frauen und Mädchen durch die Ermöglichung neuer Rollenmuster wie beispielsweise Erwerbsarbeit Geschlechterrollen verändern. Dies kann zu einer Öffnung führen, zu einer Veränderung der Geschlechterrollen und zu einer größeren Unabhängigkeit der Frauen (vgl. Bereswil 2012). Zugleich aber migrieren Frauen oft in Arbeitsangebote, die den Fortbestand der traditionellen Geschlechterordnung sichern wie beispielsweise in die Hausarbeit und sie gerade in dem Bereich – aber nicht nur dort – unsicheren Aufenthalts- und Arbeitsbedingungen ausgesetzt sind und erleben, dass sie als Bürgerinnen zweiter Klasse behandelt werden.

Die Wahrnehmung von Frauen und Geschlechterrollen in der Migration ist von vielen Stereotypen und rassistischen Klischees geprägt. So überwog in der Migrationsforschung und in öffentlichen Debatten lange das Bild der hilflosen unterdrückten Migrantin. Stereotype Vorstellungen von Frauenunterdrückung und patriarchaler Macht in muslimischen Religionen sind aktuell immer noch lebendig und sichern auch in akademischen Debatten Dominanz und Überlegenheitsansprüche. Generell ist deutlich, dass weder Migrationsbewegungen noch Geschlechterverhältnisse aus dem einen oder anderen Aspekt erklärt werden können und hinsichtlich Emanzipation nicht in einem linearen Verhältnis zu sehen sind.

Beispiel zur Veranschaulichung

Hier sprechen Migrantinnen selbst und erzählen ihre Geschichten, auch als Podcast abonnierbar: www.heridea.de oder https://heridea.de/category/heridea-sie-engagiert-diverskulturell/.

Ausgewählte Literaturtipps

Lutz, Helma & Amelina, Anna (2017): Gender, Migration, Transnationalisierung. Eine intersektionelle Einführung. Bielefeld: transcript.
Bereswill, Mechthild et al. (Hrsg.) (2012): Migration und Geschlecht. Neue Forschungsperspektiven auf klassische Forschungsfelder. Weinheim, Basel: Beltz.
Gutiérrez Rodríguez, Encarnación & Tuzcu, Pinar (2022): Migrantischer Feminismus – in der Frauen:bewegung in Deutschland (1985–2000). Münster: edition assemblage.
Bruckner, Margrit & Böhnisch, Lothar (Hrsg.): Geschlechterverhältnisse. Gesellschaftliche Konstruktionen und Perspektiven ihrer Veränderung. Weinheim, München: Beltz Juventa.
Winker, Gabriele & Degele, Nina (2010): Intersektionalität. 2. Aufl. Bielefeld: transcript.

Hinweise zur weiteren Recherche

- Projekt des Dachverbands der Migrant*innenorganisationen: https://www.damigra.de/, https://www.damigra.de/projekte/women-rais-ed
- Dossier zu Frauen und Migration der Bundeszentrale für politische Bildung: https://www.bpb.de/themen/migration-integration/kurzdossiers/280217/frauen-in-der-migration-ein-ueberblick-in-zahlen/
- Video als Teil der Web-Seminarreihe »Women in Motion – The Impact of Gender in International Migration« des Gender Innovation Networks der Friedrich-Ebert-Stiftung: https://www.fes.de/themenportal-flucht-migration-integration/artikelseite-flucht-migration-integration/strukturelle-triebkraefte-geschlechtsspezifischer-migration
- Portal der International Organisation for Migration (IOM) mit Schwerpunkt Gender: https://www.migrationdataportal.org/de/themes/geschlecht-und-migration

Prüfungsfragen

- Was sagt Simone de Beauvoir mit ihrem berühmten Satz: »Man wird nicht als Frau geboren, man wird es«?
- In welchem Verhältnis stehen Veränderungen von Geschlechterrollen und Migration?

- Was meint Naika Foroutan, wenn sie bei Jugendlichen mit Migrationshintergrund, die gewaltsame patriarchale Ideologien vertreten, von einer »invented tradition« spricht?
- Warum bedurfte/bedarf es einen schwarzen oder migrantischen Feminismus?

6 Lebenswelten von Migrant*innen

Bislang wurden verschiedene soziologische Zugänge zum Thema Migration und Integration in Deutschland vorgestellt. Dabei ging es um Analysen der sozialen Positionen und um verschiedene Ansätze, unterschiedliche Differenzen miteinander in Verbindung zu denken. Migrant*innen erschienen bislang eher als Subjekte der Forschung denn als eigenständige Akteure. Doch wie erleben die Subjekte, um die es geht, selbst ihre Situation? Wie deuten sie sie, was ist ihnen wichtig? Treffen die Forschungsfragen und Themen, die die Migrationsforschung aufgreift, überhaupt ihre Lebensrealität?

Eine Forschungsperspektive, die danach fragt, wie sich die Subjekte selbst sehen und selbst organisieren, fragt so nach ihren Lebenswelten und Selbstverortungen. Im Folgenden soll versucht werden, Forschungsergebnisse auszuwählen, die Lebenswelten von Menschen mit Migrationshintergrund in Deutschland darstellen. Ein weiterer Zugang zu deren Eigenperspektive besteht darin, den Fokus auf Forderungen und Kämpfe zu legen, wie Migrant*innen für Anerkennung, Chancengerechtigkeit, Ressourcen und Zugehörigkeit ausfechten.

Als Zugang zu Lebenswelten bieten sich aus dem theoretischen und methodischen Repertoire der Soziologie Ansätze an wie die Lebensweltorientierung, verstehende Soziologie, Biographieforschung bzw. generell qualitative Studien – also Ansätze, die zum Ziel haben, subjektive Sinnstrukturen, Selbstverortungen und Lebenswelten zu beschreiben.

Der Ansatz der Lebenswelt geht auf Alfred Schütz zurück bzw. auf dessen Schüler Luckmann. Schütz versuchte, mit dem Begriff der Lebenswelt den »Gegenstand der Sozialwissenschaften zu definieren« (Muckel & Grubitzsch 1993: 124). Der Begriff der Lebenswelt soll eine vorwissenschaftliche Welt erfassen, die alles umfasst, was Menschen in ihrem täglichen Denken und Handeln als normal oder gegeben voraussetzen. Dies ist nicht nur individuell zu verstehen, denn die Lebenswelt ist eine geteilte Welt, zu der immer wieder auch andere Subjekte gehören. Lebenswelt ist als ein intersubjektiver Bezugsrahmen oder Interpretationsrahmen der Wirklichkeit zu verstehen. Zur Lebenswelt gehört, dass sie als gegeben erscheint, intersubjektiv ist und einen gemeinsamen Interpretationsrahmen bietet, der Verstehen möglich macht (ebenda: 126). Ähnlich ist auch der Zugang von G. H. Mead, der allerdings stärker die intersubjektive Dimension betont. In Nachfolge von Schütz und Mead hat sich eine verstehende Soziologie entwickelt, die weniger sozialstrukturelle Entwicklungen untersucht, sondern subjektive Sinnwelten sozialer Gruppen oder Individuen rekonstruiert. Auch die Biographieforschung lässt sich grob in diese Richtung einordnen (vgl. Dausien 2013).

Lebensweltorientierte Studien, Biographieforschung und verstehende Soziologie sind nicht notwendigerweise frei von Vorurteilen und Rassismen, aber einige Studien in dieser Tradition haben neue Zugänge zu migrationsrelevanten Themen gebracht. Der Milieuansatz, wie er vom Sinus-Institut vertreten wird, hat einen anderen theoretische Hintergrund, aber die Sinus-Migrantenmilieustudien haben auch den Anspruch, Lebenswelten zu analysieren und werden vielfach rezipiert. Daher wird hier die aktuellste Sinus-Studie zu Migrantenmilieus dargestellt. Im Folgenden wird insbesondere auf den Themenkomplex Mehrfachorientierung eingegangen. Dieser Aspekt wurde bereits in dem Kapitel zum Integrationsbegriff erwähnt (▶ Kap. 4). Im Gegensatz zu den dominanten Integrationsbegriffen, die immer von einer Integration *aus* einer Herkunftsgesellschaft *in* eine Ankunfts- oder Mehrheitsgesellschaft ausgehen, also eine monodirektionale *Einfach*integration denken, ist – so wurde bereits argumentiert – für die meisten Migrant*innen Integration aber mehrfach und mehrdirektional, so dass eher die Mehrfachintegration die Regel ist (vgl. Gögercin 2018: 178).

In der qualitativen Sozialforschung spielt die Methode der Grounded Theorie eine wichtige Rolle. Die Grounded Theory stellt einerseits eine Forschungsmethode dar und andererseits ein Forschungsparadigma (Glaser & Holton 2004). Sie hatte – zumindest in ihren Ursprüngen bei Glaser und Strauss – den Anspruch, noch nicht erforschte Phänomene zu untersuchen und zu erklären, indem aus den Untersuchungsdaten selbst Erklärungsansätze abgeleitet werden. Das bedeutet, sie verfolgt das Ziel, aus den Daten selbst eine Theorie abzuleiten und nicht mit einer Theorie an bestehende Daten heranzugehen. Grounded Theory steht für den Anspruch einer gegenstandsverankerten Theorie. Mittlerweile hat sich das Verhältnis von Daten und Theorie in der Rezeption der Grounded Theory ziemlich ausdifferenziert, aber Glaser bleibt bei dem Anspruch, »GT gives the social psychological world a rhetoric« (Glaser & Holton 2004: 20). Gerade auf der Grundlage von Grounded Theory sind viele Studien entstanden, die versuchen, Selbstverständnisse und Selbstverortungen von Menschen mit Migrationshintergrund zu erfassen (beispielsweise Badawia 2002, Gültekin 2003).

Vielfältige Identitäten

2002 veröffentlichte Tarek Badawia seine Dissertation »Der Dritte Stuhl«, die auf narrativen Interviews mit bildungserfolgreichen jungen Migrant*innen beruhte und mit Grounded Theory ausgewertet wurde. Aus den Aussagen der Proband*innen selbst generiert Badawia (2002) seine These, dass diese ganz eigene bikulturelle Identitätsformen entwickelt hätten und damit auch eigene Strategien, mit diskriminierenden Zuschreibungen umzugehen, die für sie eine wesentliche Barriere im Bildungsverlauf darstellten. Dieses Konzept der Mehrfachverortung und der vielfältigen Identitäten in der Migration hat sich in der Migrationsforschung etabliert (vgl. auch beispielsweise Foroutan 2013, Hein 2006, Reisenauer 2019). Es beinhaltet auch ein wichtiges Ergebnis der letzten Sinus-Migrantenmilieustudie (https://www.sinus-institut.de/sinus-milieus/migrantenmilieus). Dennoch präsentieren Politik, Medien und auch die Wissenschaft Vorstellungen von einheitlichen Identitäten. Der lebendigen Vielfalt in der Migration werden immer wieder Konstruktionen des Einen entgegengesetzt. Im Folgenden soll daher zunächst das Konzept der vielfältigen Verortungen vorgestellt und gezeigt werden, wie diese in der gesellschaftliche Diskussion immer auf eine einheitliche Verortung reduziert werden.

Nach den bereits genannten Zahlen aus dem Bericht der Beauftragten der Bundesregierung für Migration machen Menschen mit eigener Migrationserfahrung zwei Drittel der Bevölkerung mit Migrationshintergrund aus. Im Durchschnitt halten sie sich seit 23 Jahren in Deutschland auf. Ein Drittel der Menschen mit Migrationshintergrund sind hier geboren. Die meisten Migrant*innen leben schon lange hier, sie betrachten sich als Teil der Gesellschaft und entfalten entsprechende Identitäten, die zumindest lokal oder regional an die Herkunftsgesellschaft gebunden sind. Sie bezeichnen sich als »Frankfurter Türken« oder als »Frankfurter Mensch« (Sauter 2000), als »Esslinger Albaner« oder als »anatolischen Schwaben« (so der Grünen Politiker Cem Özdemir).

Die vielfältigen Identitäten in der Migration können bikulturell, mehrkulturell oder kosmopolitisch sein. Sie können auch religiös codiert sein – so zeigen Studien, dass sich beispielsweise Jugendliche mit familiärer eigener Herkunft aus der Türken oder Marokko primär als Muslime und als Deutsche und erst in dritter Hinsicht als Türk*innen oder Marokkaner*innen sehen (Tietze 2004). Jugendliche Migrant*innen empfinden die Zugehörigkeit zu zwei oder mehr Kulturen als eine Selbstverständlichkeit. Dies ist die Basis für eine eigene Form von Selbstbewusstsein (vgl. die Beiträge in Attia 2000). Ihre Zugehörigkeit ist vor allem nicht nur kulturell bestimmt, sie definieren sich als Jugendliche, Akademiker*innen, Kinder etc. Die partielle Bindung an ›die Kultur‹ des Herkunftslandes ist auch stark durch familiäre Zugehörigkeit, Liebe, Vertrauen, auch Dankbarkeit gegenüber der Familie bestimmt. Sie kann trotz starker familiärer Konflikte und Opposition gegen die Eltern von positiven emotionalen Bindungen bestimmt sein. Diese vielfältigen Identitäten bündeln ganz verschiedene und wichtige Ressourcen.

Vielfältige Identitäten wurden in biographisch angelegten qualitativen Untersuchungen wie von Badawia mit bildungserfolgreichen Migrant*innen erforscht. Das Konzept der Biographie eignet sich besonders für ein Herausarbeitung dieser vielfältigen Identitäten, weil die Biographieforschung mit der (vielleicht einzigen Hypothese) arbeitet, Menschen seien in der Lage, eine Biographie zu erzählen und eine Kohärenz in einem auch von Brüchen gekennzeichneten Leben herzustellen (Dausien 2004). Badawia spricht von einer bikulturellen oder mehrkulturellen Identitätstransformation, für ihn ist eine mehrkulturelle Identität immer auch reflektiert, sie geht mit bewussten Verortungen und mehrfachen Zuordnungen einher. So können Jugendliche mit Migrationshintergrund problemlos ihren Eltern oder ihrer Großfamilie gegenüber andere Werte leben und vertreten als beispielsweise in der Arbeitswelt – die Einheit oder Kohärenz dieser vielfältigen Identifizierung ist durch eine bewusste unterschiedliche Zuordnung gekennzeichnet.

Ein weiterer theoretischer Zugang zu einem vielfältigen Identitätskonzept kommt aus den postkolonialen Studien und geht vor allem auf Homi K. Bhabha zurück. Bhabha vertritt die Position, dass Kulturen grundsätzlich ambivalent und mehrdeutig sind und kulturelle Praktiken immer nur kontextbezogen zu verstehen sind. Subjekte in der postkolonialen Welt – hier vor allem die Migrant*innen – haben vielfältige Identitäten und tragen Spuren der unterschiedlichsten kulturellen Traditionen und Prägungen in sich. Sie können sich in vielen Kulturen bewegen und sind nicht der einen oder anderen Kultur zuzuschreiben (vgl. Bhabha 1994). Hybride Kulturen in der postkolonialen globalisierten Welt zeichnen sich aus durch Vermischung von Diskursen, Technologien, Traditionslinien und Praktiken. Sie sind geprägt durch den Charakter der modernen Großstädte auf der ganzen Welt mit ihrer Globalisierung im Bereich des Verkehrs und der Kommunikation. Hybride Identitäten leben aus dem Nebeneinanderbestehen unterschiedlicher Traditionslinien und unterschiedlicher Rationalitäten. Kulturelle Hybridität lässt sich auch gut in vielen zeitgenössischen Musikrichtungen, in Literatur und Film, aber auch in der kommerziellen Kultur der Werbung finden.

Dieses Konzept der kulturellen Hybridität greifen auch viele Migrationsforscher*innen auf und zeigen mehrperspektivische, vielfältige und multifokale Identitäten vor allem junger Migrant*innen auf. Die Analyse dieser vielfältigen Identitäten führt zu neuen Bezeichnungen, beispielsweise Postmigrant*innen oder Neue Deutsche. In einem Forschungsprojekt an der HU Berlin übertrugen Naika Foroutan und Isabell Schäfer Bhabhas Hybriditätskonzept auf junge Migrant*innen in Berlin und untersuchten hybride europäisch-muslimische Identitätsmodelle (Foroutan & Schäfer 2009). Sie übernehmen die Bezeichnung *Neue Deutsche*. Mit Neue Deutsche werden Menschen bezeichnet, die über eine deutsche (oder auch andere) Staatsbürgerschaft(en) und über einen Migrationshintergrund verfügen. In dem Forschungsprojekt HEYMAT wird das Thema Hybridität als mehrfache Zugehörigkeitsbeschreibung aufgegriffen, die immer mehr Menschen in postmodernen Gesellschaftsstrukturen in ihren Orientierungen beschreibt. Dieses postmoderne Konstrukt begreift Identitätsbildungsprozesse als prinzipielle Inklusionsprozesse. Foroutan (2013) weist darauf hin, dass Deutschland und »Deutsch-Sein« sich wandeln und dass das, was wir vielleicht früher unter »Deutsch« verstanden haben, heute ganz anders aussieht.

Diese Mehrfachorientierungen stellen jedoch vor dem Hintergrund der gleichzeitig existenten Sehnsucht nach vermeintlicher Homogenität ein gesellschaftspolitisches Konfliktpotential dar, betont Foroutan (2011: 22). Es wird auch in vielen anderen Studien deutlich, dass die vielfältigen Identitäten in der Gesellschaft nicht anerkannt werden (vgl. Mecheril 2010). Es gibt in der dominanten symbolischen Ordnung keinen Raum für diese Mehrfachverortungen. Es existieren keine anerkannten Bilder von Deutschen ungarischer Herkunft, Frankfurter Türken etc. – es gibt immer nur die *Einen* oder die *Anderen*. Damit wird zugleich die große Vielfalt unter den jeweiligen Migrant*innengruppen gewaltsam vereinheitlicht. Migrantische Identitäten werden dadurch immer als kulturelle und damit als fremdkulturelle und zugleich als einheitliche Identitäten beschrieben. Die durch die Reduktion von Identität auf eine kulturelle Zugehörigkeit stattfindende Kulturalisierung oder Ethnisierung wird in manchen Interviewsequenzen aus Badawias Arbeit deutlich, z. B.: »Bleibst du hier oder willst Du wieder zurück?« oder »Hier oder dort? Was ist besser.« Migrant*innen sehen sich immer wieder mit diesen dichotomischen, bipolaren Vorstellungen konfrontiert, die zugleich auch eine Selbstwahrnehmung als Deutsche in Frage stellt (Badawia 2002: 140). Ein wichtiges Element dieser Mehrfachverortung ist die Mehrsprachigkeit. Mehrsprachigkeit umfasst die Praxis wie die Kompetenz, nicht nur eine oder mehrere Sprachen als Familiensprache und die der Mehrheitsgesellschaft zu sprechen, sondern auch sich in verschiedenen Situationen in unterschiedlichen Sprachen auszudrücken, verschiedene Sprachen unterschiedlich wertzuschätzen und vor allem, schnell zwischen den Sprache wechseln zu können (Gogolin 2007).

Wichtig ist die Rolle bestimmter sozialer und politischer Diskurse. Identität steht in Verbindung mit Zugehörigkeit. Zugehörigkeit zeichnet sich einerseits durch subjektive Zuordnungen oder Identifikationen aus, andererseits durch objektive Möglichkeiten als zugehörig anerkannt zu werden. So stellt sich die Selbstdefinition vieler vor allem jugendlicher Migrant*innen oft auch als Kampf um Zugehörigkeit dar. Die subjektiv empfundene Zugehörigkeit zur deutschen Gesellschaft wird von der Mehrheit der Gesellschaft nicht anerkannt, da der politische und mediale – und leider manchmal auch der wissenschaftliche – Diskurs über Migration von Kulturalisierung und Fremdheitskonstruktionen geprägt ist und Migrant*innen als Andere konstruiert. Die etwas Anderen werden zu ganz Anderen gemacht. Ein Element dieses Prozesses besteht in der Leugnung der Vielfalt der Migration und der Vereinheitlichung von vielen verschiedentlich Anderen. Partielle Differenzen wie z.B. Sprache sind Grundlage für Ausschlussmechanismen.

Die gesellschaftlichen Konstruktionen sind von einem dichotomischen Denken geprägt, das nur ein Entweder-Oder kennt und zu einer Logik des Einen führt. Zugehörigkeit wird damit durch ethnisierende Markierungen nur einem Land, dem Herkunftsland oder dem der Eltern bzw. Großeltern, zugeschrieben. So wird einerseits ein Exklusionsmechanismus aufrechterhalten und andererseits wird unterstellt, die entsprechenden Personen hätten ihre eigentliche Heimat außerhalb Deutschlands (wohin sie irgendwann zurückkehren müssen).

Die gesellschaftlichen Konstruktionen privilegieren eine (fiktive) kulturelle Ebene und bringen eine Einheit von ethnisch markierten Kulturen hervor, die nicht der Selbstwahrnehmung und alltäglichen Lebenswelt der meisten Menschen mit Migrationshintergrund entsprechen.

Macht der Konstruktionen

Nun ließe sich aber einwenden, dass sehr wohl zu beobachten ist, dass Menschen in Migrant*innencommunities sehr an ihrer ethnischen oder kulturellen Identität festhalten (vgl. Koopmanns 2014). Wir verfolgen global gesehen auch den Prozess, dass Menschen sehr an abgegrenzten ethnischen oder auch religiösen Identitäten festhalten, was vielerorts zu Spannungen und Gewalt führt. Es gibt diese vereinheitlichten Konstruktionen kultureller Identität ganz klar auch auf Seite von Migrant*innen. Dieser Prozess der Überhöhung oder Kulturalisierung der eignen

Community oder des Herkunftslandes bzw. das der Eltern oder Großeltern wird durch folgende Faktoren erklärt:

a. Der Prozess wird als Reaktion auf die vereinheitlichenden Zuschreibungen beschrieben. So berichtet Foroutan aus ihrem Forschungsprojekt, dass Jugendliche auf vereinheitlichende Zuschreibungen mit einer eigenen ethnischen Identität reagieren, die sie »invented tradition«, also eine erfundene Tradition nennt (Foroutan & Schäfer 2009). Damit entsprechen die Jugendlichen dem Bild, das die deutsche Gesellschaft von türkischen oder marokkanischen Jugendlichen hat, obwohl sie ihre Jugend in Deutschland verbracht haben. Der Hintergrund ist die mangelnde Anerkennung der eigenen Zuordnung zur deutschen Gesellschaft.
b. Eine weitere Erklärungskomponente ist erfahrene Diskriminierung und Ausgrenzung: Jugendliche Migrant*innen erfahren immer wieder nicht nur eine Reduktion auf ihre Herkunft bzw. die ihrer Eltern, sondern auch eine entsprechende Abwertung. Und in der Tat zeigen viele Studien, dass vor allem auf dem Arbeits- und Wohnungsmarkt bestimmte Migrant*innengruppen diskriminiert werden. Erfahrungen der Abwertung und Diskriminierung können auch ethnische Identitäten erhöhen. Dieser Prozess ist auch mit den Ansätzen der Stigmatheorie von Erving Gofmann zu erklären (Zwengel 2015).
c. Ein weiterer Erklärungsansatz bezieht sich auf die soziale Situation. In politischen und medialen, aber zum Teil auch wissenschaftlichen Diskursen werden junge, vor allem männliche Migranten als Problemgruppe inszeniert: jung, muslimisch, sozial benachteiligt und gewaltbereit ist ein gängiges Bild. Generell sind viele Migrant*innen in der deutschen Gesellschaft sozial benachteiligt und im Bildungssystem schlechter gestellt. Junge Männer mit türkischen oder arabischen Namen aus bestimmten Wohnviertel haben wenig Chancen des Aufstiegs und verfügen aus verschiedenen Gründen über eingeschränkte Möglichkeiten, an der reichhaltigen Konsumwelt zu partizipieren. Eine Reaktion darauf kann als »marginalisierte Männlichkeit« (Bereswil & Neuber 2013) beschrieben werden, ist aber nicht migrationsspezifisch gedacht. Es handelt sich um eine oft auch kulturell legitimierte Inszenierungen von Männlichkeit durch Gewalt, Einschränkung der Handlungsfreiheiten von Frauen, Konsum etc. Diese Faktoren erschweren dann real Partizipation und so kommt es zu einer Spirale von subjektiven Ausgrenzungserfahrungen und realem Scheitern.

Daher sind vereinheitlichende oder überhöhte kulturelle und ethnische Identitäten nicht DAS Identitätsmodell in der Migration, es ist eine unter vielen Identitätsformen. Auch wenn Jugendliche oder Familien an einer ethnisch definierten Identität festhalten, so werden sie trotzdem viele Anpassungsleistungen vollzogen haben und sich an Vielem (neu) orientieren, sie können beispielsweise sehr bildungsmotiviert sein, sehr aufstiegsorientiert sehr konsumorientiert etc.

Auch religiös definierte Identitäten können hybride sein, sie sind es sogar meistens. So wurden und werden Muslime und Islam in der deutschsprachigen Forschung lange als Integrationshemmnis, im Kontext von Gewalt und Rückständigkeit konstruiert. Studien im Kontext der verstehenden Soziologie oder

Biographieforschung erforschten Islam als ein ganz normales Element moderner Lebensführung. Sie zeigen beispielsweise wie selbstbewusste und aktive junge Frauen die islamische Religion in ihre Lebens- und Bildungsaspirationen integrieren und Selbstbestimmung und Emanzipationsansprüche in der Religion verorten (vgl. Nökel 2002). Diese Studien präsentieren Muslima, die in der Moschee aktiv sind, als Frauen Kopftuch tragen, als bildungserfolgreich und ehrgeizig. Religion hat für sie eine große Bedeutung, aber beispielsweise gerade viele junge Muslima sind sehr modern und emanzipiert eingestellt. Sie grenzen sich von einem unreflektierten Volksislam ab und orientieren sich an einem reflektierten und modernen Islam, fordern mehr deutschsprachige Imame und eine moderne professionelle Jugendarbeit in muslimischen Gemeinden (vgl. Behr 2021).

> **Zwischenfazit für pädagogische Berufe**
>
> Badawia hat darauf hingewiesen, dass Selbstverortungsstrategien und Identitäten nicht danach beurteilt werden können, wie ethnisch oder hybride, sondern wie reflektiert sie sind. Es ist daher wichtig zu fragen, wie Identitäten funktionieren: Machen sie das Individuum, eine Familie handlungsfähig, sind sie flexibel, welche Ressourcen enthalten sie? In der pädagogischen Arbeit muss eine Anerkennung für Mehrfachzugehörigkeiten, Mehrfachloyalitäten und Mehrdeutigkeiten erfolgen und es müssen Räume dafür geschaffen werden, sie zu artikulieren. Eine professionelle pädagogische Haltung, die von der Anerkennung von Zugehörigkeit geprägt ist, muss aber auch offen oder sensibel sein für das Leiden unter mangelnder Anerkennung und Ausgrenzung und für die eigenen – oft unbewussten – Ausgrenzungs- und Vereinheitlichungsbestrebungen von Fachkräften.

Sinus-Ansatz

Zu ähnlichen Ergebnissen kommt auch die Sinus-Migrantenmilieustudie, die hier aus einer Zusammenfassung für den vhw (2018) zitiert wird. Wie bereits erwähnt brachte das Sinus-Institut 2009 die Milieustudie zu den Lebenswelten von Menschen mit Migrationshintergrund heraus (Wippermann 2009). 2016 wurde der Forschungsprozess wiederholt – zunächst wurde eine bestimmte Anzahl von Tiefeninterviews durchgeführt, um die Milieus zu adjustieren, 2017 wurden diese in einer repräsentative Befragung abgesichert und dann nach bestimmten Aspekten ausgewertet. Obwohl die Auswertung teilweise von normativ geprägten und nicht reflektierten Begriffen der Integration oder Moderne geprägt ist, liefert die Studie doch interessante Erkenntnisse zu Milieus und Lebenswelten, die sich mit anderen Untersuchungen decken. Die beiden Sinus-Migrantenmilieustudien zeigen, dass Migrant*innen eines Herkunftslandes in der Regel in mehreren (meist allen) Milieus anzutreffen sind bzw. Migrant*innen eines Herkunftslandes oder einer ethnischer

Gruppe auf verschiedene Milieus verteilt sind. So ist auch kein Milieu von nur einem Herkunftsland geprägt. Es lässt sich also weder von dem sozialen Milieu auf das Herkunftsland schließen noch vom Herkunftsland auf das soziale Milieu. Auch Religion oder Staatsangehörigkeit haben keinen Einfluss auf das Milieu. Insgesamt werden in der Studie von 2018 acht Milieus unterschieden, die jeweils einen Prozentsatz von 7% bis 13% an der Migrationsbevölkerung ausmachen:

- Statusbewusstes Milieu: 12%,
- Traditionelles Arbeiter-Milieu: 10%,
- Religiös-verwurzeltes Milieu: 6%,
- Prekäres Milieu: 7%,
- Konsum-Hedonistisches Milieu: 8%,
- Bürgerliche Mitte: 11%,
- Adaptiv-Pragmatisches Milieu: 11%,
- Experimentalistisches Milieu: 10%,
- Milieu der Performer: 10%,
- Intellektuell-Kosmopolitisches Milieu: 13% (vhw 2018: 17).

Die Sinus-Studien beziehen sich vor allem auf Lebensweisen und Werteorientierungen. Damit beschreiben sie Normen, Wertemuster, Grundeinstellungen und Lebensorientierungen. Das Sinus-Institut verfolgt den Anspruch, in der Definition sozialer Gruppen die klassischen sozialen Schichtungsmerkmale wie Einkommen oder Bildung durch relevantere Ähnlichkeiten im Alltagsleben zu ersetzen. Die Studie kommt zu dem Schluss, »Offene Welt- und Rollenbilder prägen die verschiedenen Milieus und Milieusegmente ebenso wie geschlossene. Teilweise hat sich die Kluft zwischen ihnen deutlich vergrößert« (ebenda: 14). Die Studie konstatiert also auch für die Bevölkerung mit Migrationshintergrund eine Polarisierung und bei zwei Milieus, die aber zahlenmäßig am geringsten sind, Isolations- und Rückzugstendenzen sowie eine Ablehnung der deutschen Mehrheitsgesellschaft. Diese Entwicklung beruht aber auch auf Ausgrenzungserfahrungen: »Wahrgenommene gesellschaftliche Ausgrenzung und Selbstausgrenzung haben sich hier gegenseitig verstärkt« (ebenda). Tendenziell wird für alle anderen Milieus eine mehrkulturelle Orientierung konstatiert, die aber nicht immer nach außen gezeigt wird. In manchen Milieus geht das Leben von Elementen der Familien bzw. Herkunftskultur mit einer Anpassung nach außen einher. Allerdings haben die statusbewussten und aufstiegsorientierten Milieus eine andere Haltung.

> »Die Mitglieder dieses deutlich gewachsenen Milieus wollen alle rationalen Integrationsaspekte erfüllen: gute Sprachkenntnis, Integration in den Arbeitsmarkt und die Einhaltung von Regeln und Gesetzen. Zugleich distanzieren sie sich selbstbewusst von der deutschen Kultur und pflegen kulturelle Traditionen – solange diese nicht in Konflikt mit ihrem sozialen Aufstiegswillen geraten« (ebenda: 16).

Wie in den Studien von Foroutan auch sind die meisten Milieus von einem Zugehörigkeitsgefühl zu Deutschland geprägt und fordern zugleich auch die Anerkennung dieser Zugehörigkeit ein. Eine vorwärtsgewandte Zuwendung zur mehrheitsdeutschen Gesellschaft geht hier einher mit der Bewahrung von Traditionen und auch einer gelebten Religiosität. Nach Aussagen der Autor*innen hat diese Haltung einer aktiven »Differenzmarkierung« bei den entsprechenden Milieus zugenommen. »Anders als bei den traditionellen und prekären Milieus ist das Credo der Statusbewussten nicht Rückzug oder Abgrenzung. Sie wollen selbstbewusst teilhaben und bewahren« (ebenda: 20).

Im Kontext der sozialen Interaktionen sind auch die Ergebnisse zu der Wahrnehmung von Kontakten und Nachbarschaften interessant (ebenda: 35). Die Autor*innen konstatieren einen Zusammenhang zwischen Kontakthäufigkeit und der empfundenen Qualität des Zusammenlebens. Ein guter Teil gibt an, wenige Kontakte zu Einheimischen zu haben, diese aber zu wollen – daher empfinden sie das Zusammenleben als negativ. Eine kleine Minderheit (prekäres und verwurzeltes Milieu) gibt dagegen an, kaum oder gar keine Kontakte zu haben und mit dem Zusammenleben zufrieden zu sein. Die Kontakthäufigkeit nimmt zu, wenn die Lebensbereiche vielfältiger sind, also Nachbarschaft, Arbeit, Bildung.

Ein Faktor, der die Lebenswelten auch nach dieser Sinus-Studie prägt, ist Diskriminierung. Zwei Drittel der Befragten geben an, Diskriminierungen selbst erfahren zu haben, und nennen insbesondere den Arbeits- und Wohnungsmarkt sowie die Behörden. Nach Einschätzung der Autor*innen hat diese Entwicklung zugenommen seit der letzten Studie 2008.

Ein weiterer Faktor, der auch anderen zu Lebenswelten in der Migration spricht, ist die Bedeutung der Familie. Die Familie wird in fast allem Milieus als eine wichtige Ressource und ein Rückhalt beschrieben. Familie bedeutet Nähe, Emotionalität und Liebe (ebenda: 36f.). Sie stellt eine Bindung und Kraftquelle dar (vgl. auch Boos-Nünning & Karakasoglu 2005, Frank 2011). Beispielsweise wird dies auch in Studien über Bildungsaufsteiger*innen deutlich, die berichten, wie sehr ihnen die Unterstützung der Eltern geholfen habe, obwohl diese teilweise Analphabet*innen waren (vgl. Tepecik 2010). Familie umfasst hier aber mehr als die Eltern, auch Geschwister, Cousins und die erweiterte Großfamilie kann eine Rolle spielen.

> **Zwischenfazit für pädagogische Berufe**
>
> Abschließend sei im Rückgriff auf das Kapitel zu Ungleichheit und Bildung ein Passus von Ebru Tepecik zitiert, die über bildungserfolgreiche Migrant*innen promovierte: »Abschließend möchte ich angesichts des eingangs genannten defizitorientierten Mainstreams gegenüber MigrantInnen im schulpädagogischen und gesellschaftlichen Rahmen die Existenz und Bedeutung von bildungsrelevanten Ressourcen in Migrant*innenfamilien hervorheben. Es ist an der Zeit, einen Perspektivwechsel anzusteuern, und zwar in doppelter Hinsicht: Wichtig vor allem im schulischen Bereich wäre eine Distanzierung vom öffentlichen Problemdiskurs und von defizitären Pauschalannahmen gegenüber Migrantenkindern und ihren Familien einerseits und eine differenziertere Wahrnehmung und Anerkennung von spezifischen, heterogenen Ressourcen und Potentialen bei MigrantInnen andererseits« (Tepecik 2011).

Netzwerke

Auch die Sinus-Studien zeigen eine große Bedeutung der Familie und von Netzwerken. Es kann auch weitergehend die Frage nach anders zu konzipierenden sozialen Organisationsformen gestellt werden. Diese Frage betrifft letztlich viele Gruppen von Einwander*innen. Studien zu soziokulturellen Fragen der Zuwanderung belegen die hohe Relevanz nicht nur von Familie, sondern auch von ethnischen und anderen informellen und formellen Netzwerken (vgl. die Beiträge in Weiss & Thränhard 2005). In den verschiedenen Phasen der Zuwanderung sind viele unterschiedliche Migrant*innenorganisationen gegründet worden, die sich immer wieder und neu in unterschiedlicher Form entwickelt haben.

Derartige Feststellungen können aber in kulturalistische Fallen führen. Der Theoretiker der Kulturstandards Geert Hofstede ging davon aus, dass Kulturen durch mentale Programme geprägt sind und sich u. a. darin unterscheiden, ob sie dem Individuum (Persönlichkeit) oder dem Kollektiv (Gruppe, Gemeinschaft) eine höhere Bedeutung zuschreiben. Dabei wird durchaus berücksichtigt, dass die Annahme, manche Länder seien angeblich stärker durch Kollektivismus geprägt, auch historische und soziokulturelle Ursachen haben kann (Vester 1996:71). Ein genauer Blick auf migrantische Organisationen widerlegt diese Betrachtungsweise jedoch.

Migrant*innenorganisationen verfolgen ganz unterschiedliche Zwecke. Eine wichtige Gruppe stellen religiöse Vereine dar. Migrant*innen, die ihren Glauben außerhalb einer anerkannten Religionsgemeinschaft leben, wie beispielsweise Muslim*innen oder Buddhist*innen, sind in Vereinen organisiert, die die jeweiligen Gebetsstätten wie Moscheen tragen. Andere Migrant*innen wiederum sind in Vereinen, die Kulturzentren betreiben, oder in Kulturvereinen aktiv. In den Kulturzentren wie beispielsweise den alevitischen Kulturzentren wird oft die Muttersprache gesprochen, gelehrt und weitervermittelt, es finden Kulturveranstaltungen wie Tanzgruppen, Musik- und Diskussionsveranstaltungen zu politischen Themen statt, die Beheimatung und Kontakt zur Politik der eigenen Minderheit bieten. Diese Funktion hatten auch die muttersprachlichen Gemeinden, die die christlichen Kirchen in den 1970er Jahren einrichteten. Dazu gehören die Kroatische Katholische Mission oder die orthodoxen rumänischen oder griechisch-katholischen ukrainischen Gemeinden. Diese bieten neben Gottesdiensten und Seelsorge in der Muttersprache auch Kulturveranstaltungen und soziale Aktivitäten an.

Andere Gemeinden stellen ein Sprachrohr der jeweiligen Minderheit dar, wie beispielsweise die Türkische Gemeinde in Deutschland, einer der größten Migrant*innenvereine, die auch soziale und politische Projekte durchführen (https://www.tgd.de/). In Baden-Württemberg sind sie beispielsweise Träger der Beratungsstellen für Betroffene rechter und rechtsextremer Gewalt.

Bildung und Erziehung waren Anlass für die Gründung vieler Migrant*innenorganisationen wie beispielsweise dem spanische Elternverein, der sich für eine bessere Bildungsförderung der Kinder mit Migrationshintergrund und für Angebote des muttersprachlichen Unterrichts einsetzten.

Darüber hinaus bestehen noch viele allgemeine und fachlich spezifische Migrant*innenorganisationen wie Akademiker*innenvereine oder Unternehmer*innenverbände. Andere Migrant*innenorganisationen sind multiethnisch ausgerichtet und an verschiedenen Vereinszwecken orientiert – wie Ökologie oder rassimuskritische Arbeit.

Migrant*innenorganisationen haben aber immer über ihren Vereinszweck hinaus eine Rolle als Sprachrohr und Ansprechpartnerinnen für Migrant*innen und für die Mehrheitsbevölkerung. Sie stellen wichtige Aspekte der Partizipation und zivilgesellschaftlichen Organisation dar.

Die Forschung hat gezeigt, dass die Aufnahme eines Engagements bzw. das Engagement in einer Migrant*innenorganisation oft erfolgte, weil es einen Bedarf aufgrund fehlender Angebote gab oder politische Themen, die von der Politik nicht oder nicht genügend aufgegriffen wurden. Daher ist hervorzuheben, dass, obwohl viele Migrantenorganisationen ethnisch organisiert sind, es vor allem die Migrationssituation selbst ist, die Anlass zur Gründung einer Migrant*innenorganisation gibt. Der Migrant*innenstatus bestimmt Form und Inhalt von Migrant*innenorganisationen (vgl. Mualem Sultan et al. 2019).

Migrantische Vereine stellen in der Regel keine Parallelgesellschaften dar, sondern befördern das interkulturelle Lernen von Migrant*innen. Sie erfordern Kontakte und Abstimmungen mit der deutschen Umwelt, und so kommt es zu einer Vermittlung von Wissen und Informationen über diese. Kulturelle Ressourcen und Wissensbestände werden auf diese Weise weitergegeben, Behördenkontakte und Behördenkenntnisse bieten Gelegenheit zu Lernprozessen. Diese Selbsthilfeorganisationen stellen Strukturen formeller solidarischer Netzwerke dar und bieten oft einen Übergang zu informellen Netzwerken (Mualem Sultan et al. 2019).

Migrant*innenorganisationen sind multifunktional. Sie unterstützen neu Eingewanderte darin, anzukommen und die vielen neuen Situationen zu bewältigen. Sie stellen soziale Netze für Zugewanderte dar, die informieren, orientieren, beraten und unterstützen (ebenda). Netzwerkbildung enthält durch soziale, psychische und ökonomische Stützen viel Potenzial.

Migrant*innenorganisationen sind als Teil der Zivilgesellschaft in den letzten Jahren immer wichtiger geworden. Zu dem Schluss kommen Mualem Sultan et al. in einer neueren Studie des Sachverständigenrats der Stiftungen für Migration. Sie fordern, dass die passgenaue Förderung von Migrant*innenorganisationen verbessert werden muss. Sie betonen ebenfalls, dass die Organisationen genauso vielfältig sind wie Organisationen in anderen gesellschaftlichen Bereichen. Sie unterscheiden sich stark in ihrer Ausrichtung, Arbeitsweise und Außendarstellung. Insgesamt handele es sich um eine Landschaft, die sich sehr dynamisch entwickele. In der letzten Zeit sind vor allem neue Verbände und viele Dachverbände entstanden, wie beispielsweise die »Neuen deutschen Organisationen«. Daher gebe es keine einheitliche Definition, was eine Migrant*innenorganisation überhaupt ist. Fazit:

»Migrantenorganisationen sind wichtige Elemente der Zivilgesellschaft. Es braucht deshalb fortlaufende Maßnahmen, um ihr Engagement zu stärken und sie bei ihrer Professionalisierung zu unterstützen. Das gilt gerade auch für neue Organisationen« (ebenda:4).

Kurzzusammenfassung

Lebenswelten von Migrant*innen sind von Mehrfachorientierungen, Mehrfachzugehörigkeiten und Mehrsprachigkeit geprägt. Eine gesellschaftliche Anerkennung dieser Mehrfachverortungen als Normalität steht aber noch aus. Integrationsorientierungen, Identifikation mit dem Einwanderungsland und teilweise sehr erfolgreiche berufliche Wege von Migrant*innen gehen einher mit der Forderung nach einer Anerkennung in Differenz. Zugleich konstatieren Studien wie die Sinus-Migrantenmilieustudien eine Polarisierung in der Bevölkerung mit Migrationshintergrund: Bei einer Minderheit ist eine Rückzugsorientierung und freiwillige Segregation zu beobachten und eine Überhöhung an (oft fiktiven) Herkunftstraditionen. Diese müssen auch als Reaktion auf Ausgrenzungserfahrungen gesehen werden. Weitere wichtige Elemente der Lebenswelten sind Diskriminierungserfahrungen sowie eine große Bedeutung der Familie und erweiterter familialer Netzwerke. Die zahlreichen und sehr unterschiedlichen Migrant*innenorganisationen, die sich in den verschiedenen Phasen der Einwanderung entwickelt haben, stellen einen Hinweis auf die große Relevanz ethnischer, religiöser und anderer Netzwerke in den Lebenswelten von Migrant*innen dar.

Beispiel zur Veranschaulichung

Biographie von Linda Zervakis, ehemals Sprecherin der Tagesschau: Linda Zervakis, Etsikietsi – Auf der Suche nach meinen Wurzeln. Hamburg 2020: Rowohlt.

Ausgewählte Literaturtipps

Jagusch, Birgit (2011): Praxen der Anerkennung. Vereine von Jugendlichen mit Migrationshintergrund. Frankfurt a. M.: Wochenschau Verlag.
Foroutan, Naika (2013): Hybride Identitäten. In: Brinkmann, H. & Uslucan, K. (Hrsg.): Dabeisein und Dazugehören. Wiesbaden: VS Verlag https://doi.org/10.1 007/978-3-531-19010-5_5.
Boldt, Thea D. (2019): Multikulturalismus im Diskurs. Deutsche und europäische Identitätskonstruktionen im Hinblick auf die Zugehörigkeit muslimischer Migranten. Bielefeld: transcript

Hinweise zur weiteren Recherche

- Studie zu Lebensstilen von Migrant*innen: https://www.sinus-institut.de/media-center/news/sinus-migrantenmilieus-2018
- Portal mit Recherchemöglichkeiten zu Kurzbeiträgen im Umfeld kultureller Bildung und Migration: https://www.kubi-online.de/themenfeld/migration
- BAMF-Kurzanalyse 5/2019, Lebenswelten von Geflüchteten Familien in Deutschland: https://www.bamf.de/SharedDocs/Anlagen/DE/Forschung/Kurz

- analysen/kurzanalyse5-2019_iab-bamf-soep-befragung-gefluechtete-familien.pdf?__blob=publicationFile&v=7
- Zu Identitätsmodellen: https://www.polsoz.fu-berlin.de/polwiss/forschung/international/vorderer-orient/forschung/abgeschlossen/Heymat/index.html
- Online-Zeitschrift zu Migration, Integration und Flucht, selbstorganisiert: https://www.migazin.de/
- Zu Migrantenorganisationen: https://www.bmi.bund.de/DE/themen/heimat-integration/integration/migrantenorganisationen/migrantenorganisationen-node.html

Prüfungsfragen

- Was können welche Ansätze in der qualitativen Sozialforschung für die Erforschung migrantischer Lebenswelten leisten?
- Was beinhalten vielfältige Identitäten in der Migration?
- Wie können pädagogische Fachkräfte dazu beitragen, Mehrfachverortungen von Jugendlichen anzuerkennen?
- Was ist das Spezifische am Sinus-Milieuansatz?
- Was sind zentrale Erkenntnisse der Sinus-Migrantenmilieustudie von 2018?

7 Rassismus und Diskriminierung

Wie aus den vorherigen Kapiteln deutlich wird, haben die meisten Menschen mit Migrationshintergrund Erfahrungen mit Diskriminierung gemacht, und für spezifische Gruppen stellen Diskriminierungserfahrungen ein wesentliches Element ihrer Alltagserfahrungen dar. Im Folgenden soll erklärt werden, was Diskriminierung ist, wie Migrant*innen davon betroffen Neuen Deutschen Organisationen und wie Rassismus erklärt wird. Zum anderen soll ein wichtiger sozialwissenschaftlicher Forschungsansatz zu Rassismus und Diskriminierung, der sich aber nicht auf Migrationsmerkmale beschränkt, dargestellt werden, nämlich der Ansatz der gruppenbezogenen Menschenfeindlichkeit.

Aus den Jahresberichten der Antidiskriminierungsstelle des Bundes geht hervor, dass mehr als ein Drittel aller Beratungsanfragen an die Antidiskriminierungsstelle die Themen Rassismus und ethnische Herkunft betreffen (Antidiskriminierungsstelle des Bundes 2021). Die Meldungen wegen Diskriminierung aus rassistischen Gründen oder wegen der ethnischen Herkunft beziehen sich vor allem auf *Racial Profiling*, d. h. Ausweiskontrollen wegen Aussehen, Abweisung bei Wohnungssuche wegen ausländisch klingender Namen und Benachteiligung bei der Arbeitssuche – entweder wegen des muslimischen Glaubens (Kopftuch) oder ausländisch klingender Namen.

Eine Studie des Forschungsbereichs beim Sachverständigenrat deutscher Stiftungen für Integration und Migration (SVR) analysierte, wie Menschen mit Migration Diskriminierung wahrnehmen (SVR 2018). Sie kommt zu dem Fazit, dass Menschen, die aufgrund äußerer Merkmale als Migrant*innen gelesen werden können, sich signifikant häufiger als diskriminiert wahrnehmen. Neben äußerer Merkmale spielt vor allem die Religionszugehörigkeit eine wichtige Rolle. Fast die Hälfte der Menschen, die aufgrund ihres Äußeren als Zuwander*innen wahrgenommen werden, berichten von erlebter Diskriminierung, und die Quote war noch höher bei Personen, die Deutsch mit Akzent sprechen. Betroffen waren vor allem Personen türkischer Herkunft, davon gab über die Hälfte an, Diskriminierung erlebt zu haben. Auch Menschen muslimischen Glaubens berichten deutlich häufiger davon, sich diskriminiert zu fühlen als Zugewanderte mit christlicher oder ohne Religionszugehörigkeit. Diese subjektive Einschätzung der Befragten ist nicht direkt mit objektiver, also tatsächlich stattfindender Diskriminierung gleichzusetzen – dennoch drücken diese subjektiven Erfahrungen aus, dass Menschen, die als zugewandert gesehen werden, deutliche Barrieren für eine gleichberechtigte Teilhabe und Gleichbehandlung wahrnehmen.

Diskriminierung

Diskriminierung ist gesetzlich geregelt in dem Allgemeinen Gleichbehandlungsgesetz (AGG). Diskriminierung im Sinne des AGG liegt dann vor, wenn Menschen ungleich behandelt werden aufgrund eines schützenswerten Merkmals und ohne sachliche Rechtfertigung (§ 3 AGG). Als schützenswerte Merkmale gelten wesentliche, relativ stabile Eigenschaften der Persönlichkeit und diese sind: ›Rasse‹ oder ethnische Herkunft, Geschlecht (bzw. Geschlechtsidentität), Religion oder Weltanschauung, Behinderung oder chronische Krankheit, Alter oder sexuelle Orientierung. In Gesetz wird noch unterschieden zwischen einer unmittelbaren Benachteiligung, einer mittelbaren Benachteiligung und einer Belästigung. Die unmittelbare Diskriminierung erfolgt direkt und offen aufgrund eines der schützenswerten Merkmale, eine mittelbare Diskriminierung erfolgt indirekt, wenn dem Anschein nach neutrale Vorschriften, Kriterien oder Verfahren Personen benachteiligen können, also wenn beispielsweise eine Mitarbeiterin mit Kopftuch keinen Kundenkontakt haben darf und daher nur in bestimmten Bereichen eines Unternehmens arbeiten kann.

Wie bereits erwähnt, sind die empirischen Grundlagen für die Feststellung der Diskriminierung real erlebte Situationen, die gemeldet oder in Umfragen abgefragt werden, oder reale Fälle (Anzahl der Beschwerden, Anklagen, Gerichtsverfahren). Bei Diskriminierung ist zudem von einer hohen Dunkelziffer auszugehen, da vieles von manchen gar nichts als Diskriminierung erfahren wird. Studien der Antidiskriminierungsstelle des Bundes (2017) zeigen, dass Migrant*innen zusätzlich zu den eben genannten Bereichen oft von Diskriminierung durch Behörden und im Bildungsbereich berichten.

Zu ihrem zehnten Jubiläum führte die Antidiskriminierungsstelle des Bund (2017) eine große Befragung zu Diskriminierungserfahrungen durch, sie beruhte auf einer Betroffenenbefragung auf Meldung und einer repräsentativen Befragung. Letztere ergab, dass in den zwei Jahren 2014/15 ein Drittel der Bevölkerung in Deutschland nach eigener Aussage Diskriminierung aufgrund eines im Allgemeinen Gleichbehandlungsgesetz (AGG) genannten Merkmals erlebt habe. An erster Stelle stand Diskriminierung wegen des Alters – sowohl junge als auch ältere Menschen. Der wichtigste Bereich war das Arbeitsleben, hier ist das Diskriminierungsrisiko besonders hoch (Antidiskriminierungsstelle des Bundes 2016). Bei der Betroffenenbefragung war die Nennung von Diskriminierung aufgrund der ethnischen Herkunft an erster Stelle. Hier wurde die Öffentlichkeit bzw. Freizeit oft genannt, vor allem Diskriminierung aus ethnischen/rassistischen Gründen, z.B. auf der Straße, in öffentlichen Verkehrsmitteln, in Sportvereinen oder in Geschäften (Beleidigungen, Zutrittsverwehrung). Bei der Betroffenenbefragung wurde zudem der Bildungsbereich angegeben, die Menschen hätten Diskriminierung wegen Religion und Weltanschauung erlebt, seien beispielsweise vom Lehrpersonal schlechter bewertet, aufgrund ihrer Religion oder Weltanschauung herabwürdigend dargestellt oder ausgegrenzt, beleidigt oder ausgelacht worden.

Im Bildungsbereich wurden Studien zum Übergang von der Schule in den Ausbildungsbereich durchgeführt oder Jugendliche ohne Berufsausbildung befragt.

Es zeigte sich immer wieder neu, dass es eine Gruppe von (überwiegend weiblichen) Schulabsolventinnen gibt, die sehr gute bis gute Leistungen (Schulnoten) haben und dennoch trotz vorhandenem Angebot entweder keinen Ausbildungsplatz finden oder nur Ausbildungsplätze in schlechter bezahlten und weniger begehrten Ausbildungsbereichen wie Friseur oder Verkauf. Des Weiteren bestehen zumindest in manchen Regionen (seltener in den großen Städte) auf Arbeitgeber*innenseite deutliche Vorbehalte zur Einstellung von Jugendlichen mit Migrationshintergrund (Scherr 2015). Dies galt nicht für jüngst geflüchtete junge Männer – viele von ihnen haben Ausbildungsplätze im Handwerk gefunden. Wie sich die Situation angesichts des gravierenden Fachkräftemangels, der sich auch in vielen offenen Ausbildungsplätzen ausdrückt, weiterentwickelt, müssen wir noch sehen.

Um über Berichte und Meldungen hinaus Diskriminierung zu erfassen, wird in der Forschung oft mit dem Testing-Verfahren gearbeitet. In diesem Verfahren erfolgt die Versendung von gleichen (fiktiven) Bewerbungen mit deutschen und türkischen, arabischen u. a. Namen auf ein Wohnungsangebot oder eine Stelle, so dass ablesbar wird, welche Bewerber*in zu einem Vorstellungsgespräch (oder einer Wohnungsbesichtigung) eingeladen wird, was die fiktiven Bewerber*innen gefragt werden und wer letztlich zum Zuge kommt. Studien auf der Basis des Testing-Verfahrens wurden zu Chancen auf dem Arbeitsmarkt durchgeführt (SVR 2014) und zum Wohnungsmarkt (Domann 2016, Gestring 2011). Alle diese Studien belegen eine deutliche Benachteiligung von Personen mit Migrationshintergrund insbesondere mit türkisch oder arabisch klingenden Namen.

Erforscht wurde auch das Verhältnis von Diskriminierung und Integration (Antidiskriminierungsstelle des Bundes 2012). Diskriminierung hat Auswirkungen auf die Integration von Menschen mit Migrationshintergrund, denn Diskriminierungserfahrungen können zu einem Rückzug von Menschen in ethnische *Communities* führen. Die ständige Konfrontation mit Vorurteilen und Stereotypen kann das Selbstwertgefühl bestimmter Migrant*innengruppen beeinträchtigen oder zu einer Selbstabwertung führen, sie beinhaltet Ausgrenzung und befördert Segregation (Zwengel 2015).

In der Forschung ist auch die Hypothese zu finden, erfahrene Ausgrenzung kann die Gefahr der Gewaltbereitschaft erhöhen oder, anders gesagt, dass Islamfeindlichkeit Radikalisierungsprozesse von gewaltbereiten Salafisten beeinflussen kann (Nordbruch 2021) – auf jeden Fall ist dies Teil salafistischer Propaganda.

Bezugnehmend auf das Kapitel zur sozialen Ungleichheit ist wieder aufzugreifen, dass das Armutsrisiko und Disparitäten für die Migrationsbevölkerung auf dem Arbeitsmarkt oft erklärt werden durch niedrigeres Qualifikationsniveau und geringere Deutschkenntnisse. In der Studie von Giesecke haben wir gesehen, dass dies nicht hinreichend ist. Auch wenn das Ausmaß schwer quantifizierbar ist, so muss aber ethnische (und ggf. religiös) bedingte Diskriminierung stärker erforscht werden als eine zusätzliche Erklärung der Arbeitsmarktdisparitäten und Bildungsbenachteiligung.

Für eine sozialwissenschaftliche Erklärung von Diskriminierung spielen sowohl machttheoretische und rassismustheoretische Ansätze als auch die Vorurteilsforschung eine Rolle. Allerdings steht eine soziologische Theoretisierung von Diskriminierung erst am Anfang. Bauer et al. (2021) merken dazu an:

»Trotz aller Aktualität und gesellschaftlicher Dringlichkeit sind Diskriminierung und Antidiskriminierung in der deutschsprachigen Forschung bisher noch nicht umfassend diskutiert worden; als wissenschaftliche Kategorien sind sie nur unzureichend erschlossen« (ebenda: 7).

Aber – wie wir auch eben sahen – gibt es zahlreiche Publikationen zu Diskriminierungsformen und Dynamiken, auch zahlreiche Beratungshilfen und Leitfäden, aber keine soziologischen Theorie. Dabei ist Diskriminierung in allen gesellschaftlichen Teilbereichen anzutreffen, sie ist ein gesellschaftliches Phänomen.

Albert Scherr (2021) versucht beispielsweise die »gesellschaftlichen Funktion von Diskriminierung und Diskriminierungskritik« zu theoretisieren. Er versteht Diskriminierung als einen sozialen Mechanismus, der der Herstellung, Aufrechterhaltung und Rechtfertigung von Machtunterschieden dient. Damit versteht er Diskriminierung als strukturell bedingte Reproduktion von Ungleichheiten. Um diese Mechanismen zu legitimieren, müssen gesellschaftlich Vorurteile kreiert werden, die bestimmte Individuen aufgrund äußerer Merkmale als Teil eines Kollektivs konstruieren, das negativ von anderen Kollektiven abgegrenzt wird. Diskriminierung stellt ein integrales Element moderner Gesellschaften dar, denn diese beruhen auf Differenzkonstruktionen wie die Zuschreibung von Geschlecht, Nationalität oder Religion. Diese unterscheiden Gruppen- oder Personenkategorien und etablieren damit auch wirksame Vorstellungen über Merkmale und »Annahmen über Ähnlichkeit und Fremdheit, Nähe und Distanz, Zugehörigkeit und Nicht-Zugehörigkeit« (Scherr 2021: 48). Mit diesen wirkmächtigen Unterscheidungen werden reale Lebensverhältnisse und Lebenschancen beeinflusst und Subjekte in unterschiedlichen sozialen Positionen platziert. Diskriminierung ist also strukturell zu verstehen und muss mehr sein als Vorurteilsforschung. Diskriminierungskritik muss auch mehr leisten als die Kritik der Praxis und Hilfe für die Betroffenen; sie muss sich auch mit Bedingungen, Möglichkeiten und Unmöglichkeiten von Antidiskriminierung auseinandersetzen. Diese Perspektive ist der rassismuskritischen sehr ähnlich und wird später noch einmal aufgegriffen.

Gruppenbezogene Menschenfeindlichkeit

Zunächst sei ein Blick auf den an die Vorurteilsforschung anknüpfenden Versuch, wissenschaftlich Mechanismen der Diskriminierung und Abwertung zu klären, geworfen, Dies stellt das auf die Sozialwissenschaftler Wilhelm Heitmeyer und Andreas Zick zurückgehende Konzept der Gruppenbezogenen Menschenfeindlichkeit (GMF) dar. Beide arbeiteten bzw. arbeiten am Institut für interdisziplinäre Konflikt- und Gewaltforschung an der Universität Bielefeld. Mit dem Syndrom GMF werden verschiedene Facetten von Ungleichwertigkeit angesprochen: Ablehnung von Wohnungs- und Arbeitslosen, Menschen verschiedener sexueller Orientierungen, Antisemitismus, Rassismus und Fremdenfeindlichkeit. Es geht letztlich um verschiedene Ideologien der Ungleichheit und Ungleichwertigkeit, die gemeinsam auftreten. Deshalb wurde auch der Begriff des Syndroms gewählt – abwertende Haltungen gegenüber einer Minderheit sind meist verbunden mit der Abwertung anderer Gruppen. Der Begriff des Syndroms erscheint durchaus als unglücklich gewählt, da er eine Unabänderlichkeit anklingen lässt, aber die empirischen Erkenntnisse sind äußerst wertvoll (Zick et al. 2012).

Der GMF-Ansatz fragt nach autoritären Denkformen, der Konstruktion und Ablehnung bestimmter Gruppen. Dieser Zugang ist wichtig, um zu verstehen, vor welchem Hintergrund rechte Extremismen und rassistische Einstellungen entstehen. Der Ansatz Gruppenbezogene Menschenfeindlichkeit zeigt: Denkansätze und Einstellungen, die Ungleichheiten herstellen und als Ungleichwertigkeit begreifen, sind aktuell fest in der Gesellschaft verankert und beeinflussen gesellschaftliche Diskurse (Zick 2010). Mit dem GMF-Ansatz wurden 2002 bis 2010 Langzeitstudien in einem Mix von qualitativen und quantitativen Methoden durchgeführt. Der Methodenmix hat den Anspruch, repräsentativ zu sein. Mit diesen repräsentativen Einstellungsstudien untersuchten die Forscher*innen unterschiedliche Formen der Abwertung von bestimmten (konstruierten) Menschengruppen. Die GMF-Studien werden seit 2014 als sogenannte Mitte-Studien weitergeführt bzw. in sie integriert und sind aktuell finanziert durch die Friedrich-Ebert-Stiftung (vgl. Zick & Klein 2014, Zick & Küpper 2021). Nach den Ergebnissen sind ca. 20 % des Syndroms GMF empirisch belegt, d. h., von diesem Prozentsatz werden feindliche und abwertende Haltungen gegen mehrere Minderheiten vertreten. GMF ist fest in Gesellschaft verankert.

Die verschiedenen GMF-Facetten sind:

- Antisemitismus,
- Islamfeindlichkeit,
- Rassismus,
- Abwertung behinderter Menschen,
- Abwertung wohnungsloser Menschen,
- Abwertung von Sinti und Roma,
- Abwertung asylsuchender Menschen,
- Abwertung langzeitarbeitsloser Menschen,
- Sexismus,
- Abwertung homosexueller Menschen,
- Etabliertenvorrechte,
- Fremdenfeindlichkeit.

In diesem Ansatz hängen die verschiedenen Feindlichkeiten zusammen – eine Person, die Zustimmung zur Abwertung einer bestimmten Gruppe äußert, wird mit einer signifikant großen Wahrscheinlichkeit auch andere als Minderheiten konstruierte Gruppen abwerten und diskriminieren. Diese Haltungen haben einen gemeinsamen Kern, nämlich die Ideologie der Ungleichwertigkeit. Die Ideologien der Ungleichwertigkeit vermitteln Personen einen Wert, indem Andere abgewertet werden, und genau diese Haltungen bedrohen das Kernstück der Demokratie: die Gleichheit.

Interessant ist auch, dass durch die zeitlichen Parallelen gefragt werden kann, ob die Gründe für Ideologien der Ungleichwertigkeit und Rassismus bzw. der Anstieg davon in der Flüchtlingszuwanderung 2015 liegen. Dadurch, dass die Zustimmung zu den Facetten des Syndroms schon so lange erforscht und auch andere Einzelaspekte erforscht werden, zeigte sich beispielsweise in der Mitte-Studie 2016, dass das GMF-Potential nicht größer geworden war und die Vorurteile nur geringfügig gestiegen sind. Ressentiments gegen Migrant*innen gingen sogar leicht zurück, aber Abwertung gegenüber Asylsuchenden, Muslim*innen sowie Sinti und Roma hat zugenommen (Decker et al. 2016: 7). In den GMF- bzw. Mitte-Studien wird so deutlich, dass das Syndrom nicht am rechtsextremen Rand der Gesellschaft zu finden ist, sondern in allen Bevölkerungsschichten verankert ist und die abwertenden Ansichten stärker von der gesellschaftlichen »Mitte« übernommen werden.

Die Frage nach Migration oder Konfrontation mit ›Fremdheit‹ als Ursache für die Beständigkeit des Syndroms muss aber eher negativ beantwortet werden, denn parallele Studien im Rahmen der GMF-/Mitte-Forschung legen nahe, dass eher Abstiegsängste, Zukunftsängste, Ohnmachtserfahrungen, mangelnde Gestaltungsmöglichkeiten und Desolidarisierung als Probleme zu sehen sind (vgl. Baumann 2016, Decker et al. 2016, Häusler 2016).

Zwischenfazit für pädagogische Berufe

Für pädagogische Berufe sei als Zwischenfazit festgehalten, dass Autor*innen, die ausgehend von diesen Forschungsergebnissen Präventionsansätze entwickeln, NICHT Dialog, Erziehung zur Toleranz oder Verständigung fördern wollen, sondern eher an den Subjekten ansetzen, und fordern, sie so zu stärken, dass sie keine Abwertungshaltungen ausbilden (müssen).

Kurt Müller beispielsweise warnt vor Etikettierung und betont die Wandelbarkeit von Zuschreibungen und Ablehnungskonstruktionen. Aufgrund eigener Forschungsergebnisse modifiziert er den Begriff der Feindlichkeit und begreift Ablehnung als eine veränderbare Haltung. Bei der Erklärung der Attraktivität dichotomisierender und abwertender Feindbildkonstruktionen spielen positive Identifikationen eine wichtige Rolle, vor allem: Schaffung und Stärkung eines Gruppengefühls, Erhöhung des eigenen Ichs, intensive sinnliche Erfahrungen und klare Angebote der Sinnstiftung. Das Präventionskonzept knüpft daran an und fordert eine pädagogische Arbeit, die Subjekten Gegenerfahrungen ermöglicht, beispielsweise nennt er die Stärkung von Selbstwirksamkeitserfahrungen, befriedigendem sinnlichen Erleben, Sinnerfahrungen und die Entwicklung von demokratischen, differenzierenden Selbstkompetenzen in der eigenen Lebensführung. In schulischer und außerschulischer Bildung und Freizeitpädagogik sollen mehr Gelegenheiten der Anerkennung und einer echte Partizipation gegeben werden (Möller & Schumacher 2015).

Rassismus

Weit über den GMF-Ansatz hinaus gehen rassismustheoretische Ansätze – diese leisten eher eine gesamtgesellschaftliche und strukturelle Analyse von Abwertung und richten den Blick auf Machtverhältnisse. Zugleich sind sie beschränkter, denn sie betrachten nur Abwertung und Gewalt aufgrund einiger, aber nicht aller oben genannten Merkmale. Sozialwissenschaftlich wird Rassismus unterschiedlich verstanden (Biskamp 2017): als Ideologie oder falsches Bewusstsein, als Herrschaftsverhältnis oder als Macht- und Diskursdynamik. Der Soziologe Albert Memmi lieferte in den 1980er Jahren eine einfache Definition, die in ihren Kernelementen auch heute noch Gültigkeit hat. Memmi argumentiert, folgende Elemente sind konstitutiv für Rassismus (vgl. Memmi 1987):

- erstens die Einteilung der Menschheit in unterschiedliche klar voneinander getrennte Gruppen aufgrund bestimmter allgemeiner Merkmale, die real oder fiktiv sein können,
- zweitens die Zuschreibung von Eigenschaften zu diesen Gruppen bzw. zu Personen als Träger dieser Merkmale und
- drittens die benachteiligende Behandlung, Aggression oder andere Handlungen, die der einen Gruppe als Nachteil und der anderen als Vorteil gelten.

Bei Rassismus geht es also um die Produktion von Nachteilen, die Menschen aufgrund ihrer Eigenschaft als Mitglied einer Gruppe haben. Mit Nachteilen kann Ungleichbehandlung gemeint sein, Benachteiligung, Gewalt, Abwertung etc. Daher schreibt Memmi:

»Der Rassismus ist die verallgemeinerte und verabsolutierte Wertung tatsächlicher oder fiktiver Unterschiede zum Nutzen des Anklägers und zum Schaden seines Opfers, mit der seine Privilegien oder seine Aggressionen gerechtfertigt werden sollen« (Memmi 1987: 164, vgl. Miles 1992).

In heutigen Debatten werden eher diese gesamtgesellschaftlichen Aspekte hervorgehoben. Unterschiede, die zur Trennung der Gruppen beitragen, werden generell so verstanden, dass sie in historischen und gesellschaftlichen Prozessen hervorgebracht werden, die wiederum mit bestimmten gesellschaftlichen Machtkonstellationen verbunden sind (vgl. Leiprecht 2011). Sie begründen gesellschaftliche Ungleichheit und Chancenungleichheit. Bei Rassismus handelt es sich also um ein gesellschaftliches System, das verschiedene Gruppen unterschiedlich positioniert und Benachteiligung und Privilegien anhand der Differenzlinie Ethnizität oder Kultur verteilt. Daher wird auch auf die institutionelle oder strukturelle Dimension von Rassismus verwiesen, beispielsweise im Bildungssystem oder Arbeitsmarkt (vgl. Mecheril 2010). Anstelle von Herkunft wird auch oft das Merkmal Kultur verwandt und (Fremd-)Kultur oder andere Kultur wird als Merkmal konstruiert, um die Schlechterstellung bestimmter Gruppen zu legitimieren. Auch das Absprechen von Zugehörig kann als rassistisch verstanden werden.

Wichtig bei den meisten Rassismustheorien ist die Verankerung von Rassismus in gesellschaftlichen Strukturen und alltagsweltlichen Handlungen. Rassismuskritik enthält Gesellschaftsanalyse und zeigt, wie unterschiedlich konstruierte Gruppen in einem hierarchischen Gesellschaftsgefüge unterschiedlich positioniert sind und dass Zugänge zu Ressourcen wie Bildung, Status, Partizipation und Identifikationsmöglichkeiten ungleich verteilt sind.

Gesellschaft wird im Anschluss an das Machtkonzept von Foucault als Raum von Machtverhältnissen betrachtet, in dem die Möglichkeit, Einfluss auf die eigenen Lebensverhältnisse zu nehmen und die von anderen zu bestimmen, unterschiedlich gestaltet und verteilt sind. Die Machtverhältnisse zeichnen sich dadurch aus, dass bestimmte Gruppen systematisch mehr Zugang zu Ressourcen und Einflussmöglichkeiten über andere haben. Rassismuskritische Ansätze begreifen Gesellschaft generell als von Macht und Herrschaft geprägt, analysieren aber vor allem die auf kolonialistischen, nationalstaatlichen und kulturalistischen Konstruktionen beruhenden rassistischen Konstruktionen als grundlegende Ungleichheit. In den der Rassismuskritik zugrundeliegenden Theorien wird die ethnisch oder nationalstaatlich begründete Abwertung und Benachteiligung als Funktionslogik einer stets neue Dominanzverhältnisse generierenden, von ungleichen Machtverhältnissen durchzogenen Gesellschaft begriffen. Zentral an der Rassismusdefinition ist die wertende Unterscheidung, die bereits Machtansprüche enthält und legitimiert.

Rassismus stellt ein in gesellschaftlichen Strukturen inhärentes System von Bedeutungszusammenhängen dar, die auf verschiedenen Ebenen der gesellschaftlichen Wirklichkeit Ungleichbehandlung begründen oder legitimieren. Diese Ebenen können sowohl gesellschaftliche Symbole, Institutionen, rechtliche Regelungen, aber auch individuelle Haltungen und alltagsweltliche Redewendungen beinhalten. Ein Element ist die institutionelle legale Diskriminierung beispielsweise durch das Ausländerrecht und die Asylgesetzgebung, die systematisch Menschen gleiche Rechte vorenthalten. Auch der Bildungsbereich ist Teil der Produktion und Reproduktion von Differenzen, die Ungleichbehandlung legitimieren. Kritische Wissenschaft trägt dazu bei, dies stets neu nachzuvollziehen und zu reflektieren. Mit der Etablierung des Deutschen Zentrum für Integrations- und Migrationsforschung (DeZIM) in Berlin wird Rassismus sozialwissenschaftlich seit 2021 systematisch erforscht. Der beim DeZIM angesiedelte Nationale Diskriminierungs- und Rassismusmonitor (NaDiRa) soll Ursachen, Ausmaß und Folgen von Rassismus in Deutschland erforschen.

Kurzzusammenfassung

Menschen mit Migrationshintergrund sind zahlreichen Diskriminierungserfahrungen ausgesetzt, insbesondere auf dem Wohnungs- und Arbeitsmarkt und öffentlichen Dienstleistungen. In welchem Ausmaß Diskriminierung eine Ursache sozialer Ungleichheit darstellt, muss noch weiter erforscht werden. Über die Benachteiligung hinaus wirkt Diskriminierung ausgrenzend und wird auch subjektiv als Chancenungleichheit wahrgenommen. Damit trägt Diskriminierung zur Desintegration in der Gesellschaft bei.

Mit dem Ansatz der gruppenbezogenen Menschenfeindlichkeit werden feindliche und abwertende Haltungen gegenüber konstruierten Minderheiten, die diese als ungleichwertig betrachten, erforscht. Diese Positionen werden von einer starken, nicht randständigen Minderheit in der Gesellschaft vertreten. Auch Rassismus ist in der Gesellschaft fest verankert. Bei Rassismus handelt es sich um ein gesellschaftliches System, das verschiedene Gruppen unterschiedlich positioniert und Benachteiligung und Privilegien anhand der Differenzlinie Ethnizität oder Kultur verteilt. Daher wird von institutionellem oder strukturellem Rassismus gesprochen. Anstelle von Herkunft wird auch oft das Merkmal Kultur verwandt.

Beispiele zur Veranschaulichung

Herr P. will kurz einen Einkauf vor dem Urlaub erledigen. In einer großen Kaufhauskette kauft er Flipflops. Auf eine Quittung verzichtet er wegen des geringen Kaufbetrags und geht mit den Flipflops in der Hand zum Ausgang. Vor dem Ausgang wird er vom Ladendetektiv aufgehalten, der die Quittung sehen möchte. Zurück an der Kasse bestätigt der Kassierer dem Ladendetektiv, dass Herr P. seinen Einkauf bezahlt hat, das Missverständnis ist aufgeklärt. Dennoch will der Detektiv nun auch noch den Rucksack von Herrn P. kontrollieren. Herr P. lässt das über sich ergehen, um die unangenehme Situation schnell zu beenden. Obwohl zahlreiche weitere Kund*innen im Geschäft mit Rucksack einkaufen gehen, wird nur Herr P. gefragt, die einzige schwarze Person im Geschäft. Zahlreiche weitere Personen können das Geschehen beobachten, was von ihm als sehr erniedrigend wahrgenommen wird. Mit Bitte um eine Beratung wendet er sich an die Antidiskriminierungsstelle des Bundes.

Fälle aus der Beratungspraxis der Antidiskriminierungsstelle des Bundes: https://www.antidiskriminierungsstelle.de/SiteGlobals/Forms/Suche/Expertensuche_Formular.html?cl2Categories_Diskriminierungsmerkmale=rassismus_ethnische_herkunft&format_str=fall_aus_der_beratung, **Zugriff 13.01.2022.** Weitere Fälle auf der Website www.antidiskriminerungsstelle.de, »Der Aktuelle Fall«.

Ausgewählte Literaturtipps

Groß, Eva-Maria, Zick, Andreas & Krause, Daniela (2012): Von der Ungleichwertigkeit zur Ungleichheit: Gruppenbezogene Menschenfeindlichkeit. In: ApuZ – Aus Politik und Zeitgeschichte 62 (16/17), 11–18.
Bauer, Gero, Kechaja, Maria, Engelmann, Sebastian & Haug, Lean (Hrsg.) (2021): Diskriminierung und Antidiskriminierung. Beiträge aus Wissenschaft und Praxis. Bielefeld: transcript
Terkessidis, Mark (2004): Die Banalität des Rassismus. Migranten zweiter Generation entwickeln eine neue Perspektive. Bielefeld: transcript.
Hund, Wulf D. (2015): Rassismus. Bielefeld: transcript.

Hinweise zur weiteren Recherche

- Antidiskriminierungsstelle des Bundes – Gesetze, Infos, Studien, Beratungsmöglichkeiten, aktuelle Fälle: https://www.antidiskriminierungsstelle.de/
- Friedrich-Ebert-Stiftung – Studie zu rechtsextremen Einstellungen: https://www.fes.de/referat-demokratie-gesellschaft-und-innovation/gegen-rechtsextremismus/mitte-studie
- Nationaler Diskriminierungs- und Rassismusmonitor (NaDiRa): https://www.rassismusmonitor.de/
- Informations- und Dokumentationszentrum für Antirassismusarbeit in NRW (IDA-NRW): https://www.ida-nrw.de/themen/rassismus
- Bildungsmaterial gegen Rechtsextremismus, Menschenfeindlichkeit und Gewalt: https://www.vielfalt-mediathek.de/themenfeld/rassismus
- Rassismuskritischer Podcast: https://tupodcast.podigee.io/

Prüfungsfragen

- Wie wird Diskriminierung definiert?
- Wie wird Diskriminierung erforscht?
- Was untersucht der Ansatz Gruppenbezogene Menschenfeindlichkeit?
- Wie wird Rassismus heute definiert?

8 Transnationalität und internationale Theorien

Die bislang geschilderten Konzepte der Integration oder Diversität und die beschriebenen Lebenswelten passen nicht auf alle Migrant*innen und verkürzen die Lebensweltdarstellung anderer um wesentliche Aspekte. Wie passt ein wie auch immer verstandenes Integrationskonzept auf das Leben einer ukrainischen Lehrerin, die in Deutschland (vor dem Krieg) eine ältere pflegebedürftige Frau versorgte, nur alle paar Monate in die Ukraine fährt, um nach dem Rechten zu sehen, aber jeden Abend mit Mann und Sohn skypet? Ist die Lebenswelt einer schon seit 30 Jahren in Deutschland lebenden Frau aus Chile, deren alte Mutter allein in Chile lebt, die sie nur alle paar Jahre besuchen kann, deren Pflege sie aber von Deutschland aus organisiert, täglich in Sorge, dass ihr etwas passiert, mit den bisherigen Konzepten erfasst?

Transnationalität

Seit mehreren Jahrzehnten wird der Ansatz der Transnationalität für die Beschreibung auch des nationalen Migrationsgeschehens verstärkt diskutiert. Migration wird nicht mehr als ein linearer Prozess verstanden, der in A beginnt und in B endet. Migrationsbewegungen und das Leben in der Migration werden als ein Element neuer internationaler, globaler Prozesse, die miteinander verknüpft sind, verstanden, die sich multidirektional über mehrere Länder erstrecken können und niemals zum Abschluss in einem fixierten nationalen Container kommen. Daher wird Migration als transnational bezeichnet (Pries 2010). Der Aspekt der Transnationalität bezieht sich auf die sich verändernde Gestalt von Migration, die zunehmend als Transmigration auftritt und national beschränkte Analysen vor neue Herausforderungen stellt. Transnationalität

> »bezeichne[t] [...] Prozesse, in denen Migranten in sozialen Beziehungen über Ländergrenzen hinweg involviert sind. Viele Migranten leben in Sozialräumen, die politische, geographische und kulturelle Grenzen überspannen« (Faist et al. 2014: 18).

Diese transnationale Gestalt der Migration beinhaltet,

- dass Migrant*innen ein Leben in zwei oder mehreren Ländern und Gesellschaften gleichzeitig führen können – entweder zur Arbeit oder auch im Alter (Conen 2020),
- dass Migrationsbewegungen durch mehrere Länder hindurch verlaufen und der vorläufige Zielort der Migration oft nicht der eigentlich angestrebte ist.
- Transnationalität kann aber auch bedeuten, dass Menschen mit Migrationshintergrund, die im Einwanderungsland geboren sind oder sozialisiert wurden, im Erwachsenenalter in das Land gehen, aus denen ihre Eltern vor vielen Jahrzehnten migriert sind.
- Transnationalität ist auch gegeben, wenn Migrant*innen, die an einem festen Ort leben, ja vielleicht auch dessen Staatsangehörigkeit angenommen haben, in ihrem alltäglichen Leben und in ihren Bindungen transnational orientiert sind, beispielsweise in familiären Netzwerken mit Mitgliedern ihrer Familie, die vielleicht auch wieder über mehrere Länder verteilt leben, verbunden sind.

Menschen migrieren nicht mehr in erster Linie von Land A nach Land B, um sich dort längerfristig niederzulassen und alle Kontakte zu Land A zu kappen, sondern wechseln vermehrt Zielländer und Herkunftsländer und leben ihren Alltag, fällen Entscheidungen, bieten Unterstützung und haben enge Bindungen an Länder A, B und C und vielleicht noch D (Faist 2014).

So migrieren beispielsweise Flüchtlinge aus zentralafrikanischen Ländern in verschiedenen Etappen Richtung Nordafrika und zu Beginn haben sie ein gewisses Starkapital dabei. Im nördlichen Afrika wandern sie in ein Mittelmeerland, wo sie bleiben und arbeiten, um die Mittel zu erwirtschaften, mit denen sie über das Mittelmeer und in das Land ihrer Wahl zu gelangen versuchen, das sie vielleicht aber niemals erreichen (vgl. Mbolela 2014).

Auch verlaufen Migrationsprozesse oft im Kontext von Remigration oder Transmigration, vor allem wenn die zweite oder dritte Generation in das Land der Vorfahren migriert, was eine Zeit lang für hochqualifizierte Türkeistämmige untersucht wurde (vgl. Mediendienst Integration 2016). Als Remigration wird auch bezeichnet, wenn Migrant*innen nach längeren Auslandsaufenthalten in ihre Herkunftsregion migrieren. Remigrationsprozesse sind aber meist transnational zu betrachten, da die Migrant*innen in transnationale Mobilitäts-, Netzwerk-, Wissens- und Zugehörigkeitsmuster eingebunden sind. Rückkehrprozesse, so zeigt beispielsweise eine Studie von Olivier-Mensah (2017) über ghanaische Bildungsremigrant*innen aus Deutschland, müssen als Teil eines zirkulären Systems der Unterstützung und der vielfachen Loyalitäten verstanden werden und können nicht unter einem nationalstaatlich fixierten Reintegrationsfokus betrachtet werden. Die Migrant*innen waren durch bestimmte Netzwerke nach Deutschland gekommen, diese Netzwerke bleiben präsent, und durch die Austausch und das Leben in der Migration haben sich Beziehungen, Netzwerke und Rollen grundlegend verändert.

Auch Menschen, die im Migrationsland bleiben, können trotz langjähriger Abwesenheit über kommunikative, soziale und finanzielle Kontakte und Netzwerke in ihrem Herkunftsland präsent bleiben und dort Einfluss ausüben. Sarah Hege gab ihrer Studie über subsaharische Migrant*innen und deren Unterstützungsleistungen für ihre Herkunftsländer den Titel »Mehr als Geld«, da diese Familien und

Freund*innen im Herkunftsland nicht nur finanziell unterstützen, sondern ebenso mit Kontakten, Netzwerken, Ratschlägen wie auch mit Motivations- und Vermittlungsarbeit versorgten – und zwar aus der Ferne (Hege 2011). Daher wird von vielen Autor*innen die Position vertreten, dass in diesen transnationalen Zusammenhängen neue Formen der Unterstützung jenseits wohlfahrtsstaatlicher Systeme entstehen, die als wichtiger Beitrag zur Armutsbekämpfung anzusehen sind. Menschen finanzieren aus der Ferne nicht nur ihre Kinder, sondern sichern ihre Familien materiell ab und initiieren damit neue wirtschaftliche Aktivitäten vor Ort (vgl. die Beiträge in Atac et al. 2014).

Zentral ist hier das Konzept der transnationalen Räume. Familien sind häufig auf mehrere Länder verteilt und stehen dennoch in einem engen kommunikativen und sozialen Zusammenhang, leben also in transnationalen Räumen (vgl. Pries 2005). Es entstehen neue, über Grenzen hinausgehende Netzwerke wie beispielsweise durch Heirat innerhalb transnationaler Familien, durch Studium, Familien- und Bildungsmigration, aber auch durch Netzwerke von Migrant*innen zur Rekrutierung von Arbeitskräften aus einer bestimmten Region für ein anderes Land. Raum wird hier sozial verstanden – als durch soziale Beziehungen, die sich wiederum in einem größeren geographischen Raum erstrecken, konstituiert (Faist et al. 2014: 12). Diese sozialen Räume können unterschiedliche Formen haben und durch familiale Kommunikation, Unterstützungssysteme oder auch weitere ökonomische Aktivitäten bestimmt sein.

Transnationalität von Familien kann sich so ausdrücken, dass eine Familie oder erweiterte Familie über mehrere Länder verstreut lebt, aber auch über soziale Netzwerke, Besuche oder Heimaturlaube enge Beziehungen miteinander pflegt, sich austauscht, unterstützt, stärkt und Entscheidungen gemeinsam trifft oder zumindest bespricht. Für unbegleitete minderjährige Flüchtlinge ist beispielsweise die Familie zwar nicht physisch präsent, aber sie war oft entscheidend für die Flucht, und der Kontakt mit ihr ist aus vielerlei Gründen wichtig für die Gestaltung des Lebens im neuen Land (vgl. Bar 2016). Auch Migrant*innen, die längst im Zielland etabliert sind und jahrzehntelang die Familie im Herkunftsland finanziell unterstützen und hinsichtlich vieler verschiedener Fragen beraten, konstituieren transnationale Räume.

Transnationalisierung bedeutet immer auch eine zumindest partielle Integration in das Land der Migration. Aber Zugehörigkeiten und Loyalitäten von Migrant*innen sind vielfältig. Transnationale Orientierungen beinhalten immer auch unterschiedliche Loyalitäten gegenüber der Familie, der Herkunftsregion und der Region oder Gesellschaft im Zielland. Diese lassen sich weder alleine über das Herkunftsland noch das Zielland definieren und vor allem nicht nationalstaatlich charakterisieren (Homfeldt et al. 2006).

Für die Transnationalismusforschung spielen Migrationsformen, die sich durch das Leben in zwei oder mehr Ländern auszeichnen, eine zentrale Rolle. Pendelmigrant*innen gibt es in allen Teilen der Welt, in Deutschland kommen sie vor allem aus mittel- und osteuropäischen Ländern, die meisten aus der EU. Transnationale Familie mögen unterschiedlich gestaltet sein: Es kann sein, dass ein Elternteil oder beide Eltern im Ausland und die Kinder im Herkunftsland leben, dort zur Schule gehen und von Verwandten oder Freund*innen versorgt werden (Lutz 2018). Diese

Form der Migration praktizieren viele Migrant*innen, die in Privathaushalten oder als Saisonarbeiter*innen arbeiten. Meist die Mutter oder beide Elternteile können als Pendelmigrant*innen einige Monate auswärts arbeiten und regelmäßig zur Familie fahren und diese im Herkunftsland versorgen. Andere sind mehrere Monate oder ein ganzes Jahr abwesend. Auch Mutterschaft oder Elternschaft kann transnational sein. So bewältigen Migrant*innen bilokale Lebensformen, leben und arbeiten wochen- oder monatsweise in Deutschland und sind dann wieder wochen- oder monatelang in ihrem Herkunftsland in einem anderen Bereich tätig oder mit ihrer Familie beschäftigt. Viele praktizieren dieses Modell seit Jahren.

Transnationale Migration ist auch ein ökonomisches Modell. Es entstehen neue Formen sozialer Unterstützung, vor allem finanzielle Hilfen, die Armutsbewältigung darstellen oder Aufstiegschancen unterstützen. Es entstehen neue Formen zivilgesellschaftlicher Organisation in transnationalen NGOs, die sich beispielweise für die Rechte von Haushaltsarbeiterinnen einsetzen. Es stellen sich aber auch Fragen nach alternativen Legitimationen für soziale Rechte, wenn diese nicht aus nationalen wohlfahrtsstaatlichen Ansprüchen resultieren.

Andererseits werden auch wohlfahrtsstaatliche Ansprüche verändert. Auch ältere Migrant*innen planen ihre Alterssicherheit oder zumindest ihr Leben im Alter ebenfalls transnational, sie pendeln oder leben in längeren Phasen in verschiedenen Ländern (Conen 2020). Diese transnationale Planung als »retirement migration« gibt es auch von Mehrheitsdeutschen ins Ausland, meist in andere EU-Staaten (Kaiser 2011).

Angesichts der vielfältigen Herausforderungen wird deutlich, dass transnationale Migration nicht nur eine besondere Form sozialer Organisation darstellt, sondern auch spezifische Strategien der Lebensbewältigung und der Handlungsfähigkeit (Agency) beinhaltet. Konzepte der Lebensbewältigung sollten stärker diese transnationalen sozialen Unterstützungsstrukturen durch Finanztransfers, Netzwerke etc. berücksichtigen. Durch die Analyse transnationaler Migrationsbiographien können auch neue Modelle von Agency entwickelt werden, wenn sich beispielsweise Frauen aus Kontexten, in denen ihre Handlungsfähigkeit stark eingeschränkt ist, in prekären Arbeitsbedingungen beispielsweise als Haushaltsarbeiterinnen bewegen und dadurch aber ihre eigene Autonomie sichern, indem sie zum Familieneinkommen beitragen (Metz-Göckel 2010). Diese Perspektiven eröffnen neue Forschungshorizonte. Die transnationalen Dimensionen werden nicht erfasst, wenn die Forschung einem »methodologischen Nationalismus« (Glick-Schiller 2014) erliegt und nur nationalstaatlich beschränkte soziale Organisation in den Blick nimmt. Mit ihrer Kritik am methodologischen Nationalismus der Migrationsforschung zielt Nina Glick Schiller auch auf eine Ignoranz gegenüber transnationalen Verflechtungen und Bezügen von Migrant*innen. Wenn beispielsweise Familien insbesondere aus ethnischen Minderheiten Armutsbedingungen oder ethnischer Unterdrückung dadurch entgehen, dass sie in verschiedene Länder migrieren, den Familienzusammenhang aber durch ein Netz von finanzieller Unterstützung, Kommunikation, sozialen Beziehungen und Heiratspraktiken erhalten, dann sind sie in mehrfacher Hinsicht handlungsfähig und aktiv. Werden sie nur unter der nationalen Perspektive oder der Integrationsperspektive betrachtet, dann könnten sie als eine traditionelle, segregierte Großfamilie beschrieben werden. Dieser Blick wird aber der Differenziertheit der aktiven Handlungsweisen und Bewältigungsstrategien nicht gerecht.

> **Zwischenfazit für pädagogische Berufe**
>
>
>
> Wenn Personen mit Migrationshintergrund transnational orientiert sind, bedeutet das nicht, dass sie sich segregieren oder nicht im Einwanderungsland angekommen sind. Es bedeutet einfach nur, dass sie in Netzwerken leben, die nationale Grenzen überschreiten und anderen Logiken folgen als Nationalstaaten. Diese Netzwerke können besondere Ressourcen der sozialen, kulturellen und ökonomischen Unterstützung beinhalten und sie müssen in die Perspektiven pädagogischer Interventionen Eingang finden.

Soziologie globaler Ungleichheiten

Unterschiedliche Mobilitätsformen sind mit verschiedenen Herausforderungen verknüpft. Es ist aber – abgesehen von der EU – gar nicht so einfach, sich real transnational zu bewegen. Denn die Welt ist aktuell nicht mobilitätsfreundlich – die meisten Länder betreiben eine sehr restriktive oder zumindest selektive Einwanderungspolitik. So soll abschließend eine neue Perspektive eröffnet werden, nämlich die Frage, ob es ausreichend ist, dass die bislang präsentierte Analyse von Ungleichheiten wohl die Perspektive von Zugewanderten aufnehmen, sich aber immer noch im nationalstaatlichen Rahmen bewegen. Müssen nicht auch Wege gefunden werden, Ungleichheit global zu denken? Dafür müsste in der Soziologie einiges anders angegangen werden.

So stellt beispielsweise Manuela Boatca (2016) in einem Beitrag über Staatsbürgerschaft fest, dass für die Klassiker der Soziologie Staatsbürgerschaft ein wesentliches Merkmal der Gleichheitsansprüche moderner Gesellschaften darstellte, da mit der Staatsbürgerschaft jede*r Bürger*in unabhängig von Ressourcen gleich war, was somit ein Gegengewicht gegen soziale Ungleichheit oder feudale Traditionen darstellte. Boatca fragt nun aber: »Was ist die Rolle der Institution der Staatsbürgerschaft in der Produktion und Reproduktion globaler Ungleichheiten?« (ebenda: 148) und sie argumentiert im Rekurs auf Brubakers Adaption des Konzepts sozialer Schließung, dass Staatsbürgerschaft nach innen (des betreffenden Staates) inklusiv, nach außen aber exklusiv sei. Souveräne Staaten erteilen Rechte an diejenigen, die per Zufall in ihren Ländern geboren werden oder länger da leben und beschränken über die Staatsbürgerschaft den Zugang von Nicht-Staatsbürger*innen zu gleichen Rechten. Mit der Staatsbürgerschaft sind nicht nur politische Rechte, sondern auch Möglichkeiten sozialen Aufstiegs oder zumindest der Verbesserung der sozialen Lage verbunden, daher kommt den nach außen exklusiven, von den Betroffenen nicht beeinflussbaren Regelungen zum Zugang der Staatsbürgerschaft die Rolle einer sozialen Schließung zu – völlig unabhängig von ihren eigenen Bemühungen können die Ausgeschlossenen ihre soziale Situation nicht verändern. Boatca argumentiert, dass global oder international betrachtet, Staatsbürgerschaft eben keine Garantie für Gleichheit darstelle, sondern der Institution der Staatsbürgerschaft eine zentrale Rolle »bei der Reproduktion globaler Ungleichheiten zukommt« (ebenda: 149). Sie verweist ebenfalls darauf hin, dass Daten zu sozialen Ungleichheiten im weltweiten Vergleich zeigen, dass Staatsangehörigkeit ein wichtiger Indikator für die Stellung eines Individuums in der globalen Ungleichheitsstruktur sei (ebenda). Im Rückgriff auf andere Theoretiker, die nach sozialwissenschaftlichen Zugängen zur Untersuchung von Ungleichheiten auf globaler Ebene suchen, folgert Boatca, dass die Institution, die nach innen für ein Gleichheitsversprechen steht, nach außen ein Exklusionsinstrument darstellt und global betrachtet der Sicherung des Reichtums einiger privilegierter Staaten dient. Diese Funktion zeigt sich auch daran, dass manche Staaten Staatsbürgerschaftsrechte gegen Geld oder Investitionen verkaufen, sogar große Agenturen dafür einschalten, und in Folge kommt es in einigen Ländern zu einer Kommodifizierung der Staatsbürgerschaft. Boatca schließt mit einem Fazit für soziologische Ungleichheitsforschung, dass es Phänomene globaler Ungleichheit gebe, die im Rahmen des Nationalstaates nicht adäquat untersucht werden können.

Diese Frage – mit welchen Begrifflichkeiten und Instrumenten kann oder muss die Soziologie transnationale soziale Fragen erforschen, beschäftigt auch Anja Weiß in ihrem Buch »Soziologie transnationaler Ungleichheiten«. Sie stellt fest, dass Ungleichheitsforschung nur im Rahmen der Nationalstaaten, der EU- oder OECD-Staaten erfolgt, aber nicht darüber hinaus. Die Grenzen der Nationalstaaten werden nicht wirklich thematisiert und dies führe zu einer Abschottung und Interessensicherung, die dem nahekommt, was sonst in der Soziologe als Klasseninteresse diskutiert werde (Weiß 2017: 12). De facto entscheide die Staatsbürgerschaft stärker als Einkommen und Beruf über Lebenschancen und werde, wie Ayelet Shachar sagte, über eine Art Lotterie der Geburt vergeben. Hier handele es sich ganz klar um eine Ungleichheit, die zwar nicht über die Ökonomie oder sozialstrukturelle Faktoren begründet wird, sondern durch politische Systeme. Aber, so fragt Weiß, eigentlich seien solche, für eine soziale Positionierung zentralen Faktoren »vielleicht doch wichtig für die Sozialstrukturanalyse?« (ebenda: 5). Sie plädiert dafür, soziale Ungleichheit global zu untersuchen und diese politischen Fragen nicht ethisch oder politikwissenschaftlich anzugehen, sondern nach soziologischen Mitteln zu suchen, es gehe ja schließlich um ein Grundanliegen der Soziologie, nämlich soziale Ungleichheit.

Daher versucht Weiß im Anschluss an neuere Ungleichheitstheorien, die neben Geld und Bildung weitere Dimensionen sozialer Ungleichheit berücksichtigen, Begrifflichkeiten zu entwickeln, um globale Ungleichheiten zu erfassen. Sie stößt dabei auf das Konzept des Kontexts – dass nämlich in verschiedenen Zusammenhängen unterschiedliche Ressourcen eine Rolle spielen. Im Rekurs auf den Begriff des Kontextes denkt Weiß dann von den Bedürfnissen der Personen aus, von ihren Lebenschancen – einer dieser Kontexte ist dann auch der Nationalstaat, in dem eine Person lebt oder zu dem sie Zugang hat oder eben nicht. Weiß scheibt:

»Jenseits der Quantität und Qualität der eigenen Ressourcenausstattung sind Soziale Lagen auch danach zu beurteilen, ob der Zugang zu vorteilhaften Kontexten gewährleistet ist und ob und wo die als Ressourcen wahrnehmbaren Teilaspekte von Personen Anerkennung finden. *Sozialräumliche Autonomie* strukturiert Ungleichheit in der Welt, und wir können Soziale Lagen nur verstehen, wenn wir dem Rechnung tragen« (ebenda: 9, Herv. i. O.).

Weiß versucht mit dem Begriff des Kontexts Bedingungsgefüge sozialer Ungleichheit zu beschreiben, die nicht mit sozialstrukturellen Faktoren erfasst werden können. Möglicherweise muss ihr Begriff des Kontexts analog zum Intersektionalitätsbegriff als ein Zusammenkommen mehrerer Faktoren auf mehreren Ebenen begriffen werden, die nicht additiv zu verstehen sind, sondern ineinander übergreifen und sich gegenseitig beeinflussen. Die Staatsbürgerschaft oder der Pass sind ein politisches Element – dieses hat aber massive Folgen. Hier greifen auch politische und soziologische Wissenschaft ineinander.

Da Migration im Rahmen des Nationalstaats nicht adäquat analysiert werden kann, müssen ebenso die letztlich mit Migration verbundenen globaler Ungleichheiten auch jenseits der nationalstaatlichen Grenzen und Begrenzungen der Wissenschaften untersucht werden.

Kurzzusammenfassung

Migration kann nicht nur im nationalen Rahmen analysiert werden, sondern muss transnational gesehen werden. Transnationalität von Migration beinhaltet, dass Migrant*innen ein Leben in zwei oder mehreren Ländern und Gesellschaften gleichzeitig führen können – entweder aufgrund der Arbeit oder auch im Alter – und dass Migrationsbewegungen durch mehrere Länder hindurch verlaufen und der vorläufige Zielort der Migration oft nicht der eigentlich angestrebte ist. Transnationalität kann aber auch bedeuten, dass Menschen mit Migrationshintergrund, die im Einwanderungsland geboren sind oder sozialisiert wurden, im Erwachsenenalter in das Land gehen, aus denen ihre Eltern oder Großeltern vor vielen Jahrzehnten migriert sind. Von transnationalen Räumen wird gesprochen, wenn Migrant*innen, die an einem festen Ort leben und möglicherweise auch dessen Staatsangehörigkeit angenommen haben, in ihrem alltäglichen Leben und in ihren Bindungen transnational orientiert sind und beispielsweise in familiären Netzwerken mit Mitgliedern ihrer Familie, die möglicherweise auch wieder über mehrere Länder verteilt leben, verbunden sind.

Auch die Ungleichheitsforschung bezieht globale Dimensionen ein und entwickelt neue Instrumente, um globale Ungleichheitsverhältnisse zu analysieren.

Beispiel zur Veranschaulichung

John F. kommt aus dem Senegal, hat in Deutschland studiert, Arbeit gefunden und geheiratet. Er kommt aus einem kleinen Dorf und sein Vater war die höchste

Autorität im Dorf. Nach dem Tode des Vaters sollte er dessen Rolle übernehmen, aber er kann nicht so oft in den Senegal fahren. Sein Onkel hat seine Verantwortung übernommen und wird von den Menschen, die noch im Dorf leben, angefragt. Bei kleinen Streitereien versucht er zu vermitteln, bei großen Entscheidungen wie Landkauf, Änderung der Anbauprodukte usw. zu beraten. Aber da der Onkel nur die Vertretung innehat, spricht er alle Entscheidungen mit John ab, früher über Skype, jetzt mit Zoom. John arbeitet im Bereich nachhaltige Energien und hat in seinem alten Dorf eine Solaranlage installiert. Diese finanziert er über Spenden aus Deutschland. Auch wenn viele Dorfbewohner*innen anfangs etwas skeptisch waren, hat das Projekt seine Position gestärkt.

Ausgewählte Literaturtipps

Wirtz, Eugenie (2021): Care-Arbeit und Familie transnational. Rekonstruktionen sozialer Netzwerke ukrainischer Arbeitsmigrantinnen. Wiesbaden: VS Verlag
Bender, Désirée, Hollstein, Tina, Huber, Lena & Schweppe, Cornelia (2015): Auf den Spuren transnationaler Lebenswelten. Ein wissenschaftliches Lesebuch. Erzählungen – Analysen – Dialoge. Bielefeld: transcript.
Faist, Thomas, Fauser, Margit & Reisenauer, Eveline (2014): Das Transnationale in der Migration: Eine Einführung. Weinheim: Beltz.
Lutz, Helma (2008): Vom Weltmarkt in den Privathaushalt: Die neuen Dienstmädchen im Zeitalter der Globalisierung. Opladen: Budrich

Hinweise zur weiteren Recherche

- Zur Care-Migration: https://gesundheit-soziales-bildung.verdi.de/themen/arbeit-in-europa/++co++f0f991fc-c55a-11e7-8066-52540066e5a9
- Haushaltsarbeiter*innen-Gewerkschaft: https://www.wiego.org/
- Caremigrantinnen-Gewerkschaft Schweiz: https://vpod.ch/themen/gesundheit/das-netzwerk-respekt/
- Rechtliches, Beratung und viele Fälle: https://www.faire-mobilitaet.de/

Prüfungsfragen

- Welche transnationalen Lebensformen gibt es?
- Welche Dimensionen können transnationale Netzwerke umfassen?
- Warum braucht es neue Theorien globaler Ungleichheit?

9 Postmigrantische Perspektiven

Aufgrund der dargestellten Forschungsansätze und theoretischen Perspektiven in der Migrationsforschung – insbesondere Heterogenität, Transnationalismus und Mehrfachidentitäten – fragen viele, welchen Sinn es denn noch macht, zwischen Migrant*innen und Einheimischen, »Wir und Sie« zu unterscheiden. So sprechen einige Autor*innen von einer reflexiven Wende in der Migrationsforschung (▶ Kap. 1), andere nehmen eine postmigrantische Position ein. Mit postmigrantisch wird das Dilemma umschrieben, noch von Migrant*innen sprechen zu müssen, obwohl eigentlich von Gleichen gesprochen werden sollt. Von Migrant*innen muss gesprochen werden, da Partizipations-. und Gleichheitsansprüche noch lange nicht realisiert sind und daher auch nicht von Gleichen gesprochen werden kann. Sabine Hess plädiert »für ein Abschiednehmen vom Integrationsparadigma und dem migrationswissenschaftlichen Kulturalismus und für eine Hinwendung zu postintegrationistischen, postethnisierenden, wissens-reflexiven Ansätzen« (Hess 2014: 128). Sie macht deutlich, dass Migration immer ein sozial vermitteltes oder sozial hergestelltes Phänomen darstellt und nicht ohne eine Reflexion auf die in dieser Darstellung wirksamen Elemente analysiert werden kann. Der postmigrantische Ansatz knüpft daran an. Er ist nicht unumstritten und wird auch nicht von allen als neu anerkannt (vgl. Kourabas & Mecheril 2021).

Wesentliche Protagonist*innen postmigrantischer Perspektiven sind der Soziologe und Erziehungswissenschaftler Erol Yildiz und die Politologin und Sozialwissenschaftlerin Naika Foroutan. Beide begreifen den postmigrantischen Ansatz als ein Element der Gesellschaftsanalyse.

Der postmigrantische Ansatz nach Foroutan

Foroutan (2018) unterscheidet drei Lesarten der postmigrantischen Gesellschaftsanalyse: empirisch – analytisch, gesellschaftspolitisch und normativ (ebenda: 17). Der empirische Zugang fragt danach, wie sich Gesellschaften durch Migration verändert haben. Der gesellschaftspolitische Zugang analysiert, wieso das Thema Migration in der öffentlichen Debatte und in der Wissenschaft so präsent ist und fragt danach, welche grundlegenden gesellschaftlichen Fragen diese Fokussierung ausdrückt. Der normative Zugang verweist auf die Gleichheits- und Partizipationsansprüche pluraler Demokratien und fordert, »etablierte Prozesse des Ausschlusses und des *Othering* sichtbar zu machen« (ebenda).

Hinsichtlich des empirisch analytischen Zugangs verweist Foroutan auf ihre eigene Forschung, vor allem auf das Projekt HEYMAT (vgl. Foroutan 2011). In den Studien zur Selbstverortung und Fremdwahrnehmung muslimischer Minderheiten hat sie mit ihren Teams herausgearbeitet, dass muslimische Minderheiten sich größtenteils als zu Deutschland zugehörig fühlen, aber dennoch mit Ausgrenzungen und mangelnder Anerkennung von Zugehörigkeit konfrontiert sehen. Als zentrale Herausforderung sieht sie die Entwicklung neuer Narrative – also neuer Bilder der Gesellschaft von sich selbst:

> »Welche nationalen Narrative sind dominant? Wie wird eine kollektive Identität in einer Gesellschaft, die von Migration geprägt ist, definiert? Welche Narrative mit Bezug auf Vergangenheit, Normen und Werte und Zugehörigkeiten gibt es? [...] Wer wird als deutsch gesehen und wer nicht? Zählen migrantische Identitäten zum nationalen Wir?« (ebenda)

Der gesellschaftspolitische Zugang hinterfragt kritisch aktuelle Konfliktlinien und Debatten, vor allem Anforderungen an Migration und Integration. Foroutan vertritt die Position, dass sich hinter diesen Debatten eine Unsicherheit der Gesellschaft selbst verbirgt: Wie plural ist sie wirklich hinsichtlich aller möglicher Pluralitäten, die eine moderne Gesellschaft prägen? Migration begreift sie als eine Chiffre für Pluralität generell (Foroutan 2019: 9 ff). Sie sieht in der Gesellschaft eine Bruchlinie zwischen Pluralitätsbefürworter*innen und Pluralitätsgegner*innen, die sich auf alle Bereiche sozialer Vielfalt bezieht wie sexuelle Orientierung, soziale Schichtung, Stadt-Land-Unterschiede, Lebensweisen etc. Letztlich geht es darum, wie in der Gesellschaft generell mit Ambiguität und Unübersichtlichkeit umgegangen wird. Foroutan erkennt aktuell neue Allianzen und neue Konfliktparteien, die sowohl zugewanderte Gruppen, die eben auch nicht einheitlich sind, als auch die verschiedenen sozialen Schichten neu differenzieren.

> »Es ist eben nicht so, dass die Armen gegen Migration sind und die Reichen, weil sie es sich leisten können, pluralitätsaffin wären. 55 % der AfD-Wähler haben Abitur, 44 % verdienen über 3000 Euro und die meisten arbeiten als Angestellte (Nienhaus 2015). Den Diskurs so zu führen, als sei die Pluralitätsabwehr ein Makel der Armen und Ungebildeten, verdeckt den Rassismus der Etablierten« (Foroutan 2018: 19).

Foroutan weist auch darauf hin, dass die gleichen Debatten zu Pluralität und Gleichheitsansprüchen von Minderheiten auch innerhalb der zugewanderten Schichten geführt werden.

Der normative Zugang beinhaltet die Frage, wie eine plurale Demokratie Gleichheitsansprüche für alle Gruppierungen der Gesellschaft umsetzen kann und wie letztlich »eine radikale, antirassistische Ausweitung der Perspektive auf Migration und eine Auseinandersetzung mit gesellschaftspolitischen Konflikten um symbolische und materielle Anerkennung, die MigrantInnen und ihren Nachkommen verwehrt bleibt« (ebenda), aussehen kann. Damit knüpft Foroutan an die bereits dargestellten Analysen von Elias und Scotson an und argumentiert, es gehe bezüglich Migration letztlich um die gesellschaftlichen Positionen von Etablierten und Hinzugekommenen (ebenda: 20). Diese drücke sich aus in neuen Selbstbildern der Gesellschaft, für die binäre Kategorien wie Etablierte und Außenseiter oder

Migration und Mehrheitsgesellschaft keine Rolle mehr spielen (dürfen). Als zentrales Element von Veränderungsprozessen, die die gesamte Gesellschaft betreffen, nennt Foroutan in ihren neueren Publikationen immer wieder Anerkennung von Zugehörigkeit, Aushandlung von Rechten und Privilegien, den Umgang mit Ambivalenzen und Ambiguitäten und neue Allianzen (ebenda: 21f). Unter postmigrantischen Allianzen versteht sie die Zusammenarbeit aller und vieler unterschiedlicher Gruppen für eine diverse und plurale Gesellschaft in jeglicher Hinsicht. Foroutans postmigrantisches Projekt ist also auf die Mehrheitsgesellschaft ausgerichtet und Migration steht als Chiffre für aktuelle Auseinandersetzungen zum Selbstverständnis dieser Gesellschaft allgemein. In ihrer Publikation »Die postmigrantische Gesellschaft« stellt sie wesentlich mehr empirische Forschung zur Gesellschaft allgemein dar, insbesondere Studien zu Rechtspopulismus und völkischem Denken, als Ergebnisse aus der Migrationsforschung.

Der postmigrantische Ansatz nach Yildiz

Der Fokus von Yildiz (2018a, b, 2019) liegt auf einem anderen Forschungszugang zu Migration oder Mobilität. Er plädiert dafür, die bislang auf Migration als Sonderphänomen fokussierte Forschung von ihrer Sonderrolle zu befreien und sie als Gesellschaftsforschung zu begreifen (Yildiz 2019). Diesem Ansinnen liegen zwei Impulse zugrunde, einerseits die Erforschung von transnationalen Migrationsformen, die bereits im achten Kapitel dargestellt worden sind (▶ Kap. 8), und zum anderen eine Rezeption postkolonialer Ansätze. Auf diese greift er zurück, um zu erklären, wieso die Migrationsforschung sich von den Kategorien der »Einen« und »Anderen« nicht lösen kann, obwohl sie inhaltlich diese Kategorien immer wieder empirisch widerlegt. Yildiz knüpft an die Analysen von Stuart Hall an, der zeigt, dass der Kolonialismus dazu beigetragen hat, eine europäische oder westliche Identität zu etablieren, die auf der Abgrenzung von Anderen, die als nicht westlich, nicht zivilisiert, nicht demokratisch etc. konstruiert wurden, beruht. »The West and the Rest« stellt eine binäre, dichotomische koloniale Konstruktion dar (Hall 1992). So kann gefolgert werden, Migrant*innen würden durch die Sonderstellung der Forschung damit dem »Rest« zugeordnet.

Daher fordern Yildiz und andere (Böttcher et al. 2019) neue Epistemologien in der Forschung. Der Blickwechsel soll vor allem darin bestehen, nicht die Normalität von Sesshaftigkeit zur Grundlage sozialwissenschaftlicher Forschung zu machen, sondern Mobilität und Migration (Yildiz 2019). Migration ist ein normales Element gesellschaftlicher Wirklichkeit – für alle Teile der Gesellschaft hat die Bedeutung von Mobilität enorm zugenommen. Dieser Blickwechsel hat zur Folge, dass die Anerkennung der Erfahrungen von Migrant*innen zum Ausgangspunkt wissenschaftlicher Analysen gemacht werden können: »*Postmigrantisch* meint daher eine Geisteshaltung, eine eigensinnige Praxis der Wissensproduktion. Im Mittelpunkt steht eine kritische Reflexion des restriktiven Umgangs mit Migration und deren Folgen, eine widerständige Haltung gegen hegemoniale gesellschaftliche Verhältnisse. Erst wenn eingespielte Denkmuster überwunden werden, kann das gesamte Feld, in welches der Migrationsdiskurs eingebettet ist, neu gedacht werden« (Böttcher et al. 2019: 7), schreiben die Herausgeber*innen in der Einleitung zu einem programmatischen Werk. Daher sollen die bislang zwar immer erforschten, aber nie aus ihrer Perspektive erforschten Erfahrungen von Migrierten selbst im Fokus der Forschung stehen. Migration soll in der Forschung eine Perspektive darstellen und nicht einen eigenen, abgegrenzten Forschungsgegenstand beinhalten.

Den Hintergrund für diesen Perspektivwechsel bilden Analysen der modernen Gesellschaft in ihrer Pluralität und Vielfältigkeit anknüpfend an Ulrich Beck und seine Diagnosen (▶ Kap. 2). Neue Subjektivitäten, gemischte, vielfältige, changierende Identitäten, Flexibilität und Mischungen, wie sie vor allem in den Städten zu finden sind, stellen für viele eine Normalität dar und Monokulturalität oder Einsprachigkeit eher die Ausnahme (Yildiz 2019). Postmigrantisch zu denken, bedeutet, diese Normalität anzuerkennen und sie zum Ausgangspunkt der Forschung zu machen und nicht als Randphänomen, Problem oder Defizit zu untersuchen. Der Begriff begründe keine neue »Disziplin«, sondern beschreibe eine Geisteshaltung, »eine widerständige Praxis der Wissensproduktion, mit anderen Worten: eine Perspektive, die eine erkenntnistheoretische Wende im Migrationskontext einleitet« (Yildiz 2018b: 43). Migration soll eben nicht mehr ein Sonderobjekt der Forschung darstellen.

Es geht letztlich um die Überwindung von Denkmustern und die Überwindung der bereits im ersten Kapitel angedeuteten Kategorien von Migrationshintergrund, Mehrheitsgesellschaft etc. (▶ Kap. 1). Dadurch, so der Anspruch, sollen andere, bislang ignorierte oder marginalisierte Wissensarten, Ressourcen und Kompetenzen in den Vordergrund rücken. Wie ja auch aus der Eingangsgeschichte in der Einleitung zu diesem Band hervorging, dass beispielsweise Mehrsprachigkeit je nach Fokus auch wissenschaftlich anders analysiert wird, ob sie als Problem oder Ressource bzw. Normalität gesehen wird, werden Forschungsgegenstände über Forschungsfragen und die in ihnen enthaltenen normativen Setzungen beeinflusst. Daran setzen postmigrantische Ansätze, die sich als Forschungsperspektive verstehen, an. Yildiz zufolge führe dieser Fokus auf die als normal anerkannten Perspektiven und Erfahrungen von Migrant*innen zu einer »kontrapunktische Deutung« gesellschaftlicher Verhältnisse (Böttcher et al. 2019: 4).

In den Studien, die sich auf postmigrantische Ansätze berufen, wird viel zu Städten geforscht, zu neuen gemischten kulturellen und sozialen Selbstverständnissen, die sich auch in künstlerischen Projekten ausdrücken und zu Ausgrenzungserfahrungen und Rassismus (vgl. die Beiträge in Böttcher et al. 2019, die Beiträge in der Zeitschrift movements 2016).

Der Anspruch, Migrationsforschung aus ihrer bisherigen Sonderrolle zu befreien und sie als Gesellschaftsanalyse zu etablieren, soll auch einen anderen Blick auf die erste Generation der sogenannten Gastarbeiter*innen werfen. Diese werden oft sehr defizitär dargestellt, aber jetzt werden sie als »Pioniere einer Transnationalisierung vor Ort« (Yildiz 2019: 17) betrachtet und ihre Anpassungsleistungen und informellen Selbstorganisationen werden hervorgehoben. Yildiz rekonstruiert, wie sie sich Räume der Kommunikation und Netzwerke der Unterstützung schufen, die einerseits weitere Migrationsbewegungen zur Folge hatten und andererseits ihre Etablierung in der neuen Heimat unterstützte. Diese Prozesse bezeichnet er als eine *Globalisierung von unten* (ebenda: 18) – ein Konzept, das sicherlich auch für andere Migrationsbewegungen und andere Formen der Mobilität genutzt werden kann.

Andere Studien beschäftigen sich mit Wanderungsbewegungen von jungen Menschen, die aus türkeistämmigen Familien kommen, in Deutschland sozialisiert sind und im Ausland, auch im Herkunftsland ihrer Eltern, arbeiten. Sie beschreiben, dass sie überall als Ausländer*innen angesehen werden und sich ihre Heimat immer selbst sichern. Ein wichtiges Motiv der Migration in die Heimat ihrer Eltern oder Großeltern stellt aber nicht die Rückkehr in eine ihnen letztlich fremde Heimat dar, sondern Ausgrenzungserfahrungen in west- und nordeuropäischen Gesellschaften. Ein Proband sagt:

> »Dort hab' ich mich trotz meines perfekten Deutschs und meines Lebenslaufs eigentlich immer als Ausländer gefühlt, nicht dazugehörig. Es gab unzählige Beispiele, wie man mir zu verstehen gab, dass ich da nicht hingehöre. [...] In jeder Phase des Lebens hat man das schon sehr mitbekommen.«

Und:

> »dass es da so eine Haltung gibt, dass alle anderen Länder so unterprivilegiert sind oder unterentwickelt, auch kulturell unterentwickelt, oder dass man ein bisschen herabschaut auf andere Länder, die ökonomisch nicht so stark sind. [...] Diese Menschen aus den anderen Regionen zu erziehen. [...]. Man wird oft so ein bisschen gemaßregelt« (ebenda: 21).

> **Zwischenfazit für pädagogische Berufe**
>
> Aus der postmigrantischen Perspektive folgt eigentlich die Aufforderung an pädagogische Arbeit, Migrant*innen *nicht* als solche wahrzunehmen, sondern als Kinder, Mütter, Väter, Teilnehmer*innen einer Weiterbildung etc. Die eigene Migrationsgeschichte oder die der Eltern wäre dann ein Element unter vielen, die diese Subjekte geprägt haben, aber nicht das zentrale Element, das die Wahrnehmung prägt.

Derartige Aussagen finden sich ebenfalls in anderen, beispielsweise auf Biographieforschung beruhenden, auch älteren Studien (vgl. Gültekin 2003). Die Kritik an der Sonderrolle der Migrationsforschung und ihrem Beitrag zu Othering-Prozessen ist nicht neu und hat die Migrationsforschung immer begleitet. Dennoch führt das bewusste Vorgehen postmigrantischer Ansätze, gelebte Vielfalt zu erforschen und nicht Differenzen zu kategorisieren oder zu erklären, zu neuen Perspektiven, die die Logik des ›die Einen und die Anderen‹ untergraben. Dieses Vorgehen kann auch zu einem neuen gesellschaftlichen Selbstverständnis führen – zu einem Selbstverständnis, das anerkennt, was schon längst gesellschaftliche Realität ist.

Der postmigrantische Ansatz thematisiert Migration, ohne Subjekte auf den Migrant*innenstatus festzuschreiben. Die Analyse neuer vielfältiger Identitäten führt zu neuen Bezeichnungen von Menschen mit Migrationshintergrund, beispielsweise als Postmigrant*innen oder Neue Deutsche. Mit ›Neue Deutsche‹ werden Menschen bezeichnet, die über eine deutsche (oder auch andere) Staatsbürgerschaft(en) und Migrationshintergrund verfügen (▶ Kap. 6). Dieses postmoderne Konstrukt begreift Identitätsbildungsprozesse als prinzipielle Inklusionsprozesse. Foroutan weist darauf hin, dass Deutschland und ›Deutsch-Sein‹ sich wandeln und dass das, was wir früher wohl unter ›Deutsch‹ verstanden haben, heute ganz anders aussieht.

Dieses theoretische Muster zeigt noch mal, dass es bei der Frage der Identitäten nicht nur um Selbstbeschreibungen und Verortungen geht, sondern auch um Zugehörigkeit oder Nichtzugehörigkeit. Wenn Migrationsforscher*innen Begriffe wie Neubürger*innen oder Postmigrant*innen benutzen, bringen sie zum Ausdruck, dass mit der Bezeichnung von migrantischen Anderen stets die eigene Gemeinschaft mit beschrieben wird, dies gilt in zweierlei Hinsicht:

- als Neubeschreibung und Neudefinition dessen, was ›deutsch‹ ist, also in Richtung auf eine bunte, vielfältige etc. deutsche Gesellschaft (Foroutan 2014)
- oder als Hinweis auf die auf Ausgrenzung beruhende gemeinschaftsbildende Funktion der Definition von Anderen.

Wissenschaft und Forschung müssen stets reflektieren, dass sie nie nur ›objektive Ereignisse‹ thematisieren, sondern immer auch, wie diese wahrgenommen oder dargestellt werden und sich so sozial herstellen.

Andererseits muss nicht jeder Fokus auf Migration Othering-Prozesse reproduzieren. So kann der Fokus auf Migration auch genau die beschriebenen Prozesse erst aufzeigen. Das Ziel der Fokussierung auf Migration oder beispielsweise auf Migrationsgeschichte besteht auch darin, Migrant*innen im Kampf um Repräsentation zu unterstützen, d.h. Teilhabe am kollektiven öffentlichen Gedächtnis zu realisieren. Die Rekonstruktion der Bedingungen, Erfahrungen und Geschichten migrantischer Gruppen stellt auch eine Form der Anerkennung dar – der Anerkennung nicht von Integrationsleistungen oder Opfern, sondern der Anerkennung als gleichberechtigte Bürger*innen. Es geht darum, einer Minorität Gehör zu verschaffen und sie im öffentlichen Raum sichtbar zu machen. Die Arbeit an Repräsentationen zielt auf zwei Ebenen:

- Narrative der Gesellschaft zu sich selbst oder Selbstbilder der Gesellschaft, die es zu verändern gilt. Wie verstehen sich Mitglieder der bundesrepublikanischen Gesellschaft ethnisch oder politisch, diverskulturell, in Veränderung begriffen etc.?
- Bilder und politische Imaginationen zu Migration und insbesondere Migrant*innen zu verändern, zu fragen, ob Migrant*innen als Opfer, Problem oder aktiv Handelnde und Gestaltende dargestellt werden. Wie stellen sie sich selbst dar etc.? Die Erfahrungen von Migrant*innen beinhalten oft andere Bilder und Erinnerungen, als das Integrationsparadigma dies vorsieht.

Angesichts der auch vom postmigrantischen Ansatz anvisierten Gefahr, dass ein Fokus auf Migrant*innen diese zu ›Anderen‹ macht und damit Ausgrenzung unterstützt sowie zur Delegitimation von Forderungen nach Gleichheit beiträgt (vgl. die Beiträge in Siouti et al., 2022), stellt sich die Frage nach anderen Zugängen.

Der Fokus auf Migrant*innen muss nicht notwendigerweise ethnisch oder kulturell erfolgen, sondern eher politisch oder rechtlich. Auch wenn im Kontext mit Migration von ›Community‹ gesprochen wird, muss das Verständnis von Community nicht kulturell definiert werden, noch soll damit eine Homogenität, definierbare Gemeinsamkeit etc. bedeutet werden. Dabei ist die Orientierung an Stuart Halls berühmten Aufsatz »New Ethnicities« (Hall 1996b: 442 ff) sehr hilfreich: Hall geht davon aus, dass migrantische Kulturen in sich vielfältig sind. Sie sind einerseits in sich differenziert nach Klasse, Geschlecht, Region, Minderheit u. a. Vor allem in diesem paradigmatischen Aufsatz »New Ethnicities« spricht er durchaus von einem Black Subject und geht aus von einer kulturellen Bezugsgröße. Damit meint er einerseits Traditionen, Überlieferungen und Alltagshandeln, zugleich aber auch erfahrene Abwertung, Negation, Auslöschung u. a. Das »Schwarze Subjekt« oder auch migrantische Communities zeichnen sich aus durch einen inneren Zusammenhang im Sinne gemeinsamer Werte und Lebensformen und durch äußere Einflüsse im Sinne von Ausgrenzung, Abwertung, Entrechtung und Kämpfe um Anerkennung und Einbezug etc. Hall verwendet den Begriff »Black Subject« im Sinne des entstandenen Subjekts – entstanden durch Ausgrenzung und Rassismus, aber auch durch Kämpfe um Anerkennung (ebenda).

Kultur hat hier auch (nicht nur) eine lebensweltliche Dimension. Hall kritisiert bestimmte einheitliche oder idealisierende Vorstellungen eines schwarzen Subjekts, so spricht er vom »End of the Innocent Black Subject« (ebenda S. 446). Das »Black Subject« stellt keine feste einheitliche und reine Bezugsgröße dar. Es ist in sich differenziert durch zahlreiche Herrschaftsachsen, die oft einander überlagern. Ferner ist das »Schwarze Subjekt«, wie Gilroy deutlich macht, mit dem Anderen verwoben – es basiert nicht auf einer reinen authentischen Kultur, vielmehr ist viel an weißer kultureller Praxis in seine Selbstbestimmung als »Schwarzes Subjekt« eingegangen (vgl. Gilroys 1993: Konzeption von Black Atlantic). Migrantische Community kann auch in diesem offenen Sinne und verstanden werden, als durch Ausgrenzung, widerständiges Handeln auf individueller wie kollektiver Ebene und geteilte Erfahrungen konstituiert.

Dennoch muss – und dies betonen postmigrantische Ansätze immer wieder, ein stetiger Reflexionsprozess stattfinden. Siouti et al. bezeichnen einen unreflektierten Zugang zu Migrationsdynamiken als migrantisierende Forschung (Siouti et al. 2020: 14). Diese bestärkt eine »Andersheit der Forschungssubjekte«. Der ständige Rückbezug auf die Frage: »Welche Kategorien von ›fremd‹/›eigen‹, ›Wir‹/›Die‹ liegen der Forschungsfrage zugrunde und werden im- oder explizit (re-)produziert?« (ebenda S. 17) müssen Theoretisierungen von und Forschung zu Migration eng begleiten.

Kurzzusammenfassung

Postmigrantische Ansätze erheben den Anspruch, neue Perspektiven in der Forschung zu eröffnen. Der Blickwechsel soll vor allem darin bestehen, nicht die Normalität von Sesshaftigkeit zur Grundlage sozialwissenschaftlicher Forschung zu machen, sondern Mobilität und Migration. Dieser Blickwechsel hat zur Folge, dass die Anerkennung der Erfahrungen von Migrant*innen zum Ausgangspunkt wissenschaftlicher Analysen der Gesellschaft gemacht werden sollte. Migration soll in der Forschung eine Perspektive darstellen und nicht einen eigenen, abgegrenzten Forschungsgegenstand beinhalten. Der Ansatz will die Sonderrolle der Migrationsforschung beenden und Migrationsforschung als Gesellschaftsanalyse etablieren. Postmigrantisch meint daher eine Geisteshaltung, eine kritische Reflexion des restriktiven Umgangs mit Migration und deren Folgen und ein neuer Blick auf die Gesamtgesellschaft.

Daher setzt sich insbesondere Foroutan mit der Relevanz von Debatten über Migration für die Gesellschaft auseinander und vertritt die These, Migration habe sich zu einer Chiffre für Pluralität herauskristallisiert. Mit dem Begriff postmigrantische Gesellschaft beschreibt sie die Auseinandersetzungen in einer Gesellschaft zu den zentralen Herausforderungen Anerkennung, Aushandlung, Ambivalenz, Antagonismen und Allianzen. In den aktuellen gesellschaftlichen Debatten zeichnen sich neue Allianzen ab, die weit über das Thema Migration hinausgehen und letztlich den Anspruch erheben, die plurale Demokratie mit ihren Gleichheitsversprechen zu verteidigen.

Beispiele zu Veranschaulichung

Erol Yildiz (2019) stellt in einem Beitrag verschiedene postmigrantische Lebenswege dar, beispielsweise Bilal (ebenda :17ff). Dieser war zu der Zeit der Studie 43 Jahre alt und in Maintal, einem kleinen Ort bei Frankfurt, geboren und aufgewachsen. Sein Großvater, seine Eltern und einige andere Mitglieder seiner Familie stammten aus einem anatolischen Dorf und seien Anfang der 1970er Jahre als Gastarbeiter nach Deutschland gekommen. Bilals Eltern seien einfache und traditionsorientierte Leute gewesen. Dazu habe gehört, so habe Bilal berichtet, dass immer einige Kinder nur die Grundschule besuchten, um danach zu arbeiten, dass aber vor allem einige der jüngeren Kinder eine weiterführende Schule besuchten.

Bilal selbst habe Architektur studiert, dann sechs Jahre lang in London gewohnt, habe eine deutsche Frau geheiratet und lebe zur Zeit des Interviews in Istanbul. Bilal beichtet, dass ihm London zu teuer geworden sei und er daher überlegt habe, einige Jahre in Istanbul zu arbeiten. Die Stadt habe er von Urlaubsreisen gekannt und sie habe ihm schon immer gefallen.

Die Familie verfügte in Istanbul über einige Immobilien, die sie in den 1970er und 1980er Jahren gekauft habe. Wie viele andere Gastarbeiterfamilien auch wollten sie der Türkei nahe sein, aber nach dem Leben in einer Stadt in Deutschland nicht in einem ein anatolischen Dorf leben.

In dem Interview wurde dem Probanden die Frage gestellt, ob er in Istanbul die Erfahrung gemacht habe, als *Almanci* eingestuft zu werden. Bilal sagt dazu: »Man fällt auch auf, wenn man nichts sagt. Man wird schon so identifiziert. An der Art, wie man geht, an der Mimik und Gestik. Auch wie man sich kleidet. Schon durch die gesamte Erscheinung wird man entweder als Tourist eingeschätzt oder als etwas andersartig. Da braucht man sich nichts vorzumachen« (ebenda: 18)

Bilal selbst gibt an, dass ihn das nicht störe, denn er habe gar nicht das Bedürfnis »als 100-prozentiger Istanbuler oder Türke eingestuft zu werden« (ebenda). Er spreche die Sprache und profitiere davon auf dem Markt oder beim Einkaufen. Andererseits sei es gut, manchmal eben auch als *Almanci* zu gelten (Yildiz 2019: 18, dort geh die Geschichte von Bilal weiter).

Ausgewählte Literaturtipps

Böttcher, Alexander, Hill, Marc, Rotter, Anita, Schacht, Frauke, Wolf, Maria A. & Yildiz, Erol (Hrsg.) (2019): Migration bewegt und bildet. Kontrapunktische Betrachtungen. Innsbruck: Innsbruck University Press (Open Access).

Hill, Marc & Yildiz, Erol (Hrsg.) (2018): Postmigrantische Visionen. Erfahrungen – Ideen – Reflexionen. Bielefeld: transcript (Open Access).

Foroutan, Naika (2019): Die postmigrantische Gesellschaft. Bielefeld: transcript.

Hinweise zur weiteren Recherche

- Das Berliner Theater Ballhaus Naunynstraße gab sich die Bezeichnung postmigrantisch und hat die Debatte zu postmigrantischen Ideen wesentlich beflügelt: https://ballhausnaunynstrasse.de/play/10_jahre_postmigrantisches_theater_24-05-2016/
- Neue deutsche Organisationen – das postmigrantische Netzwerk: https://neue deutsche.org/de/ueber-uns/das-netzwerk/
- Eine Initiative »Vom Einwanderungsland zur Einwanderungsgesellschaft« mit vielfältigen Aktivitäten: https://www.deutsch-plus.de/was-wir-tun/

Prüfungsfragen

- Wer sind die aktuell wichtigsten Vertreter*innen postmigrantischer Ansätze?
- Was meinen Sie, soll Migrationsforschung als eigenständiger Forschungsbereich etabliert bleiben – was spricht dafür, was spricht dagegen?
- Naika Foroutan argumentiert, in den öffentlichen Debatten gehe es gar nicht wirklich um Migration, sondern um grundlegende gesellschaftliche Fragen. Was meint sie damit?

10   Postkoloniale Aspekte

Im vorangegangenen Teil wurde dargestellt, dass einige postmigrantische Theoretiker*innen auch postkoloniale Ansätze rezipieren. Obwohl postkoloniale Theorien aus den Literaturwissenschaften entstanden sind und in dem Bereich auch eine breite Forschungstätigkeit angeregt haben, werden sie mittlerweile in vielen sozialwissenschaftlichen Disziplinen rezipiert. Dies gilt auch für den deutschsprachigen Raum – allerdings war die Rezeption in der Soziologie mit einigen Ausnahmen noch eher zögerlich (Reuter & Villa 2010). Aber postkoloniale Ansätze waren auch nie als Migrationstheorien gedacht – sie wurden als Analyse fortdauernder epistemischer Machtverhältnisse im Weltverhältnis konzipiert und beziehen sich auf das Verhältnis von (ehemals) kolonialen Zentren und abhängigen Länder. Wenn sich Theoretiker*innen wie Gayatri Chakravorty Spivak auf soziale Gruppen beziehen, dann auf mehrfach unterdrückte soziale Gruppen wie beispielsweise Frauen in mehrfachen Unterdrückungsverhältnissen in den Peripherien, nie in den Zentren. Eine einfache Übertragung der Theorieansätze auf Migrant*innen in den Zentren wird dem Anliegen postkolonialen Denkens nicht gerecht. Dennoch können fruchtbare Anregungen für, wie auch sehr kritische Fragen an die (Migrations-) Soziologie abgeleitet werden. Im Folgenden soll angedeutet werden, wie postkoloniale Ansätze rezipiert werden können und sollten.

In der Migrationsforschung sind die verwandten *Cultural Studies* und Halls rassismuskritische Analysen häufig aufgriffen worden. Sie wurden aber nie zum Mainstream, Yildiz stellt sich bewusst in diese Tradition und sieht den Ansatzpunkt der postmigrantischen Forschung vor allem in der Beharrlichkeit von Konstrukten des »Westens« oder der westlichen/europäischen Moderne als besonders, als entwickelt, fortschrittlich in Abgrenzung zu den ›traditionellen‹, ›rückständigen‹ etc. autoritären Ländern der kolonisierten Welt oder allgemein nicht-westlichen Gesellschaften (Yildiz 2019: 13). Europäische Gesellschaften (in ihrer Vielfalt) hätten ihr Selbstverständnis als Träger einer westlichen Moderne nie ohne diese Abgrenzung entwickeln können. Wenn aber die Perspektive umgedreht wird und versucht wird, die Erfahrungen, Geschichten und Perspektiven aus anderen Teilen der Welt oder dieser Gesellschaft zum Ausdruck zu bringen, dann muss mit diesen Gegenüberstellungen gebrochen werden. Yildiz schlägt – wie auch andere (z. B. Scherke 2009) – vor, für diese Umorientierung das Konzept des dritten Raums aufzugreifen, für das sich Bhabha stark macht. Mit seinem bereits im zweiten Kapitel erwähnten Konzept (▶ Kap. 2) der kulturellen Hybridität spricht sich Bhabha gegen jegliche Festlegungen und Markierungen aus, da er Kultur als grundsätzlich changierend und nicht eindeutig begreift. Mit dem dritten Raum meint er symbolische oder kommunikativ konstituierte Räume, die sich Festlegungen, eindeutigen national oder kulturell kodierten Zuordnungen entziehen, Mischungen ermöglichen und anerkennen (Bhabha 1994: 47). Derartige Räume seien eine neue Figur von Heimat und sie hätten ein Potential, Festlegungen und Zuordnungen in Frage zu stellen und die binäre Logik vom ›Wir und die Anderen‹ zu durchbrechen. Für alle Beteiligten würde dies eine grundsätzliche Auseinandersetzung mit den die Wahrnehmung prägenden Kategorien wie wir/sie, modern/traditionell, demokratisch/rückständig bedeuten und neue Perspektiven auf die Welt und die Einwanderungsgesellschaften eröffnen. Das Konzept des dritten Raumes ist bereits mehrfach für die Migrationsforschung rezipiert worden (vgl. Sauter 2002, Schirilla 2013) und macht andere Lesarten von Kultur, Zugehörigkeit, Mischungen, Neuerfindungen möglich. Postkoloniale Ansätze mit Bezug zu Hybridität und drittem Raum werden insbesondere für künstlerische und mediale Produktionen herangezogen.

In eine ähnliche Richtung geht auch Karin Scherke (2009), die darlegt, wie sich Migrationssoziologie und postkoloniale Theorien befruchten könnten. Sie greift auch das Konzept der Hybridität auf und argumentiert, dass insbesondere in den Anfangszeiten der Migrationssoziologie in den USA ein sehr essentialistischer Kulturbegriff vorherrschend gewesen sei (ebenda: 114). Der am Konzept der Hybridität orientierte Kulturbegriff biete die Möglichkeit, Kultur so zu konzipieren, dass keine klare unterscheidbaren kulturelle Entitäten gedacht werden und soziologische Forschung so eher auf kreative Mischungen und unterschiedliche Orientierungen und Bezugspunkte in der Alltagspraxis eingehen könnte. Denn, wie Scherke im Verweis auf aktuelle migrationssoziologische Studien zeigt, seien aktuell Mischungen vorherrschend und untersuchte Gruppen würden sich gegen eindeutige Zuordnungen wehren. Andererseits könne eine soziologisch-empirische Auseinandersetzung mit den sozialstrukturellen Bedingungen der Subjekte postkoloniale Ansätze besser erden, da diese sehr oft im diskursiven Bereich der Dekonstruktion verbleiben. Scherke betont, dass die frühen Ansätze der Migrationssoziologie, wie beispielsweise die Chicago School, die grundlegende Verschiedenheit von Kulturen als ihren Ausgangspunkt nahm und daher Integration nur als alleinige Aufgabe der Herkunftskultur und damit Integration als vollständige Assimilation dachte. Mit dem Konzept des ›Race-Relation-Cycle‹ wurde ein Prozess der langsamen, aber linearen Assimilation in die Mehrheitskultur beschrieben. Daran habe es später jedoch Kritik geben und später habe es auch andere Modelle geben, die aber alle mit einem Konzept festgelegter Kulturen gearbeitet hätten (ebenda: 115).

Bislang sind postkoloniale Ansätze zumindest in der deutschsprachigen Soziologe wenig rezipiert worden (Reuter & Villa 2010). Wenn wir postkoloniale Kerngedanken aber konsequent weiterdenken, ergeben sich ganz grundlegende Fragen an die Soziologie, die abschließend aufgeführt werden sollen. Zunächst soll aber noch erläutert werden, was den Kern postkolonialer Kritik ausmacht. Dabei muss man dekoloniale und postkoloniale Ansätze unterscheiden. Im Zusammenhang mit kolonialismusbezogener Theoriebildung in Asien, Afrika oder Nordamerika wird der Begriff postkolonial verwendet, in Lateinamerika eher der Begriff dekolonial (Loomba 1998, Quintero & Garbe 2013) und es gibt einige inhaltliche Unterschiede zwischen den Richtungen, vor allem hinsichtlich der Konzeption der Moderne. Gemeinsamer Ausgangspunkt aller post- und dekolonialen Ansätze ist die Erkenntnis, dass mit dem Kolonialismus die Durchsetzung einer globalen Machtmatrix verbunden war, die die weltweite Dominanz europäisch geprägten Denkens im Sinne einer epistemischen Vorherrschaft hervorbrachte (Brunner 2020: 39 ff).

Ins Zentrum möchte ich den Begriff der »epistemischen Gewalt« stellen, der vor allem von Spivak (Spivak 1999) geprägt wurde. Autor*innen wie Spivak argumentieren, dass ein zentrales Element des kolonialen Denkens die Setzung des überlegenen, befreienden, menschlichen, emanzipatorischen und universalen Gehalts von Vernunft, Demokratie, Menschenrechten und der modernen Wissenschaft sei. Diese Setzung erfolgt über bzw. durch die Leugnung all dieser Aspekte im Denken und Handeln der kolonisierten Gesellschaften (Spivak 1999). Dieses Denken der Überlegenheit und Abwertung begreift Spivak als Rahmung im Sinne des Begriffs der Episteme bei Foucault. Die grundliegenden Koordinaten dieses Denken beeinflussen alle anderen Gedanken und geben allen Äußerungen einen spezifischen Sinn. Dieses Denken behält auch lange nach der Unabhängigkeit der ehemaligen Kolonien seine Wirksamkeit (Brunner 2020). Die Topoi und Überzeugungen, die mit der Aufwertung westlichen Denkens und Handelns und der Abwertung anderer Denkweisen oder Gruppen einhergehen, sind fest verankert und wirkmächtig. Spivak bezeichnet sie als epistemische Gewalt (1999), da sie denen, die als nicht westlich oder europäisch gedacht werden Gewalt antut, durch Abwertung, Erniedrigung und Ignoranz.

In diesem Zusammenhang bedeutet postkolonial, dass die Kolonialisierung einen umfassenden Konstruktions- und Formationsprozess beinhaltete, in dem die Vorstellung von ›Europa‹ und den ›Anderen‹ entstand. *Post* bedeutet hier also »darüber hinaus« und »weiterhin« und weist auf das Fortbestehen des kolonialen Denkens und neue und andere Rekolonalisierungsprozesse hin. Postkoloniale und dekoloniale Theoretiker*innen fragen auch selbstkritisch nach internen Herrschaftsformen und Dekolonisierungsprozessen in den jeweiligen Ländern bzw. Gesellschaften selbst.

Eine wichtige Grundlage für die Erkenntnis dieser Mechanismen stellt das Werk von Edward W. Said dar. Said zeigte in »Orientalism« (1978), dass der »Orient« bzw. der »Islam« in orientalistischen wissenschaftlichen Diskursen als monolithische Einheit, als veränderungsunfähiges und minderwertiges Gebilde konstruiert wird (ebenda: 52 f). Das Islambild im Westen beruht auf dem Bild eines Orients als Konstruktion des Orients und Okzidents als homogene Einheiten, die einander entgegengesetzt sind und durch bestimmte auf-/abwertende Zuschreibungen geprägt sind. Trotz vielfacher Kritik an Saids Argumentation stellt seine Argumentation die Grundzüge einer Kritik der Konstruktion von Anderen und von Othering-Prozessen dar und ist auch heute noch relevant für Konstruktionen von Islambildern (Attia Popal 2018). Als ein aktuelles empirisches Beispiel des Fortdauerns der von Said herausgearbeiteten Muster sei eine Studie von Jasmin Mahadevan und Katharina Kilian-Yasin (2017) erwähnt. Die Autorinnen analysieren die Wahrnehmung von qualifizierten Migrant*innen, die muslimischen Glaubens sind oder als muslimisch markiert werden, im Kontext des Personalmanagements in Deutschland. Sie stellen fest, dass orientalisierende Schilderungen diese – eigentlich hoch qualifizierten – Fachkräfte abwerten und diskriminieren und so de facto ihre Kompetenzen konterkarieren.

Spivak legt den Fokus auf die Bedeutung der Konstruktion von Anderen für das Selbstverständnis Europas. Die Philosophin und Literaturwissenschaftlerin zeigt insbesondere in ihrem Werk »Critique of Postcolonial Reason« (1999), dass mit dem Kolonialismus die Geschichte Europas als Geschichte eines souveränen, gewaltsamen Subjekts geschrieben wurde. Dieses Subjekt ist Zweck in sich selbst, Souverän und Autor nur durch seine Konstitution eines nicht-europäischen (nicht-subjekthaften) Anderen. Die Vorstellungen von Europa und dessen Anderen sind einerseits Konstruktionen, also geistige Gebilde, die aber als epistemische Gewalt zu begreifen sind, denn sie hatten tiefgreifende materielle Konsequenzen (Spivak & Landry 1996: 123). Das bedeutet, dass jeder Gedanke, jedes Produkt seine Bedeutung im Kontext dieser Macht- und Wissensstruktur hat und dass deren grundlegende Botschaften in sie eingegangen sind.

Konsequenterweise fordert sie aber nicht, die Artikulation der konstruierten Anderen zu erforschen und zu befördern, sondern sie fordert dazu auf, die Spur der Abwertung der Anderen in der Selbstkonstruktion des kolonialen Subjekts zu suchen (ebenda: 423f). Spivak zufolge kann und muss im eigenen Denken die Ausgrenzung des vermeintlich Anderen nachverfolgt werden (Brunner 2020: 98f.). Postkoloniales Denken sucht die Spuren der Macht überall und geht daher von einem relationalen, dynamischen und kontextuellen Verhältnis von Macht und Dominanz aus, das analysierbar und hinterfragbar ist.

Zwischenfazit für pädagogische Berufe

Wenn die Unterscheidung von aufgeklärten ›Einen‹ und traditionellen ›Anderen‹ eine derart wichtige Rolle spielt und auch zur Legitimation kolonialer Eroberung beigetragen hat, so sind im pädagogischen Kontext Werte und Normen zu reflektieren, die Überlegenheitsansprüche in Bezug auf ›westliche Kultur‹ oder Werteordnung beinhalten wie beispielsweise Geschlechtergleichheit oder die Autonomie des Individuums. Es geht in diesem Kontext nicht darum, pädagogische Standards aufzugeben, sondern es geht um eine kritische Hinterfragung des Normierens pädagogischer Standards, beispielsweise in der Adoleszenz. Autonomie kann sich in unterschiedlichen Kontexten verschieden ausdrücken und muss nicht immer an bestimmten Indikatoren (Loslösung von Familie) gemessen werden. Die zentrale Herausforderung für Fachkräfte besteht hier darin, offen für eine Orientierung an den subjektiven Aspirationen und Lebenswelten von migrierten bzw. geflüchteten Kindern und Jugendlichen zu sein und ihre pädagogischen Wertvorstellungen diesen anzupassen.

Provincializing Europe

Im Anschluss an Dipesh Chakrabarty (2008), der das vielbeachtete Buch »Provincializing Europe« geschrieben hat, könnte man das Projekt der Selbstkritik auch Provinzialisierung der westlichen Theorien nennen: Das bedeutet die Erkenntnis, dass theoretisches und auch kritisches Denken nicht ausschließlich in Europa erfolgte, dass Vernunft, Kritik, Gleichheit auch anderswo – aber vielleicht anders – gedacht wurden und dass Europa von dem Podest, der Gipfel der menschlichen Entwicklung zu sein, herunter steigen müsste. Europa zu provinzialisieren bedeutet, Europa und seine Wissenschaften als ein kleines Element im Konzert der Länder und Gesellschaften zu sehen. Dieser Anspruch richtet sich nicht gegen die Moderne und nicht gegen die Wissenschaft, die postkolonialen Theoretiker*innen wie Said, Spivak und Bhabha sind bzw. waren hochintellektuelle Wissenschaftler*innen, die die gewaltsamen Elemente des Denkens der selbsternannten Moderne von innen her verändern wollen.

Dekoloniale Ansätze wie beispielsweise die Arbeiten des Soziologen Anibal Quijano (Quintero & Garbe 2013) und des Literaturwissenschaftlers Walter Mignolo (2012) haben einen anderen Fokus und gehen davon aus, dass Modernität, Kolonialität und Unterdrückung miteinander verbunden sind. Beide kritisieren ebenfalls eine epistemische Dominanz des westlichen Denkens, aber ziehen daraus andere Folgerungen – darauf einzugehen, würde hier den Rahmen sprengen.

Wenn das gesamte Denken in den Geisteswissenschaften derart von Setzungen durchzogen ist, die Überlegenheitsvorstellungen begründen, wie Spivak sagt, dann hat dies entscheidende Folgen für die wissenschaftlichen Theorien und Methoden, mit denen gearbeitet wird und damit auch für die Forschung zu Migration.

Dies hat auch Folgen für die Soziologie als Wissenschaft. Unter Rekurs auf Reuter und Villa möchte ich einige Aspekte aufgreifen. Reuter und Villa benennen folgende soziologischen Konzepte, die kritisch hinterfragt werden müssten (Reuter & Villa 2018: 12):

- Identität – vor allem verstanden als eine stabile Identifizierung mit vermeintlich klaren Zugehörigkeiten zu Nation, Ethnizität, oder Geschlecht
- Alterität/Fremdheit/Andere – verssanden als Andersheit, die anderen Identitäten grundlegend und ausschließend gegenübersteht,
- Differenz – wenn diese als eine grundlegende ontologische Andersheit zwischen Ethnien, Religionen, Kulturen gedacht wird,
- Universalismus – als Anspruch, über ein weltumfassenden rationales fortschrittliches Denk- und Wertesystem zu verfügen, das allgemeingültig ist.

Reuter und Villa nennen weiterhin die Dimensionen Eindimensionalität, Wissen und Kritik (ebenda).

In einer postkolonialen Perspektive müssten alle gegensätzlichen Begriffspaare wie Okzident-Orient, modern-traditionell, entwickelt-unterentwickelt, progressiv-konservativ usw. hinterfragt werden, denn sie verteilen Fortschritt, Humanität, kritisches Denken und Vernunft einseitig und ausschließend auf die Nordseite der

Welt und lassen weder Ambivalenzen noch Wechselwirkungen zu. Reuter und Villa kommen zu dem Schluss:

> »Grundsätzlich meinen wir, dass die Verkomplizierung, Dezentrierung und letztlich Dekonstruktion einiger Axiome der Soziologie den Kern postkolonialer Reflexivität ausmachen: Die Konstitution, Konstruktion und Konsumption von Differenz, die Entgegensetzung von Eigentlichem und Deviantem/Anderem, die Komplexität und Prozessualität von sozialen Verortungen und daraus resultierenden ›Stimmen‹ sowie Identitäten, die unauflösliche Verwobenheit von Kontext und Text – dies sind einige Kernfragen postkolonialer Soziologie« (Reuter & Villa 2010: 23).

Aber der zentralste Kritikpunkt der postkolonialen Kritik bezieht sich auf den (zumindest impliziten) teleologischen Universalismus, der soziologischen Modernisierungstheorien zugrunde liegt (ebenda: 24). Reuter und Villa verweisen auf Sergio Costa, der anmerkt: »Die moderne Soziologie nimmt Werte, soziale Maßstäbe und Strukturen der als westlich definierten Gesellschaften als universale Parameter für die Definition dessen, was eine moderne Gesellschaft ist« (Costa 2005: 225 zit. in Reuter & Villa 2018: 24). Im Gegensatz dazu hat Shalini Randeria schon vor einigen Jahren aufgrund von Forschungen zu Indien gezeigt, dass die westliche Moderne nicht die einzige sei, dass wir eher von verschiedenen Entwicklungen zu verschiedenen Modernitäten auszugehen haben, die aber miteinander verwoben sind. Sie prägte den Begriff »entangled modernities« also der vielfältigen miteinander verwobenen Modernen (Randeria 1999).

Dieser Kritikpunkt ist Reuter und Villa zufolge die größte Herausforderung für die Soziologie, denn sie müsste ihre Modernisierungstheorie dezentrieren, andere Theorien der Moderne zulassen und Moderne pluralisieren und kontextualisieren.

Reuter und Villa merken dazu an, dass für die Entstehung der Soziologie eine (oft unbewusste) Unterscheidung zentral war, nämlich die Grundannahme der Trennung zwischen einer europäischen Moderne und vormodernen traditionalen Gesellschaften. Diese zeichneten sich im Gegensatz zu den europäischen Gesellschaften, die als dynamisch und sich ständig wandelnde begriffen werden, durch Statik, Fixierung auf Traditionen und die Vergangenheit aus (ebenda: 28). Auch die soziologische Migrations- und Minoritätenforschung in Deutschland zeichne sich, so Reuter und Villa, dadurch aus, »den ›Ausländer‹ als typischen Fremden einer nationalstaatlich verfassten Gesellschaft zu behandeln und ihn als konflikthaften, weil vor allem kulturell nicht-integrierten beziehungsweise assimilierten Außenseiter untersuchen – auch nach 50 Jahren Einwanderungsgeschichte« (ebenda: 30).

Was folgt daraus?

Was daraus folgt, ist nicht die Entwicklung einer neuen Theorie und auch nicht der Kampf gegen die alten. Was daraus folgt, ist eine kontinuierliche und konsequente Selbstreflexion oder besser Selbstprüfung. Ha benennt dafür die folgenden Punkte (Ha 2013):

- die gesellschaftlichen Machtverhältnissen sowie die unvermeidliche Involvierung der Subjekte darin zu reflektieren,
- die eigene Position im Diskurs wie in der Gesellschaft zu lokalisieren und durch Strategien der Selbst-Repräsentation zu hinterfragen,
- eine reflexive Selbstverortung und Selbstüberprüfung, die die Ausgangsbedingungen jedes Sprechens und jeder Sprechposition beachtet.

Eine weitere wichtige Folgerung stellt eine Sensibilisierung für unkritische Inbesitznahmen all dessen, was Fortschritt, Wissenschaft, Vernunft etc. darstellen könnte. Dies impliziert Fragen wie: Wo wurde das Denken der konstruierten Anderen verdrängt, inwiefern wird es im dominanten Diskurs weder als eigenständige Repräsentation noch als Artikulation wahrgenommen? Spivaks berühmter Text »Can the Subaltern Speak« (1993) fragte danach, ob und wie sich subalterne (international und national mehrfach unterdrückte soziale) Gruppen artikulieren. Sie argumentiert, dass, wenn diese sich artikulieren, sie nicht gehört werden, da in der kolonialen Tradition alle Räume, alle Bedeutungen, aller Sinn in kritischen Diskursen so von diesen selbst besetzt sind, dass Ideen, Denken, Bedeutungen, Meinungen, die von außerhalb kommen, nicht als solche wahrgenommen werden und nicht zählen. Auch Stimmen, Wissen und Meinungen von Menschen mit Migrationshintergrund werden ignoriert oder zum Schweigen gebracht – oft auch durch eine Forschung, die ihre eigenen Erkenntnisse überstülpt.

Die Folgen von Spivaks Denkens sind vielfach rezipiert und weiterentwickelt worden. Die Konsequenzen, die Löw beschreibt, können auch auf den Bereich der Migrationsforschung übertragen werden. Löw (2009) argumentiert, »dass westliche Theorien nicht in der Lage sind, die Unterdrückung, die Kämpfe und die Subjektivitäten von Dritte-Welt-Frauen zu erfassen, zu konzeptualisieren und zu begreifen« (ebenda: 16). Ihr zufolge führt diese Einsicht nicht nur zu einer Reflexion von methodischen Ansätzen, sondern zur Entstehung neuer Gegenstandsbereiche der Frauenforschung, nämlich der Blick auf bislang nicht sichtbare Kämpfe, Praktiken und Forderungen von Frauen im Globalen Süden. Epistemische Gewalt versteht Löw so, dass die Stimmen aus dem globalen Süden und von marginalisierten Gruppen aufgrund der Dominanz westlicher Herangehensweisen in der Theoriebildung nicht als eigenständige Erkenntnissubjekte in die Forschung eingegangen sind (ebenda). Epistemische Gewalt kann somit als zwanghafte Negierung oder Verdrängung bestimmter Erkenntnismöglichkeiten bezeichnet werden. Spivak fordert dazu auf, im Denken die Ausgrenzung des vermeintlich Anderen nachzuverfolgen. Dekolonialisierung des Wissens beschreibt diese Suche nach der Verdrängung eines vermeintlich Anderen im eigenen Denken.

Das bedeutet konkret, dass sowohl die Rezeption von Wissenschaft als auch die aktive Forschung stets begleitet sein muss von eine kritischen Selbstprüfung, wie die Kategorien, die im Kontext von Migration eine Rolle spielen (Familie, Religion, Tradition …), verwendet werden, welche Überlegenheitsansprüche und Ausgrenzungen in der Verwendung enthalten sein können, die die machtvollen epistemischen Muster reproduzieren. Forschungsdesigns, Forschungsfragen, deren Operationalisierung und Theorieansätze können von versteckten oder offenen Ansprüchen auf die Moderne, die Emanzipation, die Rückständigkeit der Anderen etc. geleitet sein und den Zugang zu der lebendigen und vielfältigen Wirklichkeit der Subjekte versperren. Diese Selbstprüfung bezieht sich auch auf die Wiedergabe von Forschungsergebnissen, denn auch diese können dazu beitragen, Dominanzmuster zu verstärken. Die Autorin dieses Buches weiß, dass sie selbst auch nicht frei von diesen Mustern ist.

Kurzzusammenfassung

Postkolonial bedeutet, dass die Kolonialisierung einen umfassenden Konstruktions- und Formationsprozess beinhaltete, in dem die Vorstellung von ›Europa‹ und den ›Anderen‹ entstand. Post bedeutet hier also »darüber hinaus« und »weiterhin« und weist auf das Fortbestehen des kolonialen Denkens und neue und andere Rekolonialisierungsprozesse hin.

Autor*innen wie Spivak argumentieren, dass ein zentrales Element des kolonialen Denkens die Setzung des überlegenen, befreienden, menschlichen, emanzipatorischen und universalen Gehalts von Vernunft, Demokratie, Menschenrechten und der modernen Wissenschaft sei und dass diese auf der Leugnung aller demokratischen, emanzipatorischen u.a. Aspekte im Denken und Handeln der kolonisierten Gesellschaften beruht. Dieses Denken begreift Spivak als Rahmung im Sinne des Begriffs der Episteme bei Foucault. Die grundliegenden Koordinaten dieses Denkens beeinflussen alle anderen Gedanken und geben allen Äußerungen einen spezifischen Sinn. Dieses Denken behält auch lange nach der Unabhängigkeit der ehemaligen Kolonien seine Wirksamkeit. Die Topoi und Überzeugungen, die mit der Aufwertung westlichen Denkens und Handelns und der Abwertung anderer Denkweisen oder Gruppen einhergehen, sind fest verankert und wirkmächtig. Spivak bezeichnet sie als epistemische Gewalt, da sie denen, die als nicht westlich oder europäisch gedacht werden, Gewalt antut, durch Abwertung, Erniedrigung und Ignoranz. Sie fordert aber nicht, die Artikulation der konstruierten Anderen zu erforschen und zu befördern, sondern sie fordert dazu auf, die Spur der Abwertung der Anderen in der Selbstkonstruktion des kolonialen Subjekts zu suchen. Daraus resultiert für kritische Wissenschaftler*innen die Grundbegriffe und Kategorien sowie ihre Verwendung stets nach expliziten und impliziten Abwertungen und Aufwertungen zu befragen.

Beispiel zur Veranschaulichung

In Studien zu Lebenslagen von geflüchteten Kindern und Jugendlichen (etwa World Vision 2015) zeigt sich, dass Kinder und Jugendliche »kleine Erwachsene« sein müssen. Sie kommen in die Rolle des/der Verantwortlichen für die Familie und die Eltern, oft auch für die Existenzsicherung der Familie. Letzteres gilt besonders für unbegleitete minderjährige Flüchtlinge, von denen häufig erwartet wird, dass sie ihre Familie unterstützen. Dies gilt auch für Jugendliche mit prekärem Aufenthaltsstatus, die bei guter Integrationsperspektive eine Aufenthaltserlaubnis für sich und auch ihre Familie erhalten können. Die sehr häufig praktizierte Mithilfe beispielsweise bei Übersetzungen, Behördengängen oder Hilfen beim Ausfüllen von Formularen betrifft alle geflüchteten Kinder und Jugendlichen. Durch diese Aufgaben und dadurch, dass Kinder und Jugendliche viel schneller Zugang zur neuen Gesellschaft erhalten, übernehmen sie eine sehr wichtige Rolle.

Ich erfahre oft in der Lehre und bei Fortbildungen, dass die Verantwortung und auch diese neuen Formen der Autonomie der Kinder in pädagogischen Kontexten in Frage gestellt und die Kinder als bemitleidenswert dargestellt werden. Pädagog*innen sprechen hier häufig von gestohlener Kindheit und davon, dass den Kindern, die Möglichkeiten gegeben werden sollte, wieder Kind zu sein. Hier wird aber ein sehr spezifischer, beschränkter, westlicher Kindheitsbegriff als Norm gesetzt und als der universale, weil menschlichere gedacht. Die Kinder aber, die neue Subjekterfahrungen machen, werden zu pädagogischen Objekten degradiert und bemitleidet.

Der Blick auf geflüchtete Kinder wird durch eigene von den deutschen Fachkräften vorausgesetzte oder vertretene Vorstellungen vom Kind und von Kindheit als eines zu schützenden Entwicklungsraumes geprägt und damit von Normen des Kinderschutzes und der Kinderrechte, die in Europa im letzten Jahrhunderten entstanden sind und weder als natürlich noch als universal vorausgesetzt werden können. Die Erfahrungen von geflüchteten Kindern während und nach der Flucht passen nicht zu einem Konzept von Kindheit als pädagogischem Moratorium und Schutzraum. Um den Gefährdungen und Unsicherheiten, die die Flucht und der Flüchtlingsstatus mit sich bringen, begegnen zu können, müssen die realen Lebensverhältnisse, Ressourcen und Resilienzfaktoren in den Blick genommen werden. Dies ist nur möglich, wenn die Orientierung an dominanten Kindheitsvorstellungen aufgegeben wird.

Ausgewählte Literaturtipps

Bhabha, Homi K. (2000): Die Verortung der Kultur. Mit einem Vorwort von Elisabeth Bronfen. Aus dem Englischen von Michael Schiffmann und Jürgen Freudl. Tübingen: Stauffenburg (= Stauffenburg discussion, 5).

Castro Varela, María do Mar & Dhawan, Nikita (2020): Postkoloniale Theorie. Eine kritische Einführung. 3. Aufl. Bielefeld: transcript.

Spivak, Gayatri Chakravorty (2020): Can the Subaltern Speak? Postkolonialität und subalterne Artikulation (Reprint). Mit einer Einleitung von Hito Steyerl. Aus dem Englischen von Alexander Joskowicz und Stefan Nowotny. Wien, Berlin: Turia und Kant (*der* Schlüsseltext der postkolonialen Literatur).

10 Postkoloniale Aspekte

Hinweise zur weiteren Recherche

- Liste postkolonialer Initiativen, die die Geschichte des Kolonialismus vor Ort aufarbeiten und eine neue Erinnerungskultur entwickeln: https://www.freiburg-postkolonial.de/Seiten/Links.htm#lokale
- Forschungsverbund: http://www.postcolonial-hierarchies.net/

Prüfungsfragen

- Was ist epistemische Gewalt?
- Inwiefern wirkt der Kolonialismus noch fort?
- Wo sehen Sie in Ihrem Fachbereich Ansatzpunkte für postkoloniale Kritik?

Abkürzungsverzeichnis

AGG	Allgemeines Gleichbehandlungsgesetz
BAMF	Bundesamt für Migration und Flüchtlinge
BIM	Berliner Institut für empirische Integrations- und Migrationsforschung
bpb	Bundeszentrale für politische Bildung
DeZIM	Deutsches Zentrum für Integrations- und Migrationsforschung
DIK	Deutsche Islamkonferenz
GMF	Gruppenbezogene Menschenfeindlichkeit
HEYMAT	Hybride europäisch-muslimische Identitätsmodelle
IAB	Institut für Arbeitsmarkt- und Berufsforschung
IDA-NRW	Informations- und Dokumentationszentrum für Antirassismusarbeit in NRW
IDEA	Inklusives Digitales Erinnerungsarchiv
IOM	International Organisation for Migration
NaDiRa	Nationaler Diskriminierungs- und Rassismusmonitor
OECD	Organisation für wirtschaftliche Zusammenarbeit und Entwicklung (Organisation for Economic Co-operation and Development)
SDG	Ziele für nachhaltige Entwicklung der Vereinten Nationen (Sustainable Development Goals)
SOEP	Sozio-oekonomisches Panel
SVR	Sachverständigenrat für Integration und Migration
UN DESA	Hauptabteilung Wirtschaftliche und Soziale Angelegenheiten der Vereinten Nationen (United Nations Department of Economic and Social Affairs)
UNDP	Entwicklungsprogramm der Vereinten Nationen (United Nations Development Programme)
vhw	Bundesverband für Wohnen und Stadtentwicklung
WSI	Wirtschafts- und Sozialwissenschaftliches Institut

Literatur

Abels, H. (2009): Einführung in die Soziologie. 4. Aufl. Wiesbaden: VS Verlag.
Aigner, P. (2017): Migrationssoziologie. Eine Einführung. Wiesbaden: VS Verlag.
Antidiskriminierungsstelle des Bundes (2021): Jahresbericht 2020. Berlin www.antidiskriminierungsstelle.de.
Antidiskriminierungsstelle des Bundes (2017): Diskriminierungserfahrungen in Deutschland – Ergebnisse einer Repräsentativ- und einer Betroffenenbefragung https://www.antidiskriminierungsstelle.de/SharedDocs/downloads/DE/publikationen/Expertisen/expertise_diskriminierungserfahrungen_in_deutschland.pdf?__blob=publicationFile&v=6 (Zugriff 13.04.2018).
Antidiskriminierungsstelle des Bundes (2012): Wechselwirkungen zwischen Diskriminierung und Integration. Expertise des Zentrums für Türkeistudien und Integrationsforschung (ZfTI) im Auftrag der Antidiskriminierungsstelle des Bundes. Essen https://www.antidiskriminierungsstelle.de/SharedDocs/downloads/DE/publikationen/Expertisen/expertise_wechselwirkung_zw_diskriminierung_u_integration.pdf?__blob=publicationFile&v=4 (Zugriff 14.04.2018).
Atac, I. et al. (Hrsg.) (2014): Migration und Entwicklung. Neue Perspektiven. Wien: pro media Südwind.
Attia, I. & Marburger, H. (Hrsg.) (2000): Alltag und Lebenswelten von Migrantenjugendlichen. Frankfurt a. M.: IKO.
Attia, I. (2009): Die »westliche Kultur« und ihr Anderes. Zur Dekonstruktion des Orientalismus und antimuslimischen Rassismus. Bielefeld: transcript.
Attia, I. & Popal, M. (Hrsg.) (2018): BeDeutungen dekolonisieren. Spuren von (antimuslimischem) Rassismus. Münster: LIT.
Autorengruppe Bildungsberichtserstattung (2016): Bildung in Deutschland 2016. Ein indikatorengestützter Bericht mit einer Analyse zu Bildung und Migration http://www.bildungsbericht.de/de/bildungsberichte-seit-2006/bildungsbericht-2016/pdf-bildungsbericht-2016/ (Zugriff: 23.03.2017).
Baader, M. S. & Freytag, T. (Hrsg.) (2017): Bildung und Ungleichheit in Deutschland. Wiesbaden: VS Verlag.
Badawia, T. (2002): »Der dritte Stuhl« – Eine Grounded-Theory-Studie zum kreativen Umgang bildungserfolgreicher Immigrantenjugendlicher mit kultureller Differenz. Frankfurt a. M.: IKO.
Bade, K. (2004): Normalfall Migration. Bonn: bpb.
Bar, C. (2016): Migration im Jugendalter. Psychosoziale Herausforderungen zwischen Trennung, Trauma und Bildungsaufstieg im deutschen Schulsystem. Gießen: Psychosozial.
Bauer, G., Kechaja, M., Engelmann, S. & Haug, L. (Hrsg.) (2021): Diskriminierung und Antidiskriminierung. S. 43–58. Bielefeld: transcript.
Baumann, M., Lorenz, A. & Rosenow, K. (2011): Linking immigration policies and migrants' journeys. In: Baumann, M. et al. (Hrsg.): Crossing and Controlling Borders. S. 9–20 Opladen: Budrich.
Bauman, Z. (2016): Die Angst vor den Anderen. Berlin: Suhrkamp.
Beauvoir, S. de (2000): Das andere Geschlecht. Reinbek: Rowohlt.
Beck, U. (1986): Risikogesellschaft. Auf dem Weg in eine andere Moderne. Frankfurt a. M.: Suhrkamp.

Beck-Gernsheim, E. (2004): Wir und die Anderen. Vom Blick der Deutschen auf Migranten und Minderheiten. Frankfurt a. M.: Suhrkamp.

Beer, M. (1994): Zur Integration der Flüchtlinge und Vertriebenen im deutschen Südwesten nach 1945. Bestandsaufnahme und Perspektiven der Forschung. Ergebnisse des Kolloquiums vom 11. und 12. November 1993 in Tübingen. Sigmaringen.

Behr, H. (2021): Young Muslim Life Worlds between Confidence and Doubt. Religious Orientation, Islamic Theology and Education within Secular Frameworks. In: Alibašić, Ahmet (Hrsg.): Rethinking Islamic Education in Europe. S. 145–68. Sarajevo: Faculty of Islamic Studies.

Behrensen, B. & Westphal, M. (2009): Berufliche Erfolgsbiographien von Migrantinnen. Rekonstruktion ihrer Wege und Handlungsstrategien (IMIS Beiträge 35). Osnabrück.

Benhabib, S. (1995): Selbst im Kontext. Kommunikative Ethik im Spannungsfeld von Feminismus, Kommunitarismus und Postmoderne. Frankfurt a. M.: Suhrkamp.

Berendsen, E., Cheema, S.-N. & Mendel, M. (Hrsg.) (2021): Identitätspolitik zwischen Abwehr, Abschottung und Allianzen. Bonn: bpb.

Bereswill, M. & Neuber, A. (2013): Marginalisierte Männlichkeit, Prekarisierung und die Ordnung der Geschlechter. In: Lutz, H., Vivar, M. T. H. & Supik, L. (Hrsg.): Fokus Intersektionalität. Geschlecht und Gesellschaft,. Wiesbaden: VS Verlag.

Bereswill, M. et al. (Hrsg.) (2012): Migration und Geschlecht. Neue Forschungsperspektiven auf klassische Forschungsfelder. Weinheim, Basel: Juventus.

Berger, P. & Luckmann, T. (1997): Die gesellschaftliche Konstruktion der Wirklichkeit. Eine Theorie der Wissenssoziologie. Unveränderter Abdruck der 5. Aufl. Frankfurt a. M.: Suhrkamp.

Bernt, M., El-Kayed, N., Milstrey, U. & Rößler, S. (2021): Stadtumbau und Migration – Herausforderungen für Großwohnsiedlungen. In: Planerin (1), 51–56.

Bertelsmann Stiftung (Hrsg.) (2020): Gesellschaftlicher Zusammenhalt in Deutschland 2020 https://www.bertelsmann-stiftung.de/de/publikationen/publikation/did/gesellschaftlicher-zusammenhalt-in-deutschland-2020.

Bhabha, H. K. (1994): The location of culture. London New York: Routledge.

Biskamp, F. (2017): Rassismus, Kultur und Rationalität: drei Rassismustheorien in der kritischen Praxis. PERIPHERIE – Politik, Ökonomie, Kultur 37 (2), 271–296.

Boatca, M. (2016): Globale Ungleichheiten und gekaufte Staatsbürgerschaft. Zum Mechanismus eines knappen Gutes. In: Robertson-von Trotha, C. (Hrsg.): Die Zwischengesellschaft. Aufbrüche zwischen Tradition und Moderne. S. 147–160. Baden Baden: Nomos.

Boos-Nünning U. & Karakasoglu, Y. (2005): Viele Welten leben. Zur Lebenssituation von jungen Mädchen mit Migrationshintergrund. Münster: Waxmann.

Böttcher, A., Hill, M., Rotter, A,, Schacht, F., Wolf, M. & Yildiz, E. (Hrsg.) (2019): Migration bewegt und bildet. Kontrapunktische Betrachtungen. S. 13–28. Innsbruck: Innsbruck University Press.

Böttcher, W. (2021): Chancenungleichheit oder: Die ewige und langweilige Geschichte der sozialen Selektion im Bildungswesen. In: Brockmann, L., Hack, C., Pomykaj, A. & Böttcher, W. (Hrsg.): Soziale Ungleichheit im Sozial- und Bildungswesen Reproduktion und Legitimierung. Weinheim, Basel: Beltz Juventa.

Brubaker, R. (2007): Ethnizität ohne Gruppen. Hamburg: Hamburger Edition.

Brunner, C. (2020): Epistemische Gewalt. Wissen und Herrschaft in der kolonialen Moderne. Bielefeld: transcript.

Butler, J. & Spivak, G. C. (2011): Sprache, Politik, Zugehörigkeit. Berlin, Zürich: diaphanes.

Castro Varela, M. do Mar (2013): Ist Integration nötig? Eine Streitschrift (Reihe »Soziale Arbeit kontrovers«). B. 5. Berlin: Deutscher Verein.

Chakrabarty, D. (2008): Provincializing Europe: Postcolonial Thought and Historical Difference. 2. Aufl. Princeton: Princeton University Press. Deutsch: Europa als Provinz (2010). Frankfurt a. M.: Campus.

Conen, I. (2020): Altersvorsorgehandeln im transnationalen Raum – Konzeptionelle und empirische Analysen am Beispiel der Pendelmigration türkeistämmiger Migrant*innen. Sozialraum.de Grundlagen 1 https://www.sozialraum.de/altersvorsorgehandeln-im-transnationalen-raum.php (Zugriff 12.09.2021).

Crenshaw, K. (1989): Demarginalizing the Intersection of Race and Sex: A Black Feminist Critique of Antidiscrimination Doctrine, Feminist Theory and Antiracist Politics. In: University of Chicago Legal Forum, Article 8 https://chicagounbound.uchicago.edu/uclf/vol1989/iss1/8 (Zugriff 13.03.2019).

Dausien, B. (2013): »Biographieforschung« – Reflexionen zu Anspruch und Wirkung eines sozialwissenschaftlichen Paradigmas. BIOS – Zeitschrift für Biographieforschung, Oral History und Lebensverlaufsanalysen 26 (2), 163–176.

Decker, O., Kiess J. & Brähler E. (2016): Die enthemmte Mitte. Gießen: Psychosozial https://www.boell.de/sites/default/files/buch_mitte_studie_uni_leipzig_2016.pdf (Zugriff 14.04.2018).

DeZIM (Hrsg.) (2000): Research Notes, Samir Khalil, Almuth Lietz und Sabrina J. Mayer. Systemrelevant und prekär beschäftigt: Wie Migrant*innen unser Gemeinwesen Aufrechterhalten DRN 3. Berlin, 25. Mai 2020 www.dezim-institut.de.

Die Beauftragte der Bundesregierung für Migration, Flüchtlinge und Integration (2020): Deutschland kann Integration: Potenziale fördern, Integration fordern, Zusammenhalt stärken. 12. Bericht der der Beauftragten der Bundesregierung für Migration, Flüchtlinge und Integration. Berlin www.integrationsbeauftragte.de.

Diefenbach, H. (2007): Kinder und Jugendliche aus Migrantenfamilien im deutschen Bildungssystem. Opladen: Budrich.

Diezinger, A. & Mayr-Kleffel, V. (2009): Soziale Ungleichheit. Eine Einführung für soziale Berufe. 2. Aufl. Freiburg: Lambertus.

Domann, V. (2016): Testing Verfahren. Rassismus auf dem Wohnungsmarkt. Fallstricke und Potenziale des Paired Ethnic Testings. In: movements, Journal für kritische Migrations- und Grenzregimeforschung 2 (1), 227–236

Dörre, K. (2006): Prekäre Arbeit und Integration. In: ApuZ – Aus Politik und Zeitgeschichte 40/41, 7–14.

Eisenstadt, S. N. (2000): Vielfalt der Moderne. Weilerswist: Velbrück.

Elias, N. & Scotson J. L. (1993): Etablierte und Außenseiter. Frankfurt a.M.: Suhrkamp.

El-Kayed, N., Juhnke, S. & Keskinkılıç, L. (2021): Nachbarschaften des Willkommens? Dimensionen lokaler Reaktionen auf Geflüchtete und ihr Zusammenhang. In: Großmann, K. et al. (Hrsg.): An Konflikten wachsen oder scheitern? Beiträge zur Reflexion eines komplexen Phänomens. S. 271–288. Erfurt: Fachhochschule Erfurt Fachbereich Stadt- und Raumsoziologie www.migrachance.de/publikationen.

El-Mafaalani, A. (2012): BildungsaufsteigerInnen aus benachteiligten Milieus: Habitustransformation und soziale Mobilität bei Einheimischen und Türkeistämmigen. Wiesbaden: VS Verlag.

El-Mafaalani, A., Kurtenbach, S. & Strohmeier, K.-P. (Hrsg.) (2015): Auf die Adresse kommt es an … Segregierte Stadtteile als Problem und Möglichkeitsräume begreifen. Weinheim, Basel: Beltz.

Essen, F. van (2013): Soziale Ungleichheit, Bildung und Habitus. Möglichkeitsräume ehemaliger Förderschüler. Wiesbaden: VS Verlag.

Esser, H. (2001): Integration und ethnische Schichtung. Arbeitspapiere – Mannheimer Zentrum für Europäische Sozialforschung 40. Mannheim www.mzes.uni-mannheim.de (Zugriff 13.06.2018).

Faist, T. (Hrsg.) (2020): Soziologie der Migration. Eine systematische Einführung. Berlin, Boston: De Gruyter Oldenbourg.

Faist, T., Fauser, M. & Reisenauer, E. (2014): Das Transnationale in der Migration: Eine Einführung. Weinheim, Beltz.

Farwick, A. (2014): Migrantenquartiere – Ressource oder Benachteiligung? In: Gans, P. (Hrsg.): Räumliche Auswirkungen der internationalen Migration, Forschungsberichte der ARL. S. 219–238. Hannover.

Feltes, T., Weingärtner, R. & Weigert, M. (2016): Ausländerkriminalität. In: ZAR 5, 157–182.

Fenstermaker, S. & West, C. (2001): »Doing Difference« revisited. Probleme, Aussichten und der Dialog in der Geschlechterforschung. In: Heintz, B. (Hrsg.): Geschlechtersoziologie. Sonderheft 41 der Kölner Zeitschrift für Soziologie und Sozialpsychologie, 236–249.

Fereidooni, K. (2011): Schule – Migration – Diskriminierung. Ursachen der Benachteiligung von Kindern mit Migrationshintergrund im deutschen Schulwesen. Wiesbaden: VS Verlag.
Foroutan, N. (2011): HEYMAT Hybride europäisch-muslimische Identitäts-Modelle. In: humboldt-spektrum 1, 22–27.
Foroutan, N. (2013): Hybride Identitäten. In: Brinkmann, H. & Uslucan, K. (Hrsg.): Dabeisein und Dazugehören. Wiesbaden: VS Verlag https://doi.org/10.1007/978-3-531-19010-5_5.
Foroutan, N. (2015): Die Einheit der Verschiedenen: Integration in der postmigrantischen Gesellschaft. In: Focus Migration, Kurzdossier. Nr. 28.
Foroutan, N. (2018): Die postmigrantische Perspektive: Aushandlungsprozesse in pluralen Gesellschaften. In: Marc, H. & Yildiz, E. (Hrsg.): Postmigrantische Visionen. Erfahrungen – Ideen – Reflexionen. S. 15–28. Bielefeld: transcript.
Foroutan, N. (2019): Die postmigrantische Gesellschaft. Ein Versprechen der pluralen Demokratie. Bielefeld: transcript.
Foroutan, N. & Schäfer, I. (2009): Hybride Identitäten – muslimische Migrantinnen und Migranten in Deutschland und Europa. In: ApuZ – Aus Politik und Zeitgeschichte 5, 11–18.
Frank, F. (2011): Soziale Netzwerke von (Spät-)Aussiedlern: eine Analyse sozialer Unterstützung aus sozialarbeiterischer Perspektive. Freiburg i. Br.: Centaurus/Wiesbaden: VS Verlag.
Fraser, N. (2017): Für eine neue Linke oder: Das Ende des progressiven Neoliberalismus. In: Blätter für deutsche und internationale Politik 2, 71–76.
Fratzscher, M., Franz C. & Kritikos A. S. (2018): 2018 AfD in dünn besiedelten Räumen mit Überalterungsproblemen stärker, DIW Wochenbericht 8, 135–144.
Freiheit, M. & Sutterlüty, F. (2015): Wer war zuerst da? Zur Dynamik ethnischer Konflikte nach Norbert Elias und John L. Scotson: »Etablierte und Außenseiter«. In: Reuter J. & Mecheril P. (Hrsg.): Schlüsselwerke der Migrationsforschung. Interkulturelle Studien. S. 231–244. Wiesbaden: VS Verlag.
Fuchs, M. (2007): Diversity und Differenz – Konzeptionelle Überlegungen. In: Krell, G. et al. (Hrsg.): Diversity Studies. Grundlagen und disziplinäre Ansätze. S. 17–34. Frankfurt a. M. & New York: Campus.
Gamper, M. (2015): Bourdieus Konzept des Sozialkapitals und seine Bedeutung für die Migrationsforschung. In: Reuter, J. & Mecheril, P. (Hrsg.): Schlüsselwerke der Migrationsforschung. Interkulturelle Studien. S. 343–360. Wiesbaden: VS Verlag.
Gesellschaftskritik, 17 (3/4), 119–139 https://nbn-resolving.org/urn:nbn:de:0168-ssoar-249525.
Gestring, N. (2011): Wohnen und Sozialraum. In: Fischer, V. & Springer, M. (Hrsg.): Handbuch Migration und Familie. S. 127–139. Schwalbach/Taunus: Wochenschau.
Giesecke, J., Kroh, M. Tucci, I., Baumann, A.-L. & El-Kayed, N. (Hrsg.) (2017): Armutsgefährdung bei Personen mit Migrationshintergrund – Vertiefende Analysen auf Basis von SOEP und Mikrozensus. Eine Studie im Auftrag der Beauftragten der Bundesregierung für Migration, Flüchtlinge und Integration. Erstellt durch das Berliner Institut für empirische Integrations- und Migrationsforschung (BIM) https://www.bim.hu-berlin.de/media/Armutsgefaehrdung_Endbericht_20170303_1.pdf (Zugriff: 30.09.2019).
Gildemeister, R. (2004): Doing gender. Soziale Praktiken der Geschlechterunterscheidung. In: Becker, Ruth & Kortendieck, Renate (Hrsg.): Handbuch der Frauen- und Geschlechterforschung. Wiesbaden: VS Verlag
Gilroy, P. (1993): The Black Atlantic. Cambridge Mass: HUP.
Glaser, B. & Holton, J. (2004): Remodeling Grounded Theory. In: Forum Qualitative Research 5 (2).
Glick Schiller, N. (2014): Das transnationale Migrationsparadigma: Globale Perspektiven auf die Migrationsforschung. In: Nieswand, B. & Drotbohm, H. (Hrsg.): Kultur, Gesellschaft, Migration. Die reflexive Wende in der Migrationsforschung. S. 153–178. Wiesbaden: VS Verlag.
Gögercin, S. (2018): Integration und aktuelle sozialwissenschaftliche Integrationskonzepte. In: Blank, B., Gögercin, S., Sauer, K. E. & Schramkowski, B. (Hrsg.): Soziale Arbeit in der Migrationsgesellschaft. S. 199–208. Wiesbaden: VS Verlag.
Gogolin, I. (2007): Zweisprachigkeit als Ressource oder Integrationshemmnis In: Archiv für Wissenschaft und Praxis der sozialen Arbeit 38 (3), 38–45.

Gogolin, I. & Krüger-Potratz, M. (2006): Einführung in die interkulturelle Pädagogik. Opladen: Budrich.
Gölböl, Y. (2007): Lebenswelten türkischer Migrantinnen der dritten Einwanderergeneration. Eine qualitative Studie an Beispielen von Bildungsaufsteigerinnen. Wiesbaden: VS Verlag
Gomolla, M. & Radtke, F.-O. (2009): Institutionelle Diskriminierung. Die Herstellung ethnischer Differenz in der Schule. Wiesbaden: VS Verlag.
Gürses, H. (2016): Kulturalität in hegemonie- und machttheoretischer Perspektive. In: Polylog – Zeitschrift für interkulturelles Philosophieren 36, 13–22.
Ha, K. N. (2013): Postkoloniale Kritik und Migration. In: Polyog – Zeitschrift für interkulturelles Philosophieren 30, S. 75–83.
Hall, S. (1992): »The West and the Rest: Discourse and Power«. In: Hall, S. & Grieben, B. : Formations of Modernity. S. 275–332. Cambridge: CUP.
Hall, S. (1996a): Cultural Studies, Two Paradigms. In: Storey, J. (Hrsg.): What is Cultural Studies? S. 32–40. London: Arnold.
Hall, S. (1996b): New Ethnicities. In: Morley D. & Chen, K.-H. (Hrsg.): Stuart Hall. Critical Dialogues in Cultural Studies. S. 62–83. London. New York: Routledge.
Hall, S. (1997): Representation: Cultural Representation and Signifying Practices. London. Thousand Oaks.
Han, P. (2000): Soziologie der Migration. Stuttgart: Lucius und Lucius.
Hans Böckler Stiftung (Hrsg.) (2020): Böckler impuls 12 www.boeckler.de.
Häusler, A. (Hrsg.) (2016): Die Alternative für Deutschland. Programmatik, Entwicklung und politische Verortung. Wiesbaden: VS Verlag.
Häußermann, H. (2008): Segregation in der Stadt – Befürchtungen und Tatsachen. In: vhw FW 3, 123–125.
Häußermann, H. & Kronauer, M. (2009): Räumliche Segregation und innerstädtisches Ghetto. In: Stichweh, R. & Windhoff, P. (Hrsg.): Inklusion und Exklusion: Analysen zur Sozialstruktur und sozialen Ungleichheit. S. 157–176. Wiesbaden: VS Verlag.
Heckmann, F. (2015): Integration von Migranten. Einwanderung und neue Nationenbildung. Wiesbaden: VS Verlag.
Hege, S. (2011): Mehr als Geld: Motive und Strukturen der Unterstützung subsaharischer Herkunftsländer durch migrierte Landsleute. Freiburg i. Br: Centaurus/Wiesbaden: VS Verlag.
Hege, V. (2011): Mehr als Geld: Motive und Strukturen der Unterstützung subsaharischer Herkunftsländer durch migrierte Landsleute. Freiburg i. Br: Centaurus/Wiesbaden: VS Verlag.
Hein, K. (2006): Hybride Identitäten. Bielefeld : transcript.
Heitmeyer, W. & Anhut, R. (Hrsg.) (2000): Bedrohte Stadtgesellschaft. Soziale Desintegrationsprozesse und ethnisch-kulturelle Konfliktkonstellationen. Weinheim, München: Juventa.
Helfferich, C. (2011): Die Qualität qualitativer Daten. Wiesbaden: VS Verlag.
Herwartz-Emden, L. (2017): Konzepte von »Weiblichkeit« im Migrationskontext. In: Sielert, U. et al. (Hrsg.): Sexualität und Gender im Einwanderungsland: Öffentliche und zivilgesellschaftliche Aufgaben – ein Lehr- und Praxishandbuch. S. 98–113. Berlin, Boston: De Gruyter Oldenbourg.
Hess, S. (2014): Integration als umkämpftes Narrativ und Praxi In: Aced, M. et al. (Hrsg.): Migration, Asyl und (Post) Migrantische Lebenswelten in Deutschland. Münster: LIT.
Hill, M. & Yildiz, E. (Hrsg.) (2018): Postmigrantische Visionen. Erfahrungen – Ideen – Reflexionen Bielefeld: transcript.
Holm, A., Regnault, V., Sprengholz, M. & Stephan, M. (2021): Die Verfestigung sozialer Wohnversorgungsprobleme, hrsg. von der Forschungsförderung der Hans Böckler Stiftung Working Paper 217, Düsseldorf https://www.boeckler.de/de/faust-detail.htm?sync_id=HBS-008039 (Zugriff 23.01.2022).
Homfeldt, H.-G., Schroer, W. & Schweppe, C. (2006): Transnationalität, soziale Unterstützung, agency. Nordhausen: Bautz.
hooks, bell (1996): Sehnsucht und Widerstand. Berlin: Orlanda.

Hummrich, M. (2017): Soziale Ungleichheit, Migration und Bildung. In: Baader, M. & Freytag, T. (Hrsg.): Bildung und Ungleichheit in Deutschland. S. 471–495. Wiesbaden: VS Verlag.
IAB (2020): IAB Forum 6 https://www.iab-forum.de/die-folgen-der-virusbekaempfung-erschweren-das-ankommen-von-gefluechteten/ (Zugriff 26.11.2020).
IAB (2021): Geflüchtete Frauen müssen viele Hindernisse überwinden, von Yuliya Kosyakova, Lidwina Gundacker, Zerrin Salikutluk und Parvati Trübswetter, IAB Kurzbericht 8 www.iab.de.
Imbusch, P. & Heitmeyer, W. (2012): Dynamiken gesellschaftlicher Integration und Desintegration. In: Heitmeyer, W. & Imbusch, P. (Hrsg.): Desintegrationsdynamiken. S. 9–25. Wiesbaden: VS Verlag.
IOM (2020): World Migration Report. Genf: IOM.
Jessen, F. & Wilamowitz-Moellendorf, U. (2008): Das Kopftuch – Entschleierung eines Symbols? Zukunftsforum Politik Broschürenreihe, hrsg. von der Konrad-Adenauer-Stiftung e. V. Nr. 77. Sankt Augustin, Berlin: KA.
Kaiser, C. (2011): Ruhesitzwanderung, Retirement, Migration und transnationale Altersmigration: ein Forschungsüberblick. In: Kaiser, C. (Hrsg.): Transnationale Altersmigration in Europa. S. 21–45. Wiesbaden: VS Verlag.
Karakayali, J. (2010): Transnational Haushalten. Biographische Interviews mit care workers aus Osteuropa. Wiesbaden: VS Verlag.
Keuk, van E. et al. (Hrsg.) (2011): Diversity. Transkulturelle Kompetenz in klinischen und sozialen Arbeitsfeldern. Stuttgart: Kohlhammer.
King, V. et al. (2012): Männlichkeitsentwürfe und adoleszente Ablösungsmuster bei Söhnen aus türkischen Migrantenfamilien. Ausgewählte Ergebnisse einer intergenerationalen Studie. In: Bereswill, M., Rieker, P. & Schnitzer, A. (Hrsg.): Migration und Geschlecht. Theoretische Annäherungen und empirische Befunde. S. 17–39. Weinheim: Beltz.
Koopmans, R. (2014): Religious fundamentalism and out-group hostility among Muslims and Christians in Western Europe Discussion Paper SP VI 2014–101 WZB Berlin Social Science Center.
Koppetsch, C. (2019): Die Gesellschaft des Zorns. Rechtspopulismus im globalen Zeitalter. Bielefeld: transcript.
Kourabas, V. & Mecheril, P. (2021): Wissen um Rassismus in migrationsgesellschaftlichen Verhältnissen. In: Alkin, Ö. & Geuer, L. (Hrsg.): Postkolonialismus und Postmigration. S. 299–316. Münster: Unrast
Kronauer, M. & Siebel W. (Hrsg.) (2013): Polarisierte Städte. Soziale Ungleichheit als Herausforderung für die Stadtpolitik. Frankfurt a. M.: Campus.
Krummacher, M. (2011): Herausforderungen der Kommunen bei der Integration. In: Fischer, V. & Springer-Geldmacher, M. (Hrsg.): Handbuch Migration und Familie. S. 359–375. Schwalbach/Taunus: Wochenschau.
Kuhlmann, J. (2017): Exil, Diaspora, Transmigration https://www.bpb.de/themen/migration-integration/kurzdossiers/258195/exil-diaspora-transmigration/ (Zugriff 06.01.2022).
Leiprecht, R. (Hrsg.) (2011): Diversitätsbewusste Soziale Arbeit. Schwalbach/Taunus: Wochenschau.
Leiprecht, R. & Lutz, H. (2006): Intersektionalität im Klassenzimmer: Ethnizität, Klasse, Geschlecht. In: Leiprecht, R. & Kerber, A. (Hrsg.): Schule in der Einwanderungsgesellschaft. S. 218–234. Schwalbach/Taunus: Wochenschau.
Lingen-Ali, U. & Mecheril P. (Hrsg.) (2020): Geschlechterdiskurse in der Migrationsgesellschaft. Zu »Rückständigkeit« und »Gefährlichkeit« der Anderen. Bielefeld: transcript.
Loomba, A. (1998): Colonialism, Postcolonialism. London: Routledge.
Löw, C. (2009): Frauen aus der Dritten Welt und Erkenntniskritik? Die postkolonialen Untersuchungen von Gayatri C. Spivak zu Globalisierung und Theorieproduktion. Sulzbach (Taunus).
Luft, S. (2009): Staat und Migration. Frankfurt, New York: Campus.
Lutz, H. (2010): Wer übernimmt die Care-Arbeit zu Hause? In: Forschung Frankfurt 2, 28–31.
Lutz, H. (Hrsg.) (2013): Fokus Intersektionalität. Wiesbaden: VS Verlag.
Lutz, H. (2018): Die Hinterbühne der Care-Arbeit. Transnationale Perspektiven auf Care-Migration im geteilten Europa. Weinheim: Beltz.

Lutz, H. & Amelina, A. (2017): Gender Migration Transnationalisierung. Weinheim: Beltz.
Mahadevan, J. & Kilian-Yasin, K. (2017): Dominant discourse, orientalism and the need for reflexive HRM. Skilled Muslim migrants in the German context. In: The International Journal of Human Resource Management 8, 1140–1162.
Maihofer, A. (2015): Sozialisation und Geschlecht in Hurrelmann, K., Bauer, U., Grundmann, M. & Walper, S. (Hrsg.): Handbuch Sozialisationsforschung. S. 630–658. Weinheim: Beltz.
Mau, S., Lux, T. & Gülzau, F. (2020): Die drei Arenen der neuen Ungleichheitskonflikte. Eine sozialstrukturelle Positionsbestimmung der Einstellungen zu Umverteilung, Migration und sexueller Diversität. Berlin J Soziol 30, 317–346 https://doi.org/10.1007/s11609-020-00420-8.
Mayntz, R., Holm, K. & Hübner, P. (1969): Einführung in die Methoden der empirischen Soziologie. Opladen: Westdeutscher Verlag.
Mbolela, E. (2014): Mein Weg vom Kongo nach Europa. Zwischen Widerstand, Flucht und Exil. Wien: Mandelbaum.
Mecheril, P.(2010): Migrationspädagogik. Weinheim, Basel: Beltz.
Mecheril, P. & Plößer, M. (2011): Diversity und Soziale Arbeit. In: Otto, H.-U. & Thiersch L. (Hrsg.): Handbuch Soziale Arbeit. 4. & 5. Aufl. München: Reinhardt.
Mediendienst Integration 16.06.2016: »Auswanderer sind Brückenbauer für deutsche Unternehmen« https://mediendienst-integration.de/artikel/remigration-auswandererdeutschland-tuerkei-braindrain-remigranten.html (Zugriff 23.08.2017).
Memmi, A. (1987): Rassismus. Frankfurt a.M.: Athenäum.
Mensah-Olivier, C. (2017): TransREmigration: Rückkehr im Kontext von Transnationalität, persönlichen Netzwerken und Sozialer Arbeit. Bielefeld: transcript.
Metz-Gockel, S. et al. (2010): Migration als Ressource: Zur Pendelmigration polnischer Frauen in Privathaushalte der Bundesrepublik. Opladen: Budrich.
Mezzadra, S. (2010): Autonomie der Migration. Kritik und Ausblick. In: grundrisse. Zeitschrift für linke Theorie und Debatte 34, 22–29.
Miles, R. (1992): Rassismus. Einführung in die Geschichte und Theorie eines Begriffs. Hamburg: Argument.
Miller, D. (2012): Einwanderung: Das Argument für Beschränkungen. In: Cassee, A. & Goppel, A. (Hrsg.): Migration und Ethik. S. 47–66. Münster: Mentis.
Mohanty, C. T. (2003): Feminism Without Borders: Decolonizing Theory, Practicing Solidarity. Duke: University Press
Möller, K. (2015): Eckpunkte und Elemente eines landesweiten Aktionsplans gegen Gruppenbezogene Menschenfeindlichkeit (GMF) in Baden-Württemberg – eine Expertise. Esslingen (o.J. 2015, gem. m. N. Schuhmacher) https://sozialministerium.baden-wuerttemberg.de/fileadmin/redaktion/m-sm/intern/downloads/Downloads_Kinder-Jugendliche/ZPJ_Expertise-GMF_Sept_2015.pdf (Zugriff 16.06.2018).
Morokvacic M. (2018): Frauen in Bewegung: Migration und Geschlechterrollen www.bpb.de (Zugriff 13.06.2019).
Mualem Sultan, M., Friedrichs, N. & Weiss, K. (2019): Anerkannte Partner – unbekannte Größe? Migrantenorganisationen in der deutschen Einwanderungsgesellschaft. SVR-Forschungsbereich, Berlin.
Muckel, P. & Grubitzsch, S. (1993): Untersuchungen zum Begriff der »Lebenswelt«. Psychologie und Gesellschaftskritik 17 (3/4), 119–139 https://nbn-resolving.org/urn:nbn:de:0168-ssoar-249525 (Zugriff 23.06.2016).
Nauck, B. (2011): Kulturelles und soziales Kapital als Determinante des Bildungserfolgs bei Migranten?. In: Becker, R. (Hrsg.): Integration durch Bildung. S. 71–93. Wiesbaden: VS Verlag.
Nieswand, B. (2009): Forschungsbericht 2009 – Max-Planck-Institut zur Erforschung multireligiöser und multiethnischer Gesellschaften, Diversität und Gesellschaft, Diversity and Society. MPI zur Erforschung multireligiöser und multiethnischer Gesellschaften, Göttingen https://www.mpg.de/359276/forschungsSchwerpunkt (Zugriff 15.07.2017).
Nieswand, B. (2021): Is Diversity a useful theoretical concept? In: Hinrichsen, J., Lange, J. & Reichel, R. (Hrsg.): Diversities. Theories and Practices. S. 29–46. Tübingen: Tübinger Vereinigung für Volkskunde.

Nieswand, B. & Drotbohm, H. (Hrsg.) (2014): Kultur, Gesellschaft, Migration. Die reflexive Wende in der Migrationsforschung. Wiesbaden: VS Verlag.
Nökel, S. (2002): Die Töchter der Gastarbeiter und der Islam. Bielefeld: transkript.
Nordbruch, G. (2021): Antimuslimischer Rassismus und Islamismus. Gesellschaftliche Polarisierung in Unterricht und Schule, Zeitschrift Schüler*innen – Wissen für Lehrer*innen https://www.ufuq.de/unsere-fachtexte/ (Zugriff 16.12.2021).
Okeja, U. (2013): Migration und globale Gerechtigkeit. Afrikanische Sichtweisen. In: Polylog – Zeitschrift für interkulturelles Philosophieren, 30, 24–40.
Oltmer, J. (2010): Migration im 19. und 20. Jahrhundert. München: Oldenbourg.
Oswald, I. (2017): Migrationssoziologie. Konstanz: UVK Verlagsgesellschaft.
Otto, H.-U. & Schrödter, M. (Hrsg.) (2006): Soziale Arbeit in der Migrationsgesellschaft. Multikulturalismus-Neo-Assimilation-Transnationalität. Neue Praxis, Sonderheft 8.
Pielage, P. et al. (Hrsg.) (2012): Soziale Ungleichheit in der Einwanderungsgesellschaft Kategorien, Konzepte, Einflussfaktoren (Tagungsdokumentation), hrsg. von der Friedrich-Ebert-Stiftung. Bonn: FES.
Preuß, M. (2020): Elias' Etablierte und Außenseiter. Eine quantitativ-empirische Modellierung am Beispiel der deutschen Migrationsgesellschaft. Bielefeld: transcript.
Pries, L. (Hrsg.) (2005): Zwischen den Welten und amtlichen Zuschreibungen. Neue Formen und Herausforderungen der Arbeitsmigration im 21. Jahrhundert. Essen: Klartext.
Pries, L. (2010): Transnationalisierung. Theorie und Empirie grenzüberschreitender Vergesellschaftung. Wiesbaden: VS Verlag.
Pries, L. (2021): Migrationssoziologie im 21. Jahrhundert. Aus der Randständigkeit in die Mitte der Disziplin. In: Zeitschrift für Migrationsforschung. Bd. 1, 149–170.
Quintero, P. & Garbe, S. (2013): Kolonialität der Macht. De/Koloniale Konflikte zwischen Theorie und Praxis. Münster: LIT.
Randeria, S. (1999): Geteilte Geschichte und verwobene Moderne. In: Jegelka, N., Leitgeb, H. & Rüsen, J. (Hrsg.): Zukunftsentwürfe: Ideen für eine Kultur der Veränderung. S. 87–96. Frankfurt a.M.: Suhrkamp.
Reimann, B. (2018): Wohnsituation und Wohneigentumserwerb von Migrantinnen und Migranten. In: Gesemann, F. & Roth, R. (Hrsg.): Handbuch Integrationspolitik. Wiesbaden. S. 549–563. Wiesbaden: VS Verlag.
Reisenauer, E. (2019): Transnationale Identitätskonstruktionen im Migrationskontext. In: Genkova, P. & Riecken, A. (Hrsg.): Handbuch Migration und Erfolg. Wiesbaden: Springer.
Rerrich, M. (2010): Unsichtbar, unentbehrlich, uneinheitlich. Die Vielfalt der bezahlten Haushaltsarbeit von Migrantinnen. In: Dackweiler, R. & Schäfer R. (Hrsg.): Wohlfahrtsstaatlichkeit und Geschlechterverhältnisse aus feministischer Perspektive. S. 150–167. Münster: Westfälisches Dampfboot.
Reuter, J. & Mecheril, P. (Hrsg.) (2015): Schlüsselwerke der Migrationsforschung. Interkulturelle Studien. Wiesbaden: VS Verlag.
Reuter, J. & Villa P. (2010): Postkoloniale Soziologie. Empirische Befunde, theoretische Anschlüsse, politische Intervention. Bielefeld: transcript.
Riegel, C. (2014): Intersektionalität als Analyseperspektive – Intersektionalität als Methode des Vergleichs? In: C. Freitag (Hrsg.): Methoden des Vergleichs. Komparatistische Methodologie und Forschungsmethodik in interdisziplinärer Perspektive. S. 173–190. Opladen: Budrich.
Römhild, R. (2014): Diversität? Postethnische Perspektiven für eine reflexive Migrationsforschung. In: Nieswand, B. & Drotbohm, H. (Hrsg.): Kultur Gesellschaft Migration. Die reflexive Wende in der Migrationsforschung. 255–270. Wiesbaden: VS Verlag.
Said, E. W. (1978): Orientalism. New York: HUP.
Samaddar, R. (2020): Borders of an epidemic, COVID 19 and migrant workers. Kolcata: Calcutta Research Group.
Sauer, M. (2016): Politische und zivilgesellschaftliche Partizipation von Migranten. In: Brinkmann, H.-U. & Sauer, M. (Hrsg.): Einwanderungsgesellschaft Deutschland. Entwicklung und Stand der Integration. Wiesbaden: Springer.
Saunders, D. (2011): Arrival City. München: Blessing.
Sauter, S. (2000): Wir sind Frankfurter Türken. Frankfurt a.M.: IKO.

Sauter, S. (2002): Neue Konzepte von Fremdheiten im (stadt-)räumlichen Feld: Über die Beschreibung und Bedeutung von Übergangsräumen für Jugendliche aus Immigrantenfamilien. S. 175–215 In: Bukow, W. D. & Yildiz, E. (Hrsg.): Der Umgang mit der Stadtgesellschaft. Interkulturelle Studien 11. Wiesbaden: VS Verlag.

Scherke, K. (2009): Eine fruchtbare Begegnung? Anmerkungen zum Verhältnis von soziologischer Migrationsforschung und postkolonialer Theoriebildung. In: Lithes 2, 114–121 http://lithes.uni-graz.LiTheS.

Scherr, A. (2021): Die gesellschaftliche Funktion von Diskriminierung und Diskriminierungskritik. In: Bauer, G., Kechaja, M., Engelmann, S. & Haug, L.(Hrsg.): Diskriminierung und Antidiskriminierung. S. 43–58. Bielefeld. transcript.

Scherr, A., Janz, C. & Müller, S. (2015): Diskriminierung in der beruflichen Bildung. Wie migrantische Jugendliche bei der Lehrstellenvergabe benachteiligt werden. Wiesbaden: VS Verlag.

Schirilla, N. (2013): Die Vielfalt der Identitäten und die Macht der Konstruktion des Einen. In: Zeitschrift für systemische Therapie und Beratung 2 (31). S. 56–62.

Schneider, W. L. (2008): Grundlagen der soziologischen Theorie. Wiesbaden: VS Verlag

Schramkowski, B. (2007): Integration unter Vorbehalt. Frankfurt a. M.: IKO.

Siebel, W. (2014): Polarisierte Städte. In: Siebel W. et al. (Hrsg.): Soziale Rechte gegen Exklusion. Symposium zur Verabschiedung von Martin Kronauer IPW Working paper Nr. 43 https://www.ipe-berlin.org/fileadmin/institut-ipe/Dokumente/Working_Papers/ipe_working_paper_43.pdf.

Simmel, G. (1908): Exkurs über den Fremden. In: Simmel, G.: Soziologie. Untersuchungen über die Formen der Vergesellschaftung. S. 509–512. Berlin: Duncker & Humblot.

Spindler, S. (2006): Corpus delicti. Männlichkeit, Rassismus und Kriminalisierung im Alltag jugendlicher Migranten. Münster: Unrast.

Spivak, G. C. (1993): Can the Subaltern Speak? In: Williams, P. & Chrisman, L. (Hrsg.): Postcolonial Discourse and Postcolonial Theory. S. 66–111. Cambridge : Routledge.

Spivak, G. C. (1999): A Critique of Postcolonial Reason. New York London: Routledge.

Spivak, G. C. & Landry, D. (Hrsg.): The Spivak Reader. Selected Works of Gayatri Chakravorty Spivak. New York: Routledge.

Strobl, R. & Kühnel, W. (2000): Dazugehörig und ausgegrenzt, Analysen zu Integrationschancen junger Aussiedler. Weinheim, München: Juventa.

Sutterlüty, F. (2010): In Sippenhaft. Negative Klassifikationen in ethnischen Konflikten. Frankfurt a. M., New York: Campus.

SVR (Hrsg.) (2016): Doppelt benachteiligt? Kinder und Jugendliche mit Migrationshintergrund im deutschen Bildungssystem. Eine Expertise im Auftrag der Stiftung Mercator. Autorin: Mohini Lokhande. Berlin https://www.stiftung-mercator.de/content/uploads/2020/12/Expertise_Doppelt_benachteiligt.pdf (Zugriff 13.07.2017).

SVR (2018): »Wo kommen Sie eigentlich ursprünglich her?«. Diskriminierungserfahrungen und phänotypische Differenz in Deutschland. Berlin https://www.stiftung-mercator.de/content/uploads/2020/12/SVR-FB_Diskriminierungserfahrungen_1_.pdf (Zugriff 23.06.2020)

SVR (2020): Zusammenrücken in Zeiten der Distanz. SVR-Integrationsbarometer 2020. Berlin https://www.svr-migration.de/wp-content/uploads/2020/12/Barrierefreies_Integrationsbarometer_SVR_2020.pdf (Zugriff 13.11.2021).

Tepecik, E. (2010): Bildungserfolge mit Migrationshintergrund. Biographien bildungserfolgreicher MigrantInnen türkischer Herkunft. Wiesbaden: VS Verlag.

Tepecik, E. (2011): Migrationshintergrund – und doch erfolgreich: Die Bedeutung von familialen Ressourcen im Bildungsaufstieg. In: https://heimatkunde.boell.de/de/2011/12/01/migrationshintergrund-und-doch-erfolgreich-die-bedeutung-von-familialen-ressourcen-im (Zugriff 11.12.2021).

Tietze, N. (2004): Muslimische Selbstbeschreibungen unter jungen Männern: Differenzkonstruktionen und die Forderung nach Respekt. In: Sökefeld, M. (Hrsg.): Jenseits des Paradigmas kultureller Differenz. Neue Perspektiven auf Einwanderer auf der Türkei. S. 123–138. Bielefeld: transkript.

UN DESA (2020): Leaving no one behind. UN Desa Report 2019 & 20. UN https://cdn.un.org/unyearbook/un2/desa/desa-highlights-report-2019-2020-final.pdf (Zugriff 01.09.2021).

Unabhängige Kommission »Zuwanderung« (2001): Bericht: Zuwanderung gestalten Integration fördern. Berlin. BMI http://www.jugendsozialarbeit.de/media/raw/Zuwanderungsbericht_pdf.pdf (Zugriff 06.02.2010).

Uni Mannheim (2020): https://www.uni-mannheim.de/forschung/forschungsschwerpunkte/forschung-zu-corona/mannheimer-corona-studie/ Zugriff 01.10.2020.

Vester, H.-G. (1996): Kollektive Identitäten und Mentalitäten. Frankfurt a. M.: IKO.

vhw – Bundesverband für Wohnen und Stadtentwicklung e. V. (Hrsg.) (2018): Migranten, Meinungen, Milieus vhw-Migrantenmilieu-Survey https://www.vhw.de/fileadmin/user_upload/07_presse/PDFs/ab_2015/vhw_Migrantenmilieu-Survey_2018.pdf (Zugriff 22.02.2020).

Walgenbach, K. (2012): Intersektionalität – eine Einführung www.portal-intersektionalität.de (Zugriff 13.03.2019).

Walzer, M. (2012): Mitgliedschaft und Zugehörigkeit. In: Cassee, A. & Goppel, A. (Hrsg.): Migration und Ethik. S. 107–146. Münster: Mentis.

Weiß, A. (2017): Soziologie Globaler Ungleichheiten. Berlin: Suhrkamp.

Weiss, K. & Thränhardt, D. (Hrsg.) (2005): SelbstHilfe. Wie Migranten Netzwerke knüpfen und soziales Kapital schaffen. Freiburg i. Br.: Lambertus.

Westphal, M. & Kämpfe K. (Hrsg.) (2017): Migration, Bildungsaufstieg und Männlichkeit. Passungsdynamiken zwischen Familie, Schule, Peers und Hochschule, Kassel: Kassel University Press.

Wimmer, A. (2005): Kultur als Prozess. Zur Dynamik des Aushandelns von Bedeutungen. Wiesbaden: VS Verlag.

Winker, G. & Degele, N. (2009): Intersektionalität. Zur Analyse sozialer Ungleichheiten. Bielefeld: transcript.

Wippermann, C. & Flaig, B. (2009): Lebenswelten von Migrantinnen und Migranten. In: ApuZ – Aus Politik und Zeitgeschichte 5, 3–11.

Yildiz, E. (2018a): Postmigrantische Lebenspraxen jenseits der Parallelgesellschaft. In: Blank, B., Gögercin, S., Sauer, K. E. & Schramkowski, B. (Hrsg.): Soziale Arbeit in der Migrationsgesellschaft. S. 53–65. Wiesbaden: VS Verlag.

Yildiz, E. (2018b): Vom methodologischen Nationalismus zu postmigrantischen Visionen. In: Hill, M. & Yildiz, E. (Hrsg.): Postmigrantische Visionen. Erfahrungen – Ideen – Reflexionen. S. 43–63. Bielefeld: transcript.

Yildiz, E. (2019): Postmigrantische Lebensentwürfe jenseits der Parallelgesellschaft. In: Böttcher, A., Hill, M. Rotter A., Schacht, F. & Yildiz, E. (Hrsg.): Migration bewegt und bildet. S. 13–27. Innsbruck: Innsbruck University Press.

Zick, A. & Klein, A. (Hrsg.): Fragile Mitte – Feindselige Zustände. Bonn : Dietz.

Zick, A. & Küpper, B. (Hrsg.) (2021): Die geforderte Mitte. Bonn: Dietz.

Zick, A., Küpper, B. & Heitmeyer, W. (2012): Vorurteile als Elemente Gruppenbezogener Menschenfeindlichkeit – eine Sichtung der Vorurteilsforschung und ein theoretischer Entwurf. In: Pelinka, A. (Hrsg.): Vorurteile: Ursprünge, Formen, Bedeutung. S. 287–316. Berlin: de Gruyter.

Zwengel, A. (2015): Perspektiven für eine Analyse von Migration und Macht im Werk von Erving Goffman, Vortrag verlesen auf der Frühjahrstagung der Sektion Migration und ethnische Minderheiten der Deutschen Gesellschaft für Soziologie zum Thema: Macht und Migration. Soziologische Theorien und empirische Befunde zu Machtbeziehungen in Einwanderungsländern am 07.08.2015 in Göttingen https://www.hs-fulda.de/fileadmin/user_upload/FB_SK/Beschaeftigte/Professor/ZwengelGoffmanMachtMigrationNetzdoc.pdf (Zugriff 16.05.2018).

Zwengel, A. (2018): Zusammenleben mit Zu- und Eingewanderten. Weinheim, Basel: Beltz Juventa.